欧 丹 著

"一带一路"沿线国家
知识产权纠纷非诉讼程序研究

RESEARCH ON THE ADR OF INTELLECTUAL PROPERTY
DISPUTES IN COUNTRIES ALONG THE "THE BELT AND ROAD"

中国政法大学出版社

2025·北京

图书在版编目（ＣＩＰ）数据

"一带一路"沿线国家知识产权纠纷非诉讼程序研究 / 欧丹著.-- 北京 : 中国政法大学出版社 , 2025. 8. -- ISBN 978-7-5764-1968-9

Ⅰ. D913.404

中国国家版本馆 CIP 数据核字第 2025AR0515 号

出 版 者　　中国政法大学出版社

地　　址　　北京市海淀区西土城路 25 号

邮寄地址　　北京 100088 信箱 8034 分箱　邮编 100088

网　　址　　http://www.cuplpress.com（网络实名：中国政法大学出版社）

电　　话　　010-58908586（编辑部）58908334（邮购部）

编辑邮箱　　zhengfadch@126.com

承　　印　　固安华明印业有限公司

开　　本　　720mm×960mm　1/16

印　　张　　18

字　　数　　300 千字

版　　次　　2025 年 8 月第 1 版

印　　次　　2025 年 8 月第 1 次印刷

定　　价　　80.00 元

导 论

从 2013 年到 2022 年，我国与"一带一路"沿线国家的货物贸易额从 1.04 万亿美元提升到 2.07 万亿美元，年均增长 8.6%，同沿线国家双向投资累计超过 2700 亿美元。[1]"一带一路"沿线国家知识产权发展状况参差不齐。部分东南亚国家的知识产权保护制度并不十分健全。例如，柬埔寨、孟加拉国属于农业大国，工业并不发达，他们对知识产权的关注不足，柬埔寨不是《专利合作条约》（PCT）和《商标国际注册马德里协定》的成员，孟加拉国也没有参加《专利合作条约》（PCT）和《商标国际注册马德里协定》。格鲁吉亚和哈萨克斯坦虽然加入了部分知识产权保护国际条约，但是对知识产权的保护同样较为薄弱。相比而言，新加坡、菲律宾、印度、土耳其、马来西亚等国的知识产权政策法律体系较为完备。[2]

不仅如此，"一带一路"沿线涉及面较广，各国在知识产权司法保护方面存在较大差距。新加坡、印度等国在知识产权司法保护方面较为严格，但还有部分国家的知识产权司法保护制度并不是十分健全。[3]"一带一路"沿线国家知识产权诉讼制度复杂多样。随着调解和仲裁程序的发展，各国越来越重视构建知识产权纠纷调解和仲裁制度。为此，本书将重点研究沿线国家知识产权纠纷调解和仲裁程序，如新加坡、菲律宾、印度、马来西亚、印度尼西亚、泰国、越南、缅甸、巴基斯坦、埃及、阿联酋、约旦、沙特、以色列、俄罗斯、土耳其、欧盟、英国、德国、波兰、捷克等代表性国家。

---

〔1〕 王泠一：《"一带一路"倡议十周年：改变世界经贸格局的多赢蓝图》，载《第一财经》2023 年 9 月 7 日。

〔2〕 朱雪忠：《加强"一带一路"沿线知识产权国际合作的建议》，载 https://www.cnipa.gov.cn/art/2017/1/ 13/art_ 1415_ 133066. html，最后访问时间：2024 年 5 月 15 日。

〔3〕 俞风雷：《"一带一路"沿线国家知识产权纠纷的解决机制》，载《天津法学》2020 年第 1 期。

一、"一带一路"沿线国家知识产权纠纷调解的发展情况

随着调解程序的发展，越来越多的国家在商业案件（包括知识产权纠纷）中采用强制性调解程序。例如，菲律宾、阿根廷、希腊、罗马尼亚、印度和土耳其在包括知识产权在内的商业纠纷中引入了强制调解。2019 年，土耳其对包括货币纠纷和知识产权纠纷在内的商业案件中引入了强制性民事调解。[1]菲律宾知识产权局（IPOPHL）在处理某些类型的知识产权纠纷中同样引入了强制性调解。[2]在新加坡，知识产权局与知识产权组织合作，为商标和专利程序提供调解程序服务，并在专利程序中引入了专家裁决程序。在希腊，所有 30 000 欧元及以上金额索赔的民事和商业纠纷以及非金钱索赔纠纷都必须进行调解，其中便包括知识产权侵权纠纷。[3]葡萄牙通过立法规定，在某些涉及专利的知识产权纠纷中引入强制性仲裁程序。[4]英格兰和波兰在商标异议程序中同样引入了调解程序，它赋予了双方当事人一个冷静期。实际上，欧盟法院对各国引入强制调解表示支持，欧盟法院认为在欧盟法律框架内强制调解作为诉讼前置调解并非不可接受，只要调解不阻碍各方当事人行使诉诸司法系统的权利。[5]

（一）亚洲国家知识产权调解的发展情况

新加坡在知识产权替代性纠纷解决机制发展问题上进展较快。其中，新加坡政府在司法机关（法院）、社会机构及知识产权行政部门中都推动了一系

---

〔1〕 Hasan Kadir Yilmaztekin, "Turkey Introduces Mandatory Civil Mediation for Commercial Cases Including IP Rights", *Journal of Intellectual Property Law & Practice*, Volume 14, No. 6, 432 ~ 437, 2019; Dogan Alkan, "Turkey: Turkey Introduces Mandatory Mediation for Money-related IP Disputes, Managing IP", 4 February 2019, https://www. managingip. com/article/2a5br9xu2x8x9405j2lfk/turkey - turkey - introduces - mandatory-mediation-for-money-related- ip-disputes, last visited at 2024-5-26.

〔2〕 WIPO, "WIPO Mediation Proceedings Instituted in the Intellectual Property Office of the Philippines (IPOPHL)", www. wipo. int/amc/en/center/specific-sectors/ipophl, last visited at 2024-5-26.

〔3〕 Marina Perraki, "Mandatory mediation in Greece-the Saga Continuous", Kluwer Trademark Blog, 3 December 2019, http://trademarkblog. kluweriplaw. com/2019/12/03/mandatory - mediation - in - greece - the - saga-cont inuous, last visited at 2024-5-26.

〔4〕 Nuno Ferreira Lousa & Raquel Galvão Silva, "Arbitrating Intellectual Property Disputes in Portugal: A Case Study", Kluwer Arbitration Blog, 14 July 2022, http://kluwerarbitrationblog. com/2015/11/13/arbitrating-inte llectual -property-disputes-in-portugal-a-case-study, last visited at 2024-5-26.

〔5〕 Rafal Morek, "To Compel or Not to Compel: Is Mandatory Mediation Becoming 'Popular'?", *Kluwer Mediation Blog*, 19 November 2018, last visited at 2024-5-26.

列非诉讼纠纷解决机制，以化解知识产权争议。在法院，新加坡专门设立国家纠纷解决中心为各类案件提供非诉讼服务；新加坡调解中心及新加坡国际调解中心、新加坡国际仲裁中心（SIAC）等社会调解及仲裁机构也为各类知识产权争议提供调解、仲裁等服务；新加坡知识产权局（IPOS）还专门成立了纠纷解决部门负责处理相关争议。新加坡知识产权局（IPOS）已经引入世界知识产权组织（World Intellectual Property Organization，WIPO）调解及仲裁等其他非诉讼程序处理商标及专利的无效、撤销、权属争议等案件。因此，在新加坡，调解不仅可以被用于解决商标、专利、工业设计、实用新型、地理标志、植物品种名称、域名和著作权侵权及合同争议，还可以用于解决商标异议案件、商标无效案件、商标撤销案件以及专利授权及权属案件、专利撤销案件。当然，当事人也可以将上述商标及专利等侵权和合同案件、无效及权属争议提交仲裁。不仅如此，为提高新加坡的知识产权配套服务质量，自 2014 年 4 月 1 日起新加坡知识产权局（IPOS）与世界知识产权组织仲裁与调解中心（WIPO AMC）合作为争议双方当事人提供专家裁决服务。2016 年，新加坡知识产权局（IPOS）还提出了一项新的知识产权纠纷调解促进计划，鼓励当事人通过调解程序解决知识产权纠纷。

近年来，菲律宾越来越重视通过调解程序解决知识产权纠纷。2004 年，菲律宾国会通过了第 9285 号法案，即 2004 年《替代性争议解决法》（Alternative Dispute Resolution Act of 2004）。该法指示所有政府机构鼓励并积极推动以替代性争议解决（ADR）作为解决争议的有效工具。为了有效促进替代性争议解决（ADR）的发展，2004 年《替代性争议解决法》还授权政府设立替代性争议解决（ADR）办公室，专门辅助促进 ADR 的应用。2006 年，菲律宾行政部门发布了第 523 号行政令，它要求所有行政机关在处理相应纠纷的过程中都促进替代性争议解决（ADR）的应用。为促进知识产权纠纷的高效解决，菲律宾知识产权局（IPOPHL）于 2003 年就开始推动调解计划，对知识产权局成员进行培训并受理相关调解案件。2010 年，菲律宾知识产权局专门成立了调解办公室，专门负责知识产权案件的调解工作。在菲律宾，知识产权纠纷调解主要可以被分为三类：法院提供的调解服务、知识产权局提供的调解服务以及社会调解机构提供的调解服务。菲律宾调解程序可以适用包括知识产权争议在内的所有民商事争议。其中，菲律宾调解中心提供法院附设调解服务。菲律宾纠纷解决中心（PDRC）等调解机构也为当事人提供相应的调解服务。菲律宾知识产权局（IPOPHL）为当事人提供专业的知识产权争议调解服务。菲律宾知识产权调解程序具有一定的特色，它在法院调解及知识产权局调解中都注重调解优先，要求当事人将案件先进行调解。

菲律宾知识产权局法律事务局（BLA）在知识产权非诉讼纠纷解决中扮演着重要角色。2010年，菲律宾知识产权局（IPOPHL）专门成立了纠纷解决机构，还成立了知识产权调解办公室（IPO Mediation Office）。根据规则，菲律宾知识产权局（IPOPHL）提供的调解程序具有强制性。换言之，菲律宾知识产权局（IPOPHL）受理的案件都会被强制转介调解。菲律宾知识产权局（IPOPHL）调解办公室还专门建立了知识产权调解员专家库。2011年，菲律宾知识产权局（IPOPHL）引入法律事务局替代性争议解决服务（BLA-ADRS）。2015年，菲律宾知识产权局（IPOPHL）与WIPO合作引入了WIPO调解程序。2019年6月，菲律宾知识产权局（IPOPHL）提供诉讼外调解服务（Mediation Outside Litigation）。为促进调解服务，2020年菲律宾知识产权局（IPOPHL）开始提供在线调解服务。2021年1月，菲律宾知识产权局（IPOPHL）开始推行100%在线调解程序服务。总体而言，菲律宾知识产权局（IPOPHL）提供三种类型的调解服务：诉前的调解服务（Pre-Litigation/Mandatory Mediation）、WIPO联合调解服务、诉讼外的调解服务。

印度调解程序根据性质不同可以被分为：法院调解、私人调解、知识产权局调解。其中，印度法院调解根据性质不同还可以被细分为司法和解（judicial settlement）和法院附设调解。根据立法规范的不同，私人调解还可以被分为"conciliation"和"mediation"两种。印度的调解程序可以被适用于包括知识产权争议在内的所有民商事争议。印度调解程序的发展得到了司法机关的大力支持，印度高等法院及地方法院还专门成立了调解中心以解决相关案件。另外，伦敦国际仲裁庭（LCIA）在印度的分支机构以及国际替代性纠纷解决中心（ICADR）等调解机构也可以为当事人提供专业的商业调解服务。为缓解诉累、及时解决纠纷，印度知识产权局（CGPDTM）也开始引入调解程序，以解决部分知识产权争议。

2015年，印度国会通过了《商事法院法》（The Commercial Courts Act）。该法所规定的商事案件包括商标、版权、专利、设计、域名、地理标志和半导体集成电路等知识产权案件。为了提升司法效率，2018年印度国会通过了《商事法院、高等法院商事庭和商事上诉庭（修正案）法案》[the Commercial Courts,

Commercial Division and Commercial Appellate Division of High Courts（Amendment）Bill, 2018]。该法第 12A 条第 2 款明确指出，商事法院可以要求对商事案件进行事前调解。从形式上看，此种调解属于法院转介调解。从效力上来看，商事法院对包括知识产权纠纷在内的商事案件的转介调解具有一定的强制性。

知识产权局调解就是指由知识产权局直接提供的调解服务。随着调解制度的发展，印度知识产权局（CGPDTM）也开始在部分知识产权纠纷中引入调解程序。不过，印度的知识产权局调解仍处于发展的初级阶段。为了应对日益增多的商标异议及撤销等案件，印度知识产权局（CGPDTM）与国家法律事务管理局合作在德里知识产权（商标）行政部门（Delhi, CGPDTM）引入了调解程序，以解决相应争议。

近年来，马来西亚调解程序得到了较为长足的发展。调解程序已经成为马来西亚司法制度的核心组成部分，它可以向当事人提供非诉讼程序，以解决纠纷。在马来西亚，与法院有关的调解程序主要包括法院协助调解（court-assisted mediation）和法院转介调解（court-referred mediation），它们都属于较为正式的调解程序。1999 年，马来西亚调解中心（The Malaysian Mediation Centre, MMC）正式成立，它有自己的调解规则。这为法院转介调解提供了有利条件。不过，马来西亚调解中心（MMC）在实践中并不是法院转介调解的主要对象。2010 年，马来西亚司法系统开始全面引入法院附设调解程序（court-annexed mediation）。实际上，马来西亚高等法院和下级法院（Subordinate Courts）（地区法院和地方法院, the Magistrates' and Sessions Courts）都适用法院附设调解等司法性纠纷解决程序（Judicial dispute resolution, JDR）。不仅如此，马来西亚每个州都设立了法院附属调解中心，每个中心将至少安排一名调解员对提交到该中心的案件进行调解。

在印度尼西亚，调解、仲裁等非诉讼程序在知识产权纠纷解决中扮演着较为重要角色。1999 年《仲裁与替代性纠纷解决法》（the Act Number 30 of 1999 concerning Arbitration and Alternative Dispute）颁行之后，印度尼西亚仲裁及替代性纠纷解决程序在纠纷解决中扮演着越来越重要的角色。1994 年，印度尼西亚加入《与贸易有关的知识产权协定》（TRIPs），它需要遵守 TRIPs 中有关知识产权的附件内容。为此，印度尼西亚修改了相关国内法，2000 年《集成电路布局设计法》、2000 年《工业设计法》、2000 年《商业秘密法》、2000 年《植物品种保护法》相继颁行，2014 年《著作权法》、2016 年《商标和地理标志法》、2016 年《专利法》相继修订。上述实体法已经明确规定，专利、著作权、商标、商业秘密等知识产权纠纷可以选择仲裁及调解等替代性纠纷解决程序进行处理。

印度尼西亚知识产权局在知识产权纠纷解决中同样扮演着重要角色。为有效处理知识产权投诉及争议，印度尼西亚知识产权局专门成立了知识产权调查与纠纷处理部门，授权一名公务调查员（Civil Servant Investigator，PPNS）担任知识产权刑事案件的调查员。在印度尼西亚，针对侵害专利、商标、版权等知识产权行为，当事人可以根据不同情形提起刑事诉讼和民事诉讼。在刑事案件中，专利权、版权的所有人均可以向警察局或者知识产权局的调查与纠纷处理部门投诉。在受理投诉案件之后，上述部门的调查人员可以根据当事人的意见提供替代性纠纷解决方式或者直接进行案件调查。当事人未能通过调解等替代性纠纷解决方式处理争议，警察或知识产权局的公务调查员（PPNS）会启动调查程序。

在泰国，调解、仲裁等非诉讼程序在知识产权纠纷解决中扮演着重要角色。2002 年，泰国知识产权局（DIP）成立，专门设立了知识产权调解和仲裁机构"知识产权纠纷防止解决办公室"。该办公室设有仲裁委员会，由具备知识产权专业知识的专家解决有关纠纷。泰国知识产权局（DIP）的知识产权纠纷防止解决办公室在知识产权非诉讼纠纷解决中扮演着重要角色。泰国知识产权局的知识产权纠纷防止解决办公室向当事人提供调解服务。2020 年 12 月 7 日，泰国知识产权局（DIP）和泰国仲裁中心（THAC）签署了合作开发在线争议解决程序的谅解备忘录。2021 年 1 月，泰国知识产权局（DIP）正式推出知识产权案件在线争议解决服务平台（ODR），该平台是由泰国知识产权局（DIP）和泰国仲裁中心（THAC）合作开发的。其中，在线争议解决服务平台（ODR）由泰国仲裁中心（THAC）提供技术支持，又被称为"Talk DD"。该平台可以适用于版权、专利和商标侵权案件。ODR/Talk DD 旨在促进和支持庭外纠纷解决，并减少向知识产权和国际贸易法院提起的案件数量。在线争议解决服务平台（ODR）允许当事人在线立案。当事人可以通过在线聊天和视频会议进行和解，还可以更快地实现完全在线的正式解决程序，以更低的成本促进双方达成协议，减少双方的对抗。在线争议解决服务平台（ODR）反映了利用技术提高服务质量与效率，从而实现更方便、更快的流程。它将减少差旅费用和管理费用。

近年来，越南调解制度得到了快速发展，知识产权纠纷调解也得到了各方当事人的认可。越南知识产权调解主要包括法院附设调解和商事调解。2017 年，越南颁布了《商事调解法》；2020 年，越南颁布了《法院调解与对话法》。上述有关调解的立法在促进越南调解制度发展方面发挥着重要作用。实际上，2004 年越南《民事诉讼法》已经引入了法院附设调解制度，法院附设调解达成的协议具有强制执行效力。根据《民事诉讼法》第 10 条的规定，法院附设调解程序是正式审理前的一个强制性程序，法院有责任进行调解，它要求法院推进调解程序。不仅如此，《民事诉讼法》第 180 条同样要求法院组织当事人进行调解。另外，该法第 184 条还明确指出，受委任的法官负责附设调解的所有程序，调解法官主持调解会议。

2019 年缅甸《商标法》正式颁行之后，相关的商标注册规则相继颁布。针对商标申请过程中的争议，缅甸知识产权行政机关是否引入调解程序仍不是十分明确。不过，如果一方或多方在同一天或在同一优先权日期申请注册相同或相似的商标，行政机关将先引导各方申请人相互协商，以确定商标申请人的姓名，并在指定期限内重新提交。可见，行政机关鼓励申请人通过协商的方式解决各方在商标申请过程中的争议。2020 年，缅甸立法机构修正《民事诉讼法》［the Act on Amendment of Civil Procedure Code（No. 32）B. E. 2563（A. D. 2020）］引入了诉前调解程序。根据立法，在提起民事诉讼之前，一方当事人可以向有管辖权的法院提交申请书，要求法院任命一名调解员调解纠纷。其中，申请人应当包含对方的姓名、地址以及争议的相关信息。如果法院确认了当事人的调解申请，法院将询问对方当事人是否愿意参与调解，如果对方当事人愿意参与调解，法院将指定一名调解员处理相关争议。2021 年，缅甸立法机构在修正《民事诉讼法》时引入了调解程序作为民事纠纷解决的一种方式。根据《民事诉讼法》，法院可以对符合条件的案件进行转介调解。2022 年，缅甸最高法院宣布在民事案件中全面引入法院调解（Court-Led Mediation），缅甸法院的调解主要表现为转介调解。自 2022 年 8 月 1 日起，缅甸地区高等法院、州高等法院、自治区法院、自治地区法院、地区法院和全国乡镇法院都在民事案件中引入了法院调解程序。实际上，早在 2019 年缅甸最高法院就启动了法院转介调解试点项目。

受伊斯兰法传统的影响，巴基斯坦具有良好的调解文化基础。近年来，巴基斯坦立法鼓励通过仲裁、调解等替代性纠纷解决方式解决纠纷。[1] 2017年，巴基斯坦颁布《替代性纠纷解决法》（ADR Act），引入了法院附属替代性纠纷解决制度（court-annexed ADR）。根据巴基斯坦颁布的《替代性纠纷解决法》，替代性争议解决（ADR）包括仲裁、调解、中立评估等替代性纠纷解决程序。[2] 为促进替代性争议解决（ADR）的发展，巴基斯坦最高法院成立了替代性纠纷解决委员会（Alternate Dispute Resolution Committee）监督全国替代性纠纷解决法律制度的实施情况，协调各方，以期能够有效执行替代性纠纷解决法律制度。2017年，巴基斯坦伊斯兰堡颁布了《替代性争议解决法》。与此同时，巴基斯坦同时对伊斯兰堡适用的《民事诉讼法》进行了修正。根据立法，如果法院确信相关争议可以通过替代性争议解决（ADR）程序解决，且不涉及复杂的法律问题，那么法院便可以将争议提交给替代性争议解决（ADR）程序。在伊斯兰堡，法院需要获得各方同意才能将纠纷提交给替代性争议解决（ADR）程序解决。2020年，巴基斯坦开伯尔-普赫图赫瓦同样颁布了《替代性争端解决法案》。该法案的适用方式与2017年伊斯兰堡的《替代性争议解决法》相同，法院转介调解的前提是双方当事人事先同意。

在埃及，调解在司法体系中扮演着重要角色。不过，埃及并没有单独制定调解法。埃及立法并没有严格区分调解（mediation）、调解（conciliation）、和解会议（settlement conferences）。实际上，埃及法院在调解实践中往往将调解（mediation）、调解（conciliation）、和解会议（settlement conferences）混同使用，它们被视为相同的程序。埃及的《民商事诉讼法》第64条规定，当事人应当出席适用调解规则的和解会议。双方当事人达成和解协议，该协议通常都具有执行效力；双方当事人未达成和解协议，该案件将继续由法院审理。另外，2008年埃及《经济法院法》第8条规定，在每个经济法院都内设一个委员会，该委员会负责为当事人提供诉前调解（conciliation）。

约旦并没有专门成立知识产权法院或其他专门法院审理专利及商标等知

---

[1] See Muhammad Mumtaz Ali Khan, "Justice Delayed is Justice Denied: Access to Speedy Justice and Alternative Dispute Resolution System in Pakistan", *Journal of Law and Social Policy*, Volume 2, 2020, p. 80.

[2] Ramsha Iftekhar, Dua Wajid Khan & Fatima Wattoo, "Critical Analysis of Mediation Law of Islamabad", *Islamabad Law Review*, Volume 6, Issue 1, 2022, p. 40.

识产权案件，相关知识产权案件都是由普通法院根据标的情况分别受理。约旦的调解制度主要以法院为基础。早在 2003 年，约旦法院系统便已经引入调解程序解决相关民事纠纷。2006 年，约旦《民事纠纷调解法》（the Mediation Law for Settling Civil Disputes）开始正式生效，商事案件同样可以进行调解。根据《民事纠纷调解法》，一审法院设立了一个"司法管理中心"（Judicial Management Centre），也被称为调解管理中心（Mediation Management Centre, Mediation Directorate）。这些调解机构主要由一审法院和治安法院的法官组成，这些法官被称为"调解法官"。

调解在阿联酋等阿拉伯国家拥有较深的文化基础。虽然阿联酋《民事诉讼法》没有直接规定调解程序的内容，但是法院系统在《民商事纠纷调解法》颁行之前已经引入了相关调解实践。2016 年，阿联酋颁布了《成立民商事纠纷调解中心法》（Federal Law No. 17/2016 Establishing the Centers for Mediation and Conciliation in Civil and Commercial Disputes），促进调解机构的发展。2021 年 4 月 29 日，阿联酋立法通过了《民商事纠纷调解法》（Federal Law No. 6 of 2021）。该法为阿联酋民商事纠纷调解实践提供了一个整体框架。为进一步促进调解程序发展，2023 年阿联酋颁布《民商事纠纷调解法》（the Federal Decree Law No. 40 of 2023 on Mediation and Conciliation in Civil and Commercial Disputes）对 2016 年《成立民商事纠纷调解中心法》及 2021 年《民商事纠纷调解法》进行了修正和补充，对调解中心成立、调解员和当事人的责任和义务进行了相应规范。[1]

调解等替代性纠纷解决方式与伊斯兰法理念高度契合。沙特鼓励当事人通过调解等方式解决纠纷。2020 年 4 月 5 日，沙特颁布《商事法院法》，鼓励商事纠纷通过调解等程序进行处理。2020 年 5 月 5 日，沙特正式批准加入《新加坡调解公约》，于 2020 年 11 月 5 日正式生效。2020 年 5 月 7 日，沙特商业仲裁中心（the Saudi Centre for Commercial Arbitration，SCCA）启动了一项调解方案，其也被称为紧急调解方案（The Emergency Mediation Program，EMP），该调解方案可以提供具有可执行效力的调解协议。根据紧急调解方案（EMP），当事人可以将双方的和解协议转换为可执行协议（"Sak Tanfizi"）。

---

〔1〕 See "Mediation", https://u.ae/en/information-and-services/justice-safety-and-the-law/litigation-procedures/mediation, last visited at 2024-2-26.

为鼓励调解程序，沙特司法部还建立了专门的调解中心。该中心由受过培训和认证的调解员组成，他们可以提供专业的调解服务。2023 年 3 月，沙特发布了《调解法草案》，该草案规定的调解程序主要涉及解决商事纠纷。根据沙特司法部的备忘录，2023 年 9 月沙特知识产权局开始提供知识产权纠纷调解服务，该纠纷解决服务通过 Taradhi 平台提供，官方不收取任何费用。通过 Taradhi 平台，获得认证的专家可以在专利、商标、版权、工业设计等知识产权领域提供相应服务。不仅如此，沙特知识产权局还与 WIPO 达成了备忘录，WIPO 将为沙特知识产权纠纷提供调解与仲裁服务。

调解程序在以色列司法体系中扮演着重要角色。实际上，早在 1992 年以色列就在司法体系中引入了替代性纠纷解决程序。1997 年，以色列在司法体系中引入特别程序，将案件转介给调解等替代性争议解决（ADR）程序处理。[1] 一般而言，替代性争议解决（ADR）程序在商事纠纷中比在知识产权纠纷中使用得更为广泛。近年来，当事人在专利等诉讼中运用调解等替代性争议解决（ADR）程序的意识有显著提高，这主要是因为法院普遍鼓励当事人选择调解程序解决争议。目前，地方法院受理的大多数案件都需要接受强制性调解。地区法院受理的专利侵权纠纷并未引入强制性调解程序。以色列并没有直接制定专门的调解法。[2] 实践中，以色列更加注重法院转介调解，法院转介调解程序的相关规范也更为完善。[3]

为促进调解制度的发展，2010 年俄罗斯制定了《调解人员参加的争议解决程序（调解程序）法》[以下简称"调解程序法"，the Federal Law on alternative procedure of dispute resolution with participation of a mediator（mediation procedure）]，该调解程序法于 2011 年 1 月 1 日正式生效，它借鉴了 2008 年欧盟《调解指令》的相关内容。在俄罗斯，知识产权调解主要包括法院附设调解、法院调解和社会调解。法院附设调解是指调解组织设立在法院的一种

---

〔1〕　See Omer Shapira, "Israeli Perspectives on Alternative Dispute Resolution and Justice", *Pepperdine Dispute Resolution Law Journal*, Volume 19, 2019, pp. 273~279.

〔2〕　2024 年 2 月 12 日，以色列通过《国际商事仲裁法》，该法对以色列国际仲裁以及调解等程序具有促进作用。See Daphna Kapeliuk, "Israel Adopts the International Commercial Arbitration Law：Will the Courts Play Along?", https：//arbitrationblog. kluwerarbitration. com/2024/03/07/israel–adopts–the–international–commercial–arbitration–law–will–the–courts–play–along, last visited at 2024–6–26.

〔3〕　See "Courts（Mediation）Regulations", 5753–1993, https：//www. nevo. co. il/law_ html/Law01/055_ 287. htm, last visited at 2024–2–16.

制度。目前，圣彼得堡、叶卡捷琳堡等地区的法院已经引入上述调解程序。实践中，仲裁法院和普通法院都会告知当事人可以选择附设调解。法院调解是指法官直接负责主持的调解。在部分案件中，法院调解具有一定的强制效力。如果当事人签订了相关调解条款，那么当事人便应当根据约定进行诉前调解。为促进当事人选择调解，俄罗斯还通过费用制裁与激励等方式引导当事人选择调解。[1]目前，俄罗斯调解制度的发展相对较慢。

近年来，受欧盟影响，土耳其大力促进调解程序的发展。2012年，土耳其正式颁布《民事争议调解法》（The Code on Mediation in Civil Disputes）。2013年初，土耳其颁布了《关于〈民事争议调解法〉的实施条例》。为适应调解程序的发展，土耳其《民事争议调解法》历经多次修订。为促进调解程序的进一步发展，2018年6月2日土耳其颁布了第二个《关于〈民事争议调解法〉的实施条例》。土耳其不仅在专利及商标侵权和合同等商事争议中引入了调解程序，还在商标异议争议中引入了调解程序。2017年1月10日，土耳其《工业产权法》引入了调解程序解决商标异议争议。

（二）欧洲国家知识产权调解的发展情况

2023年6月1日，欧洲统一专利法院（UPC）开始正式运行。欧洲统一专利法院（UPC）是欧盟框架下新设立的、专门审理欧洲专利和欧洲统一专利侵权及无效案件的超国家层面的法院。[2]实际上，欧洲统一专利法院（UPC）并不是一家单独的法院而是一个法院系统，它包括初审法院和上诉法院。除了初审法院和上诉法院之外，欧洲统一专利法院（UPC）还在里斯本和卢布雅娜设置了专利调解与仲裁中心（The Patent Mediation and Arbitration Centre，PMAC）。有专家指出，欧洲国家有注重通过调解、仲裁等替代性争议解决（ADR）程序解决知识产权纠纷的趋势。[3]其中，《联合专利法院协议》（UPCA）和《诉讼规则》（RoP）对替代性争议解决（ADR）程序作出了具体规定。

---

〔1〕　参见齐树洁主编：《域外调解制度研究》，厦门大学出版社2022年版，第323~325页。

〔2〕　Gary B. Born & Sonya Ebermann, "A New Patent Mediation and Arbitration Centre for Europe", *Journal of International Arbitration*, Volume 40, Issue 3, 2023, p. 231.

〔3〕　Pierfrancesco C. Fasano, "The Patent Mediation and Arbitration Centre (PMAC) of the Unified Patent Court (UPC): A Game Changer for European Patent Disputes", *Dispute Resolution Journal*, Volume 76, Issue 3, 2023, p. 71.

欧盟知识产权局的替代性争议解决（ADR）程序服务主要包括欧盟知识产权局为中小企业针对商标、工业设计等知识产权异议、撤销等纠纷的一审案件提供替代性争议解决（ADR）程序服务和欧盟知识产权局上诉委员会（EVIPO BoA）提供的替代性争议解决（ADR）程序服务。其中，替代性争议解决（ADR）程序服务主要包括调解、调解（conciliation）、专家决定等程序。上述调解等替代性争议解决（ADR）程序主要通过线上远程方式为当事人提供服务。欧盟知识产权局提供替代性争议解决（ADR）服务已经有超过10年的经验。2017年，欧盟商标立法改革为欧盟知识产权局调解中心成立奠定了基础。2020年，欧盟知识产权局上诉委员会（EUIPO BoA）与中国上海经贸调解中心（SCMC）建立了知识产权联合调解机制。该机制的主要内容包括《国际商事知识产权联合调解规则》《申请联合调解协议书》《联合调解协议附件-保密声明》与《联合调解员声明》等一系列配套文件。[1] 2023年11月，欧盟知识产权局专门成立了调解中心。该调解中心将免费为当事人提供知识产权调解等替代性争议解决（ADR）程序服务。

在英国，调解程序在处理包括知识产权纠纷在内的民事纠纷时扮演着重要角色。实际上，调解等替代性争议解决（ADR）程序在英国民事司法制度中发挥着重要作用。20世纪90年代中期，英国民事司法改革重点推进调解等替代性争议解决（ADR）制度的发展。英国致力于构建多样化和专业化的知识产权纠纷调解制度，积极鼓励当事人选择调解等替代性争议解决（ADR）程序处理知识产权纠纷。近年来，英国在知识产权替代性纠纷解决机制发展问题上进展较快。其中，英国政府在司法机关（法院）、社会机构及知识产权行政部门中都推动了一系列非诉讼纠纷解决机制化解知识产权争议。不仅如此，英国替代性纠纷解决程序非常多元化，它主要有谈判、调解、仲裁、专家裁决、中立评估、调解-仲裁（仲裁-调解）等程序。上述非诉讼程序在知识产权纠纷解决过程中发挥着重要作用。在英国，司法部门主要通过法院附设调解（the court annexed mediation）向当事人提供调解服务。2013年，英国知识产权局（IPO）也专门成立了纠纷解决部门提供调解服务。

2007年4月2日，英国知识产权局（IPO）正式成立。英国知识产权局（IPO）负有在英国审查和发布或拒绝专利以及维护知识产权登记（包括专

---

〔1〕 See http://www.scmc.org.cn/page148.html, last visited at 2024-2-1.

利、外观设计和商标）的直接行政责任。2013 年，英国知识产权局（IPO）增设的调解服务可以普遍适用于专利权、商标权、著作权等知识产权领域的民事纠纷。

在德国，调解在处理包括知识产权纠纷在内的民事纠纷时同样扮演着重要角色。近年来，调解在德国知识产权案件中的应用较为广泛。[1] 在德国，司法部门主要通过法院相关的调解（转介调解）和法官调解向当事人提供调解服务。在德国，在知识产权纠纷领域适用调解程序等非诉讼争议解决方式比较常见的情形包括：专利许可协议的争议；侵犯知识产权的主张；不竞争条款的争议；共同发明人、共同著作权人或者商标共同所有人之间的争议。不过，请求专利权无效、撤销商标权、强制许可等争议则往往不太适用调解等替代性争议解决（ADR）程序。此类争议中的各方很难有意愿达成合意并继续合作。在德国，律师已逐渐认识到通过调解促进专利等知识产权纠纷价值提升。[2]

目前，波兰主要的非诉讼程序有调解、仲裁等程序。根据性质不同，知识产权争议可以被分为侵权纠纷、合同纠纷以及权属纠纷等。在波兰，调解可以被用于解决以下几种知识产权争议：商标、专利、工业设计、实用新型、地理标志、植物品种名称、域名和著作权侵权及合同争议。当然，当事人也可以将上述商标、专利等侵权和合同案件提交仲裁。但是，商标、专利、工业设计等知识产权的无效争议案件由波兰专利局（Polish Patent Office，PPO）专属管辖。目前，波兰专利局并未引入 WIPO 调解及仲裁等其他非诉讼程序处理商标、专利无效争议案件。在波兰，当事人以往很少选择适用正式的调解程序解决专利争议（主要是指侵权争议）。2016 年 1 月 1 日，波兰《促进友好型纠纷解决法》开始正式实施，上述情况开始发生变化。

目前，捷克主要的非诉讼程序有调解、仲裁等程序。根据性质不同，知识产权争议可以被分为侵权纠纷、合同纠纷以及权属纠纷等。在捷克，调解可以被用于解决以下几种知识产权争议：商标、专利、工业设计、实用新型、地理标志、植物品种名称、域名和著作权侵权及合同争议。当然，当事人也

---

〔1〕 参见 ［德］彼得·哥特瓦尔德：《德国调解制度的新发展》，曹志勋译，载《经贸法律评论》2020 年第 3 期。

〔2〕 Friederike Heckmann，"The Use of Mediation in Settling Patent Disputes"，*International In-house Counsel Journal*，Volume 11，No. 45，2018，p. 1.

可以将上述商标及专利等侵权和合同案件提交仲裁。但是，商标、专利、工业设计等知识产权的无效争议案件由捷克知识产权局（Industrial Property Office）专属管辖。目前，捷克知识产权局并未引入 WIPO 调解及仲裁等其他非诉讼程序处理商标、专利无效争议案件。在捷克，当事人以往很少选择适用正式的调解程序解决专利争议（主要是指侵权争议）。实践中，捷克专利侵权案件很少通过仲裁程序来解决。捷克调解及仲裁等非诉讼程序也同样可以被适用于商标侵权争议。不过，它们也并非处理商标争议案件的通常选择。根据捷克《著作权法》，调解程序可以被适用于集体著作权协议相关争议。

二、"一带一路"沿线国家知识产权纠纷仲裁的发展情况

知识产权纠纷仲裁不仅涉及当事人（权利人）权利保护问题，还涉及公共政策问题。专利、商标等知识产权是由国家授权登记而成，它对所有人都具有约束力。专利、商标权是否被侵害或有效决定实际上都会涉及公共利益，它们应当通过公开听证的方式作出裁决。其中，关于专利、商标等知识产权的有效性问题，更应当通过公开听证的方式作出裁决。这主要是因为该决定不仅会影响双方当事人还会影响其他所有公众。如果权利人的知识产权被宣告无效，其他任何人都应当可以自由使用该权利所涵盖的技术或其他类型的知识产权。

实践中，仲裁庭往往是通过保密听证方式作出相应决定。为此，通过保密听证方式宣告知识产权无效，其他人可能并不会充分了解相关决定。在大多数国家，仲裁庭的裁决都并不能用来确定公共登记的权利无效。正因如此，有些国家才对知识产权纠纷的可仲裁性进行了不同程度的限制。其中，南非严格限制知识产权纠纷的可仲裁性，完全不允许对知识产权侵权和有效性纠纷进行仲裁；中国仅不允许对知识产权有效性纠纷进行仲裁。不过，有部分国家及地区对知识产权有效性纠纷的可仲裁性持开放态度。美国、英国、德国等国允许仲裁庭对知识产权有效性进行仲裁，该裁决仅对双方当事人产生约束力。其中，瑞士允许仲裁庭直接对知识产权有效性进行裁决，该裁决对所有人都具有约束力。相关仲裁机构的知识产权案件数量正在增加，全球知识产权相关仲裁机构的数量也在增加。这种趋势主要是因为法院诉讼的地域范围有限。法院诉讼不能完全满足复杂的跨境经济行为以及全球化世界中产

生的相关纠纷的要求。[1]

（一）亚洲知识产权仲裁的发展情况

在新加坡，知识产权争议还可以比较方便地通过仲裁程序来解决。新加坡境内多家仲裁机构［新加坡国际仲裁中心（SIAC）］及其他机构（新加坡调解中心及新加坡国际调解中心）都可以为当事人提供知识产权纠纷仲裁服务。2010 年，WIPO 在新加坡设立了一个仲裁和调解中心（WIPO AMC）。该中心是 WIPO AMC 在日内瓦以外唯一的一个分中心。不仅如此，新加坡知识产权局（IPOS）和 WIPO AMC 还达成了合作框架，允许当事人通过 WIPO AMC 的仲裁与调解等替代性争议解决（ADR）程序解决知识产权纠纷。此外，新加坡国际仲裁中心（SIAC）成立了一个知识产权仲裁员专家小组，他们包括众多国际知名的知识产权专家。为促进仲裁的发展，新加坡还通过税收优惠的方式吸引国际仲裁员提供服务，其可以为国际仲裁员提供仲裁收费税收的 50% 作为税收优惠。任何非居民仲裁员在新加坡适用《仲裁法》或《国际仲裁法》提供相应仲裁服务都可以享受上述税收优惠。

2019 年 8 月，新加坡《知识产权（争议解决）法》通过，该法于 2019 年 11 月 21 日开始正式生效。根据 2019 年新加坡《知识产权（争议解决）法》，新加坡《仲裁法》及《国际仲裁法》都修改了相关条款，明确规定知识产权争议在新加坡具有可仲裁性。随着《仲裁法》及《国际仲裁法》的修订，新加坡知识产权纠纷的可仲裁性现在正式得到了立法承认。它能够有效地改变过去知识产权纠纷只能由国家行政机关和法院裁决的误解。当然，在新加坡，知识产权纠纷的可仲裁性仍存在一定限制。根据新加坡《仲裁法》及《国际仲裁法》的规定，新加坡知识产权纠纷仲裁裁决仅对各方具有约束力，它不对第三方具有约束力。

近年来，菲律宾同样非常重视通过仲裁程序解决知识产权纠纷。2004 年《替代性纠纷解决法》指示所有政府机构鼓励并积极推动以替代性争议解决（ADR）程序作为解决争议的有效工具。为促进知识产权纠纷得到高效解决，2010 年菲律宾知识产权局（IPOPHL）引入替代性争议解决（ADR）计划，

---

[1]　Thomas Legler, "A Look to the Future of International IP Arbitration", in John Pierce & Pierre-Yves Gunther (ed.), *The Guide to IP Arbitration* (*Second Edition*), Law Business Research Ltd, 2022, pp. 257~264.

它包括调解与仲裁程序。在菲律宾，知识产权纠纷调解程序取得了较好效果，知识产权纠纷调解程序是强制性的。与此不同，知识产权纠纷仲裁程序并没有得到较大范围的适用。这主要可能是因为仲裁程序对申请人缺乏吸引力，申请人通常仅在调解程序未解决的情形下才考虑仲裁程序。

在菲律宾，知识产权纠纷仲裁主要可以被分为两类：知识产权局提供的仲裁服务以及社会仲裁机构提供的仲裁服务。菲律宾仲裁程序可以适用包括知识产权争议在内的所有民商事争议。菲律宾纠纷解决中心（PDRC）等仲裁机构也为申请人提供了相应的调解服务。菲律宾知识产权局（IPOPHL）可以为申请人提供专业的知识产权纠纷仲裁服务。不仅如此，菲律宾知识产权局（IPOPHL）还与 WIPO 合作提供专业的仲裁服务。

菲律宾知识产权局（IPOPHL）通过与 WIPO 和菲律宾争端解决中心合作建立了相应的仲裁制度。菲律宾知识产权局（IPOPHL）在各方专家的参与之下专门制定了菲律宾知识产权局（IPOPHL）仲裁规则。该仲裁规则对仲裁协议、仲裁员、仲裁规则等内容进行详细规定。根据仲裁规则，菲律宾知识产权局（IPOPHL）与菲律宾纠纷解决中心（PDRC）仲裁中心合作运行仲裁中心行政部门。

与新加坡和菲律宾相比，马来西亚知识产权纠纷仲裁制度的发展仍处于起步阶段。马来西亚 1983 年《专利法》、1987 年《版权法》、1976 年《商标法》和 1996 年《工业品外观设计法》没有明确知识产权纠纷的可仲裁性。在马来西亚，2005 年《仲裁法》是知识产权纠纷仲裁的主要法律依据。其中，2005 年《仲裁法》是以《联合国贸易法委员会国际商事仲裁示范法》（UNCI-TRAL Model Law on International Commercial Arbitration，Model Law）为范本制定的。实际上，2005 年《仲裁法》并没有直接明确规定知识产权纠纷适用仲裁程序。不过，2005 年《仲裁法》第 4 条规定，各方同意根据仲裁协议提交仲裁的任何争议都可以由仲裁决定，除非仲裁协议违反公共政策。该条还规定法律赋予法院管辖某一事项但未提及通过仲裁处理该事项并不表明基于有关该事项的争议无法通过仲裁裁决。可见，马来西亚 2005 年《仲裁法》并没有将知识产权纠纷排除在具有可仲裁性的事项之外。为此，如果双方当事人有仲裁协议且未违反公共政策，该纠纷就可以根据 2005 年《仲裁法》第 4 条的规定申请仲裁。在马来西亚，不少仲裁机构都可以提供知识产权仲裁服务：

吉隆坡区域仲裁中心（KLRCA）。[1]2009 年以来，吉隆坡区域仲裁中心还运营着亚洲域名争议解决中心（ADNDRC）的吉隆坡办事处（the Kuala Lumpur Office of the Asian Domain Name Dispute Resolution Centre，ADNDRC）。[2]

在印度尼西亚，2000 年《工业设计法》《商业秘密法》以及 2001 年《集成电路设计法》已经明确当事人可以选择仲裁等替代性纠纷解决方式处理相关纠纷。另外，2014 年《版权法》第 95 条明确规定，当事人可以选择通过仲裁等替代性纠纷解决程序解决版权纠纷；2016 年《商标和地理标志法》第 93 条则规定，当事人可以选择仲裁等替代性纠纷解决程序解决相关纠纷；2016 年《专利法》第 153 条第 1 款明确规定，当事人可以通过仲裁和其他替代性纠纷解决程序解决相关专利纠纷。为有效处理相关纠纷，印度尼西亚还专门成立了印度尼西亚国家仲裁委员会（The Indonesian National Arbitration Board，BANI），该委员会可以提供仲裁、调解等多种替代性纠纷解决程序。

从立法上来看，印度 1996 年《仲裁和调解法》并没有明确知识产权纠纷具有可仲裁性，1996 年《仲裁和调解法》也没有任何阻止执行有关知识产权裁决的规定。与此同时，印度《专利法》《商标法》《版权法》同样没有明确知识产权的可仲裁性问题。为此，司法机关对知识产权纠纷可仲裁性的态度至关重要。在 "Booz Allen v. SBI Homes Finance Limited（Booz Allen）案"[3]中，印度最高法院确立了仲裁案件范围的重要原则：涉及物权利的纠纷不具有可仲裁性，所有涉及人权利的纠纷均具有可仲裁性。然而，印度《专利法》第 104 条、《商标法》第 134 条、《版权法》第 55 条和第 62 条认为专利、商标及版权等知识产权在传统上都被视为一种对物权利（a right in rem）。为此，印度法院传统上都将知识产权纠纷视为不具有可仲裁性。

在泰国，仲裁程序是解决知识产权纠纷的一条重要途径。[4]2002 年，泰国知识产权局（DIP）发布知识产权仲裁程序规则，允许当事人通过仲裁程序解决知识产权索赔案件。具体而言，任何人要想通过仲裁程序维护其知识产权权利，都可以向泰国知识产权行政局（DIP）提出仲裁请求。根据法律规

〔1〕　See http://klrca. org. my，last visited at 2024-3-14.

〔2〕　See http://www. adndrc. org，last visited at 2024-3-14.

〔3〕　See 2011 5 SCC 532.

〔4〕　See https://www. aseanip. org/resources/asean-ip-offices-details/thailand，last visited at 2024-5-14.

定，与知识产权相关的案件仅可以由在知识产权行政部门登记注册的仲裁员处理。一般而言，知识产权部门在收到申请之后会在90天内处理相关案件，相关仲裁案件将会由一名或多名仲裁员进行裁决。如果案件有需要，仲裁庭可以自主决定仲裁期限，但延长的仲裁期限不得超过90天。在泰国，知识产权部门处理相关知识产权仲裁案件的效率较高。

在越南，2005年《知识产权法》明确规定，在知识产权侵权案件中，当事人可以向法院提起诉讼或向仲裁机构申请仲裁保护其相关权利。2010年《商事仲裁法》明确规定当事人可以将基于商事活动产生的纠纷提交仲裁机构处理。为此，如果知识产权纠纷因商事活动而产生或一方当事人涉及商事活动，那么该知识产权纠纷即具有可仲裁性。[1]一般而言，当事人完全可以将不涉及知识产权有效性的纠纷提交仲裁，如知识产权许可合同纠纷、知识产权转让合同纠纷等。如前所述，知识产权纠纷涉及的范围较为宽泛。越南《知识产权法》《仲裁法》等相关法律并没有明确规定可以直接提交商事仲裁的具体知识产权纠纷类型。在越南，部分商事仲裁机构可以处理相关知识产权纠纷。但是，知识产权纠纷商事仲裁的数量非常有限。[2]

1999年韩国《仲裁法》采用了1985年联合国《示范仲裁法》模式对1966年《仲裁法》进行修正。2016年，韩国《仲裁法》接受了2006年联合国《示范仲裁法》的重要修正对1999年《仲裁法》进行修正。在韩国，2016年《仲裁法》第3条第1款扩大了可仲裁争议的范围，它包括非金钱类财产权利纠纷。虽然2016年《仲裁法》并没有明确规定知识产权有效性争议的可仲裁性问题，但是2016年《仲裁法》第3条第1款似乎为此类纠纷的可仲裁性提供了一定的法律基础，至少此类纠纷的可仲裁性在仲裁协议各方之间可以具有约束力。为此，有韩国学者曾指出2016年《仲裁法》修正有利于促进韩国知识产权仲裁案件的发展。[3]也有学者指出，目前韩国的知识产权仲裁案件并没有如预期那样发展，选择通过仲裁程序解决知识产权纠纷的当事人

---

〔1〕 See Daniel S. Hofileña, "The Next Frontier: The Arbitrability of Intellectual Property Disputes", *Asia Pacific Journal of IP Management and Innovation*, Volume 1, 2022, pp. 51~54.

〔2〕 See Trinh Nguyen, "Is it Possible to Settle the Disputes Related to IP Rights by Commercial Arbitration in Vietnam?", https://www.blawyersvn.com/is-it-possible-to-settle-the-disputes-related-to-ip-rights-by-commercial-arb itration-in-vietnam, last visited at 2024-3-14.

〔3〕 See John Rhie & Harold Noh, "Resolving IP Disputes through International Arbitration", *Korean Arbitration Review*, Issue 7, 2017, p. 7.

相对仍然较少。[1]

在日本，针对专利等知识产权纠纷可仲裁性问题的政策与德国较为类似。日本在专利诉讼制度传统上还是借鉴了德国的专利诉讼模式选择缺乏侵权诉讼和有效性诉讼分别由特定法院及行政机构专门管辖。在日本，专利侵权诉讼分别由东京和大阪地方法院专属管辖。日本专利局专门负责审理专利无效案件。2004年，日本《专利法》修订之后，当事人可以在专利侵权诉讼中提出专利无效抗辩。概言之，日本对其专利诉讼制度的修改，放松了对侵权和撤销诉讼予以严格分离的做法。为此，有专家指出，当事人同样可以在仲裁程序中提出对专利有效性的质疑。

（二）欧洲知识产权仲裁的发展情况

欧盟对专利有效争议的可仲裁性表示支持。欧盟通过统一专利制度和欧洲统一专利法院（UPC）制度对欧盟成员范围内的专利制度进行改革。在欧盟，成员授权的专利以及欧洲专利和统一专利将共存。另外，欧洲统一专利法院（UPC）还专门设立了调解与仲裁中心，促进专利纠纷调解与仲裁的发展。

在英国，1950年《仲裁法》、1979年《仲裁法》以及1996年《仲裁法》都没有承认知识产权纠纷的可仲裁性。1977年英国《专利法》则允许在非常有限的情形下申请仲裁。例如，强制性专利许可争议可以提交仲裁，或者如果专利诉讼程序中的技术问题需要长时间审查或调查，申请人可以将此争议提交仲裁。不过，英国在司法实践中已经在很大程度上认可了知识产权纠纷的可仲裁性。其中，商标和版权纠纷都是完全可以仲裁的。在英国，专利有效性纠纷具有可仲裁性。不过，它仅对申请人和被申请人具有约束力。

在瑞士，知识产权纠纷长期以来一直被认为具有可仲裁性，它并不存在任何法定限制。瑞士《国际私法》第117（1）条明确规定所有金钱索赔纠纷都可以提交仲裁，它规定的可仲裁性事项的范围较为广泛。不仅如此，关于专利有效性的仲裁裁决还可以在瑞士法院申请执行，前提是上述仲裁裁决得到瑞士法院的确认。换言之，瑞士法院确认之后的有关有效性仲裁裁决将对所有人具有约束力。2012年，瑞士专利法院成立之后，上述有关专利纠纷仲裁规则并未发生变化。虽然瑞士法院对与专利有效性和侵权相关的纠纷拥有

[1] See Arie C. Eernisse & C. K. Kwong, "The Path Forward for IP Arbitration in Korea", *Korean Arbitration Review*, Issue 13, 2022, p. 36.

专属管辖权，但是大多数人均认为瑞士将继续允许专利纠纷仲裁。[1]

在法国，专利有效性等知识产权纠纷传统上是被拒绝适用仲裁程序的。2008年，巴黎上诉法院接受了专利有效性具有可仲裁性的意见。不过，在法国，有关专利有效性的仲裁裁决是没有对世既判力的，它仅对仲裁双方具有约束力。2011年，法国《知识产权法》对知识产权纠纷仲裁问题进行了修订，明确规定知识产权纠纷具有可仲裁性。概言之，法国允许专利等所有知识产权纠纷选择仲裁程序。

在德国，专利有效性等知识产权纠纷传统上同样是不适用仲裁程序的。与法国相比，德国对知识产权纠纷可仲裁性问题的态度更为保守，知识产权纠纷仲裁在德国的适用空间更加狭窄。这与德国知识产权纠纷司法体系存在密切关联，德国知识产权案件由特定的地方法院和专利法院专属管辖。奥地利、匈牙利、中国（大陆）、日本、韩国与德国情况较为类似。在德国，专利侵权案件与专利无效案件分别由地方法院和专利法院管辖。当然，德国专利诉讼将侵权与无效案件分别处理的司法模式也饱受争议。正因如此，德国专利诉讼特有司法模式经常被用来解释专利有效性为什么不能适用于仲裁程序。

目前，德国立法并没有明确专利有效性是否可以仲裁。1998年德国《民事诉讼法》修正之后，专利有效性是否可以仲裁再一次引发了争议。1998年德国《民事诉讼法》第1030条以瑞士《国际私法》第177（1）条为蓝本修订。其规定任何金钱索赔争议都可以申请仲裁，非金钱索赔争议双方当事人在和解范围内仍可以申请仲裁。概言之，德国法认为任何所有权和金钱索赔都受仲裁协议的约束，任何一方都可以申请仲裁。但是，德国立法没有任何规定明确接受专利有效性的可仲裁性。最近，德国慕尼黑法院曾在判决的附带意见中承认针对专利有效性可以申请仲裁。[2]不过，德国法院对专利有效性争议可仲裁性的态度并不是十分清晰。

根据葡萄牙《自愿仲裁法》（the Portuguese Voluntary Arbitration Law），知

---

〔1〕 David Rosenthal, "IP & IT Arbitration in Switzerland", in Manuel Arroyo (ed.), *Arbitration in Switzerland: The Practitioner's Guide (2nd edition)*, Kluwer Law International, 2018, pp. 957~960.

〔2〕 See also Dr Gerrit Niehoff, "District Court of Munich Confirms Arbitrability of Patent Validity Disputes", *Global Arbitration News*, 27 June 2022. (LG München Ⅰ, Final judgment dated 5 May 2021–21 O 8717/20, LG München Ⅰ).

识产权纠纷具有可仲裁性。不仅如此，2003 年葡萄牙《工业产权法》第 48 条和第 49 条明确规定，申请人可以将与工业产权有关的任何纠纷提交仲裁。2011 年 12 月 12 日，葡萄牙第 62/2011 号法律明确规定涉及专利和补充保护证书的某些侵权纠纷案件适用强制性仲裁。根据第 62/2011 号法律，与医疗产品或仿制药有关的工业产权纠纷（包括初步禁令）应接受临时或制度化的强制性仲裁（第 62/22011 号法律第 2 条）。具体而言，葡萄牙国家药品和保健品管理局（INFARMED）发布仿制药已申请上市授权后，相关药品的工业产权持有人应在 30 天的时间内提出仲裁请求。如果申请仿制药上市的公司在收到仲裁庭通知后 30 天内没有提交辩护声明，那么在知识产权有效的情况下该公司将无法在葡萄牙上市销售其仿制药。如果申请仿制药上市的的公司提交辩护陈述，那么相关仲裁听证会应在 60 天内举行。当事人可就法庭的裁决向上诉法院提出上诉（第 62/2011 号法律第 3 条）。该法律仅明确规定非专利产品的仿制品上市申请之后相关权利人适用上述强制仲裁程序保护相关权利。不过，部分法院认为，专利产品和非专利产品的所有侵权争议均可适用上述仲裁程序。[1] 然而，根据葡萄牙《工业产权法》第 35 条第 1 款的规定，专利有效性争议属于法院专属管辖，不得提交仲裁。[2] 葡萄牙第 62/2011 号法律未涉及具体的强制仲裁程序问题，仲裁庭应适用当事人选择的仲裁机构的规则或者在临时仲裁程序中适用葡萄牙《自愿仲裁法》。[3]

在西班牙，新《专利法》（Spanish Patent Act, Law No. 24/2015）明确规定各方可以将相关纠纷提交给西班牙专利和商标局（Spanish Patent and Trademark Office, SPTO）进行仲裁。2014 年，西班牙《知识产权法》修订之后，当事人可以向西班牙知识产权委员会申请仲裁。具体而言，西班牙知识产权委员会可以为其管理作品的相关机构、用户协会、广播公司之间的知识产权纠纷提供仲裁服务。概言之，西班牙专利和商标局与西班牙知识产权委员会是国家指定的为申请人提供知识产权仲裁服务的机构。根据 2003 年《仲裁

---

〔1〕　See Decision of the Lisbon Court of Appeal, 19. 03. 2013, proceedings no. 227/13. 5YRLSB-7.

〔2〕　See Decision of the Lisbon Court of Appeal, 13. 02. 2014, proceedings no. 1053/13. 7YRLSB-2.

〔3〕　See Nuno Ferreira Lousa & Raquel Galvão Silva, "Arbitrating Intellectual Property Disputes in Portugal: A Case Study", https://arbitrationblog. kluwerarbitration. com/2015/11/13/arbitrating - intellectual - property-disputes-in- portugal-a-case-study, last visited at 2024-3-14.

法》，当事人可以书面协议选择仲裁程序处理相关仲裁程序。不过，在西班牙，当事人选择通过仲裁解决知识产权纠纷的情形非常少见。[1]

专利有效性仲裁问题在德国和日本等国仍存在争议，法院对此问题的态度并不十分清晰。也有部分大陆法系国家（如瑞士和法国）对在专利无效争议中适用仲裁持支持态度。英国、美国、加拿大、澳大利亚等普通法国家通常对在专利等知识产权纠纷中适用仲裁持支持态度。

---

〔1〕 "Copyright Litigation in Spain：Overview"，https：//uk. practicallaw. thomsonreuters. com/w-011-1027？ transit ionType＝Default&contextData＝（sc. Default）&firstPage＝true，last visited at 2024-3-14.

第一章

新加坡知识产权纠纷调解

知识产权纠纷往往涉及复杂的技术或科学问题，新加坡知识产权纠纷以往通常由新加坡知识产权局（IPOS）负责裁决。近年来，新加坡在知识产权替代性纠纷解决机制发展问题上进展较快。其中，新加坡政府在司法机关（法院）、社会机构及知识产权行政部门中都推动了一系列非诉讼纠纷解决机制化解知识产权争议。不仅如此，新加坡替代性纠纷解决程序非常多元化，它主要有谈判、调解、仲裁、专家裁决、中立评估、调解-仲裁（仲裁-调解）等程序。上述非诉讼程序在知识产权纠纷解决过程中都发挥着重要作用。在法院层面，新加坡专门设立了国家纠纷解决中心为各类案件提供非诉讼服务；新加坡调解中心及新加坡国际调解中心、新加坡国际仲裁中心等社会调解及仲裁机构也为各类知识产权争议提供调解、仲裁等服务；新加坡知识产权局（IPOS）专门成立了纠纷解决部门负责处理相关争议。

根据性质不同，知识产权争议可以被分为侵权纠纷、合同纠纷以及权属纠纷等。在新加坡，商标、专利、工业设计等知识产权的撤销、异议、无效及权属争议的诉讼案件由新加坡知识产权局（IPOS）专属管辖。目前，新加坡知识产权局（IPOS）已经引入 WIPO 调解及仲裁等其他非诉讼程序处理商标及专利的无效、撤销、权属争议等案件。因此，在新加坡，调解不仅可以被用于解决商标、专利、工业设计、实用新型、地理标志、植物品种名称、域名和著作权侵权及合同争议，还可以被用于解决商标异议案件、商标无效案件、商标撤销案件以及专利授权及权属案件、专利撤销案件。当然，当事人也可以将上述商标及专利等侵权和合同案件以及无效及权属争议提交仲裁。不仅如此，为提高新加坡知识产权配套服务质量，自 2014 年 4 月 1 日起，新加坡知识产权局（IPOS）与世界知识产权组织仲裁与调解中心（WIPO AMC）合作为争议双方当事人提供专家裁决服务。

实践中，知识产权纠纷管辖较为繁杂。一般而言，知识产权的侵权纠纷属于高等法院及地方法院管辖。在注册后或授权后的知识产权争议中，高等法院和新加坡知识产权局（IPOS）对撤销商标和注册外观设计的诉讼以及宣布商标无效的诉讼都拥有管辖权。不过，单独的专利撤销申请必须被首先提交给新加坡知识产权局（IPOS）。如果撤销申请仅作为侵权诉讼中的反诉抗辩而提出或作为非侵权诉讼中的声明申请而提出，则只有高等法院具有管辖权。相比较而言，新加坡知识产权局（IPOS）对预授权或预注册知识产权争议拥有专属管辖权，如商标及工业设计的撤销、异议纠纷便专属于新加坡知识产权局（IPOS）管辖。

第一节 新加坡知识产权纠纷的法院调解

新加坡调解程序根据性质不同可以被分为：法院附设调解、法院外调解（社会调解）及知识产权局调解。新加坡调解程序可以适用包括知识产权争议在内的所有民商事争议。其中，国家纠纷解决中心提供法院附设调解服务，当事人可以根据情况将知识产权相关争议提交该中心解决。新加坡调解中心及新加坡国际调解中心等调解机构也可以为当事人提供相应的调解服务。另外，新加坡知识产权局（IPOS）还可为当事人提供专业的知识产权争议调解服务。

一、新加坡法院的附设调解程序

法院附设调解（Court-based mediation）是指法律程序启动之后，在法庭内进行、或由司法人员或法官主导的调解。1994 年，新加坡首次在初级法院中将法院附设调解作为试点项目。[1]在这一阶段，项目遴选的法官调解了一系列民事纠纷案件，并且效果相当不错。1995 年，新加坡法院即在试点项目的基础上设立了"法院调解中心"（Court Mediation Centre）。经过几年的发展，"法庭调解中心"的解决纠纷形式已不仅限于调解，还包括早期中立评估、有约束力或无约束力的评估，以及各种特殊形式的调解，如国际 CDR、专家合作调解、小型审判（Mini Trial）和调解-仲裁混合形式等。因此，1998 年"法院调解中心"被重新命名为"初步纠纷解决中心"（PDRC，Primary

---

〔1〕 1994 年 6 月 7 日，法庭纠纷调解中心（CDR）以试验计划的形式设立。

Dispute Resolution Centre）。另外，1999 年"初步纠纷解决中心"又引入了"法院多窗口受理"（multi-door courthouse）的方式。其目的是协助和引导纠纷双方在法院系统内部或外部寻求适合的纠纷解决机制，从而促进公众对各种解决纠纷程序的了解。

2015 年 3 月 5 日，新加坡设立了国家法院纠纷解决中心（the State Courts Centre for Dispute Resolution），取代了已经运行二十多年的"初步纠纷解决中心"。[1]这是新加坡自 1994 年启动多元化纠纷解决机制改革以来首次将所有纠纷集中在一个中心处理，并开始就部分纠纷的调解收费。概言之，目前新加坡法院附设调解统一由"国家法院纠纷解决中心"负责开展。为进一步规范社会调解（商业调解），2017 年 1 月 9 日新加坡国会通过了《调解法》，它对新加坡调解制度进行了重要补充。新加坡《调解法》主要是通过提升调解协议（mediation agreement）的效力、调解程序的保密性及调解最终协议（mediated settlement agreement）的执行力促使更多当事人选择调解程序解决纠纷。

二、国家法院纠纷解决中心的调解

国家法院纠纷解决中心的成立对新加坡司法体系产生了巨大影响。国家法院纠纷解决中心属于国家法院的一部分，它包括 4 个不同的部门：一般民事纠纷解决部门（General Civil Dispute Resolution）、特殊民事纠纷解决部门（Specialised Civil Dispute Resolution）、刑事纠纷解决部门（Criminal Dispute Resolution）、注册及行政辅助部门（Centre for Dispute Resolution Registry、Operations Management、Planning & Development）。他们处理的案件都是当事人起诉到法院之后的案件。换言之，他们仅处理已经在法院启动相关争议程序的案件，未在法院启动任何程序的争议则不是国家法院纠纷解决中心处理的范围。国家法院纠纷解决中心的调解程序属于比较正式的调解方式，它属于法院附设调解程序。国家法院纠纷解决中心提供的法庭附设调解充分运用公共资源，他们寻求纠纷解决的更佳方案，让替代性纠纷解决机制开始制度化，降低了纠纷解决的费用。该中心的宗旨是：节省时间、费用和维系社会关系。

（一）案件的类型和来源

新成立的国家法院纠纷解决中心统一负责之前初步纠纷解决中心的案件

---

〔1〕 2014 年，新加坡"初级法院"（Subordinate Court）已经更名为"国家法院"（State Courts）。

和刑事法庭的调解案件。过去，初步纠纷解决中心处理了初级法院受理的各种民事侵权案件和合同案件，包括医疗过失案件以及知识产权案件等。因此，上述案件都属于国家法院纠纷解决中心处理的范围。新加坡国家法院实践指示的规定，所有的民事案件都会优先转介 ADR，除非当事人明确表示退出调解。根据当事人对启动调解程序的控制力不同，国家法院纠纷解决中心案件的来源主要可以被分为 3 种类型：当事人申请调解、法庭转介调解、根据法庭指令调解。首先，当事人申请调解属于当事人完全自主选择调解程序。其次，法庭转介调解适用于所有民事案件，法院会优先选择转介 ADR，当事人可以明确表示拒绝调解。从性质上来看，这类法庭转介调解属于推定调解（Presumption mediation）。最后，根据法庭指令调解仅适用于由推事法庭〔1〕审理的案件（MC claims），当事人须遵循法庭的调解指令进行调解。

新加坡国家法院实践指示明确规定：在推事法庭审理的案件中，法庭有权根据实际情况发布调解指令。如果当事人在缺乏合理理由的情况下拒绝法院转介的调解或者指令的调解，他们可能需要因此在诉讼费用的分担问题上承担相应的不利后果。法官可以根据《法院规则》第 59 条第 5 款决定诉讼费用问题。具体而言，法官可以根据当事人参与调解或其他 ADR 程序的意愿及参与程度综合考虑案件的诉讼费用分担问题。不仅如此，高等法院也采取了类似的实践措施。2013 年修订后的法院"实践指南"允许有意向选择调解程序的当事人向对方当事人发出"ADR 要约"（ADR offer）。高等法院强调：法院也会根据《法院规则》第 59 条第 5 款的内容，综合考虑当事人非诉讼纠纷解决程序的提议及对方当事人的答复等因素来决定诉讼费用问题。

（二）调解员

新加坡国家法院纠纷解决中心现有 7 名调解法官（mediator judge）〔2〕和 100 多名志愿调解员（volunteer mediator）。所有调解法官均获得了新加坡调解中心的认证，其中几位调解员还接受过英国有效纠纷解决中心、美国国家法

---

〔1〕 推事法庭（Magistrate's Court）仅审理轻微刑事案件和标的额较小的案件。就刑事案件而言，推事法庭仅可以审理最高监禁刑期不超过 5 年或仅处罚款的案件、判处不超过 3 年的监禁、罚款不超过 10 000 新元和最多 6 杖（鞭刑）的案件。就民事案件而言，推事法庭仅可以审理标的额不超过 60 000 新元的案件。

〔2〕 他们包括 6 位调解法官和 1 位专家调解法官。调解法官本身就是专职法官，专家调解法官不属于专职法官，可以通过任命的方式被授予调解案件的资格。

官学院、哈佛大学谈判项目以及其他国际知名调解项目的培训。志愿调解员是受过专业法律训练，并获得国家法院纠纷解决中心及新加坡调解中心（SMC）双重认证的调解员。他们很多是律师协会的成员、太平绅士和受过调解培训的专业人士，还有很多志愿调解员参加过国家法院外的调解培训。一般而言，调解法官必须具备处理民事案件的丰富实践经验和娴熟调解技能。调解法官比较容易取得当事人的信任，从而推动调解顺利进行，他们在法院解决各类纠纷的过程中扮演着重要角色。改革之前，他们负责了绝大多数的法院附设调解案件。目前，新加坡国家法院纠纷解决中心的调解员则更加广泛和多样化，他们包括该中心的专业人员及新加坡调解中心（SMC）志愿调解员等。[1]在国家法院纠纷解决中心，案件由中心直接安排调解员，当事人不能协商选择调解员。当事人确认调解之后，该中心会在通知中一并告知调解的时间及调解员等相关信息。

国家法院纠纷解决中心的调解法官、志愿调解员及其他从事调解工作的专业人员都需要遵守相应的行为规范和职业操守。具体而言，调解员及其工作人员都必须遵守《国家法院调解员道德准则和基本原则》（the Code of Ethics and Basic Principles for Court Mediators）、《国家法院的司法声明》（the State Courts' Justice Statement）及《最佳调解实践的法院指南》（he Courts' Guide on Best Practice for Mediation）。这些调解行为规范性文件就如何进行调解的价值取向达成了高度的一致意见：公平（fairness）、便利（accessibility）、独立（independence）、公正（impartiality）、诚信（integrity）及灵活（responsiveness）。除此之外，国家法院还针对法院调解制定了内部的最佳调解实践指南（internal Guide on Best Practices for Court Mediation）。该内部调解实践指南就法院附设调解各个阶段的做法提出了详细建议。

（三）调解程序

国家法院纠纷解决中心的调解程序可以被分为四个阶段：①初步会议（Preliminary meeting）；②联合会议（Joint meeting with all parties and lawyers present）；③单独会议（Separate meetings）；④调解结果（Conclusion of mediation）。初步会议是调解程序的准备阶段。在该阶段，调解员仅邀请双方当事

---

〔1〕　Joyce Low & Dorcas Quek, "An Overview of Court Mediation in the State Courts of Singapore", *Mediation in Singapore: A Practical Guide*, Singapore: Sweet and Maxwell, 2015, paras 9.031 to 9.040.

人的律师参加，当事人自己并不参加。律师需向调解员概述纠纷争议的事实以及在调解过程中需要讨论的问题。联合会议是调解程序的陈述阶段。在该阶段，调解员会邀请律师及当事人参加，并详细告知双方当事人调解程序。其间，当事人有机会就争议事项作出陈述，调解员则须协助双方当事人对争议事项进行讨论。单独会议则是调解员邀请一方当事人及其代理律师参加的会议。在单独会议阶段，当事人与调解员进一步深入讨论己方的核心诉求并积极寻求可能的解决方案。当事人在该阶段单独向调解员陈述的任何信息都不得向对方当事人透露，除非当事人本人同意。另外，单独会议可以根据案件的实际需要举行多次，进而促成双方当事人和解。一般而言，法院附设调解案件最多经历三次会议。部分案件达成协议甚至仅需进行一次会议。但是，调解会议的次数及时间可能与案件的性质、复杂程度及当事人的态度相关。

调解结果是调解程序的结束阶段。调解结果通常有三种方式：达成和解、未达成和解、延期或取消。一是达成和解。经调解，当事人各方达成和解协议，该和解协议具有与合同相同的法律约束力。一旦当事人之间达成某种协议，各方及其代理律师会同调解员一同检查和确认和解协议的相关条款，这些条款内容还须告知法官。如果案件是法庭转交的，协议双方可以要求法庭将协议内容作为"合意判决"（consent judgment）或者法庭发出"庭令"（court order）。该合意判决或庭令具有强制执行力。二是未达成和解。当事人各方经中心调解无法形成一致意见的，调解员会就案件的进一步处理给予当事人指导，然后将案件转交到审判法院进行审理。如当事人还有调解意愿，案件也不再返回到国家法院纠纷解决中心，直接由审理该案的法官处理。三是延期或取消。出于各种原因，当事人各方有调解的意愿，但不能在规定的时间内达成和解协议的，为使调解能够继续进行，促成当事人最终达成和解协议，案件可延期进入审理程序。

（四）保密义务及调解费用

法院附设调解的所有信息将被严格保密。如果调解后未达成和解，调解过程中双方陈述的信息则不会在法庭上公开。换言之，法院附设调解中的相关信息都不得在之后的法庭审理过程中使用。负责该调解案件的调解法官则不得参加之后的案件审理。另外，调解员可以根据需要与任何一方进行单独会议，进而保证各方的隐私或商业秘密等信息。单独会议的任何信息都不会未经允许被披露给另一方当事人。

新加坡国家法院已为当事人提供超过 20 年免费 ADR 服务。目前，国家法院纠纷解决中心仍将继续为诉至推事庭的所有民事案件（即诉讼标的低于 6 万新元）纠纷提供免费 ADR 服务。自 2015 年 5 月起，该中心开始针对地区法院的民事案件（不包括机动车事故和人身损害赔偿纠纷）收取一定的 ADR 费用。这些案件的诉讼标的一般都在 6 万新元至 25 万新元之间。国家法院纠纷解决中心属于法院附设的专门纠纷解决机构，它属于非营利性机构。该中心针对地方法院民事案件调解服务收费主要是避免中心的司法资源遭受浪费，它收取的调解费用主要被用于维护中心的正常运转。因此，该中心的调解服务收费也并不高。

新加坡法院不仅通过不收调解费来吸引当事人通过调解程序解决纠纷，还通过减免诉讼费用的方式来引导当事人选择调解。新加坡最高法院发布的主簿通令规定，案件提交新加坡国家法院纠纷解决中心调解的，当事人可以免交法庭费用或者退费；当事人在首次开庭的前 14 天内和解并书面通知法院的，法院应退回全部法庭费用。

三、庭前会议的调解

新加坡法院不仅提供法院附设调解还鼓励当事人在庭前会议中调解。法院附设调解由国家法院体系负责。庭前会议的调解则既可以在国家法院（初级法院）体系中适用也可以在高等法院体系中适用。新加坡立法明确提出，高等法院及国家法院都有权进行庭前会议。早在 1992 年 1 月，新加坡司法系统便在高等法院和初级法院发起成立了民事案件庭前会议。1996 年，新加坡最高法院通过《新加坡法院第 O34A 号令》正式确立了庭前会议的做法。该命令使法院有权命令双方当事人出席庭前会议，或在诉讼程序启动之后的任何时刻作出其他命令或指示，以利于公正、快速、经济地处理纠纷。为了进一步规范审前会议，最高法院于 1999 年颁布了《法庭规则》，对诉讼程序中的当事人和解建议、庭前会议和解以及和解协议批准等程序作出了详细规定，提供了充分的 ADR 介入机会。

在新加坡，庭前会议是民事诉讼程序的组成部分，它在诉讼开庭前进行。庭前会议的具体程序由案件类型来确定。一般而言，庭前会议是由受理案件法院的主簿（registrar）来负责主持的。除此之外，庭前会议还可由外国法官或专家等专业人士协助当事人进行和解。在庭前会议过程中，主簿会与当事人公开、坦诚地探讨案件的实体问题，并协助当事人了解案件进入审判阶段的后果，引导当事人权衡利弊，通过合适的方式解决纠纷。不仅如此，主簿还可以根据案情协助提出最佳的、最有效的解决方案，并鼓励各方当事人通过"不带有偏见"的谈判解决相关争议。

四、国家法院的电子调解

电子调解快速、费用低廉，且所有争议均保密，商界人士和消费者均可从中获益。随着互联网应用的普及化，早在 2000 年新加坡初级法院就开始引入电子调解。所有因电子商务发生的争议均可提交电子调解，包括 B2B、C2C 及 B2C 等。其中，争议类型主要包括在线消费者争议、合同争议、知识产权争议等。提交电子调解前，当事人无需先向法院起诉。

电子调解的适用前提是双方同意采用电子调解方式解决争议。申请人需向网上协调人（moderator）提交调解申请书，列明索赔和建议解决方案。协调人须于收到电子邮件后 3 天内将其转交被申请人，同时寄发调解通知。如被申请人表示不愿进行电子调解，或不在规定期限内答复，协调人即通知申请人不能进行电子调解。如被申请人同意电子调解，协调人应通知被申请人在答辩期限内提交答辩书，答辩期通常为 1 周～4 周。其间，被申请人还可提出反请求，只要反请求是基于同一争议或交易发生。协调人接到双方的资料后，将争议转交适宜的调解员。调解员可以是小额法庭的调解法官、法院调解中心的调解法官、新加坡调解中心或新加坡仲裁中心的调解员。可以由调解员确定实际解决争议的时间，也可以由当事人协商确定调解时间。所有交流和函件均以电子邮件方式进行。必要时，调解员可安排当事人面谈，或者提交书面文件及证据。调解达成协议后，也通过电子方式送达双方当事人，送达后该调解协议即发生法律效力。

另外，新成立的国家法院纠纷解决中心还启动了 SKYPE 调解计划（SKYPE 是一种视频会议软件）。在过去，新加坡已经为居住在新加坡的当事人作出了特别安排，让他们通过 SKYPE 参加调解。随着当事人的流动性越来越大，这些安排变得越来越普遍。在 SKYPE 调解指引通过后，当事人使用 SKYPE 设施将被制度化。SKYPE 调解计划并没有改变法院 ADR 要求所有当事人出席的基本立场。但是，在征得另一方当事人的同意，并提供因就医或其他原因无法前往新加坡的证据时，新加坡的当事人可以要求通过 SKYPE 参加法院 ADR。当然，现在这也适用于在新加坡没有办事处或代理处的外国企业。

第二节　新加坡知识产权局（IPOS）的调解

一、新加坡知识产权局（IPOS）调解概述

当事人在新加坡知识产权局（IPOS）内处理的所有纠纷都可以向该局申请调解程序处理，它可以在知识产权局作出相应决定之前的任何时间内提出申请。当事人提交申请之后，新加坡知识产权局（IPOS）会专门为当事人设定时间考虑其他纠纷解决方案，通常会要求当事人提交声明，即是否愿意采用非诉讼方式（如谈判或调解）处理相应争议。如果当事人表示愿意进行调解，那么当事人可以根据需要提出其意向的调解机构。其中，当事人根据要求还应当表明其所需的调解期限，如30天、60天等。在大多数案件中，知识产权局会基于为当事人调解处理争议而中止相应程序。如果当事人需要延长调解期限，当事人可以向知识产权局申请继续延长中止程序，但必须具有合理性。

新加坡知识产权局（IPOS）致力于公正、快速且成本合理地解决知识产权纠纷。该知识产权局还专门设立了知识产权纠纷解决部门，它被称为"听证与调解小组"（The Hearings and Mediation Group）。新加坡知识产权局（IPOS）提供的调解服务主要是通过与世界知识产权组织仲裁与调解中心（WIPO AMC）等机构合作来提供。在与其他专业机构展开合作的同时，新加坡知识产权局（IPOS）还专门任命了多名专利和商标领域的法律专家作为知识产权审裁员，负责主持新加坡局中的知识产权纠纷事务，以加强其现有专业法庭力量并增强新加坡解决知识产权领域纠纷的能力。"听证与调解小组"（HMG）的听证程序主要是由该机构的首席助理常务官（Principal Assistant Registrars）、助理常务官（Assistant Registrars）及知识产权审裁员（IP Adjudicators）负责。知识产权审裁员是知识产权局从机构外聘请的专业人员。目前，"听证与调解小组"（HMG）共有4位首席助理常务官、2位助理常务官及5位知识产权审裁员。"听证与调解小组"可以帮助当事人处理各类知识产权纠纷，例如注册商标、专利及产品设计、植物新品种等知识产权争议。不仅如此，听证与调解小组还鼓励当事人通过ADR解决知识产权纠纷，并为当事人提供便利条件。

早在 2011 年，新加坡知识产权局（IPOS）就与 WIPO 达成了伙伴关系，并建立了 WIPO AMC 的第一个海外办公室。它可以为当事人提供 WIPO AMC 的 ADR 服务。不仅如此，新加坡知识产权局（IPOS）还与新加坡调解中心及新加坡国际调解中心合作。当事人可以选择通过这两个调解机构来处理相关知识产权纠纷。另外，2016 年，新加坡知识产权局（IPOS）还提出了一项新的知识产权纠纷调解促进计划，鼓励当事人通过调解程序解决知识产权纠纷。

二、新加坡知识产权局（IPOS）与 WIPO 调解

2011 年 9 月 28 日，新加坡知识产权局（IPOS）与 WIPO 达成了合作框架，并签署谅解备忘录（Memorandum of Understanding，MOU）。根据该谅解备忘录，新加坡知识产权局（IPOS）与 WIPO AMC 建立了联合纠纷解决程序。这一联合程序适用于提交到新加坡知识产权局（IPOS）的知识产权争议案件。

（一）WIPO 与新加坡知识产权局（IPOS）联合纠纷解决（调解）的方式

一般而言，联合纠纷解决可以分为以下阶段。第一，提出请求阶段。当事人向知识产权局提出请求。第二，提出请求之后，当事人须在知识产权局注册登记才会进入准备程序阶段。第三，在当事人提出请求之后到注册登记之前，当事人有时间认真考虑通过调解处理相关争议的意见。当事人同意，案件则提交给 WIPO AMC 调解；当事人不同意，案件则进入知识产权局听审的准备阶段（其间，案件还可尝试其他非诉讼程序）。当事人选择 WIPO 调解程序之后，调解成功的，他们则回到知识产权局履行必要程序（例如撤回异议申请），案件即终结；调解不成功的，案件也回到知识产权局听审的准备阶段。第四，举证阶段。双方当事人提交相应证据支持相应的请求。第五，听审前的审查阶段。该阶段知识产权局审裁官则对相应证据进行初步审查。第六，听审阶段。在这一阶段，当事人就争议事项进行辩论等其他事项。第七，知识产权局审裁官作出裁决，案件终结。实际上，当事人可以在知识产权局解决争议裁决前的任何阶段选择适用 WIPO 调解程序。换言之，当事人不仅可以在登记之后提出调解申请，还可以在准备阶段、举证阶段、听审前的审查阶段及听审阶段提出调解申请。必要时，当事人可以协商暂停相关程序，进行调解。

（二）WIPO 调解程序的适用范围与启动

新加坡知识产权局（IPOS）与 WIPO AMC 建立的联合调解程序主要适用于以下几类案件：商标异议案件、商标无效案件、商标撤销案件以及专利授权及权属案件、专利撤销案件。当事人将上述案件提交到新加坡知识产权局（IPOS）之后，该局则向各方提供通过调解解决争议的机会。当事人可以自愿适用 WIPO 调解规则解决上述争议。其中，WIPO 调解规则对解决涉外知识产权争议更具有优势。

一般而言，双方当事人同意可以将争议案件提交给 WIPO AMC 调解。具体而言，当事人须向世界知识产权组织仲裁与调解中心新加坡办公室（The WIPO Arbitration and Mediation Center Singapore Office）提交调解申请。不仅如此，当事人还可以通过新加坡知识产权局（IPOS）向世界知识产权组织仲裁与调解中心新加坡办公室提供调解申请。当事人提交调解申请之后，WIPO 调解程序正式启动。另外，根据 2016 年 WIPO 最新的调解规则，即便对方当事人并未确定同意调解，当事人仍可以向该中心提交 WIPO 调解申请。收到调解申请，WIPO AMC 会与对方当事人联系，并协助他们考虑 WIPO 调解申请。

（三）WIPO 调解的程序内容

作为调解服务的提供者，WIPO AMC 始终会严格秉持中立及独立的立场。在收到当事人的调解申请之后，WIPO AMC 会将调解程序的相关内容（调解费用、调解程序的适用、调解员的选任）通知申请人。当事人可以根据自己的要求选择合适的调解员。WIPO AMC 则会为当事人选择调解员提供便利，它可以提供众多专业化的调解员和仲裁员供当事人选择。这些调解员、仲裁员及专家都是来自新加坡的拥有丰富知识产权争议解决经验的专家。当然，当事人也可以在 WIPO 专家名录之外选择合适的调解员。不仅如此，当事人还可以协商确定适用何种调解程序、调解的工作语言等问题。

（四）WIPO 调解的费用

相比较而言，WIPO 的调解费用非常低。WIPO AMC 是一个非营利性机构，它仅收取非常低的行政费用及服务费用。WIPO AMC 的行政费用是一次性收取的，每人各 50 新元；调解员的服务费是按时间收费，前 4 个小时每人各 500 新元，超过 4 个小时，每小时当事人各 200 新元。根据 WIPO AMC 的经验，商标争议调解案件平均需要 15 个小时。

WIPO AMC 的行政费用	调解员服务费
当事人各 50 新元	当事人各 500 新元，包括 4 个小时的准备及调解服务新元。 额外费用，超过 4 个小时，每小时当事人各 200 新元。

三、新加坡知识产权纠纷调解促进计划

为促进当事人选择调解程序，新加坡知识产权局（IPOS）制定了知识产权调解促进计划（IP Mediation Promotion Scheme）。该计划于 2016 年 4 月 1 日开始正式实施。新加坡知识产权调解促进计划旨在鼓励企业通过调解处理纠纷，最终能够达成双赢的方案。新加坡知识产权调解促进计划主要是通过资助当事人参加调解的方式引导其选择调解程序解决争议。与此同时，新加坡知识产权局还任命了 5 位知识产权审裁员，任期 2 年。他们同样于 2016 年 4 月 1 日开始履行职责。作为知识产权领域的法律专家，这些审裁员可以为当事人提供更为专业的法律意见。

（一）调解促进计划的资助对象

目前，该计划仅适用于在新加坡知识产权局（IPOS）审理的相关争议案件。它们主要包括注册商标案件（异议、撤销、无效及纠正等争议）、专利案件、产品设计及植物新品种争议。当事人可以选择将案件提交与新加坡知识产权局（IPOS）合作的 WIPO AMC，也可以选择新加坡调解中心或者新加坡国际调解中心等。新加坡知识产权局（IPOS）会根据资助条件决定调解费用资助。

（二）资助申请

一般而言，当事人申请知识产权局调解资助可以分为三个步骤。第一，在调解启动前，当事人事先告知知识产权局自己申请资助的意向；第二，确保当事人申请的案件符合资助条件；第三，当事人在调解开始之后 1 个月以内向知识产权局提交"调解提升计划"（MPS）申请书。

（三）资助条件及额度

在知识产权局审理的案件中，当事人有意向进行调解的都可以申请调解费用资助。当事人参加调解之后是否最终调解成功并不影响当事人申请资助。不过，知识产权局给予调解费用资助，当事人还须同意 3 个条件：①公开调解费；②提供调解过程的反馈材料；③允许"影子调解员"观察调解过程。

其中，影子调解员是新加坡知识产权局（IPOS）的代表，其并不参与调解，仅在现场进行观察。资助的费用包括在调解过程中产生的行政费用及调解员的服务费用。其中，每个案件资助双方当事人总共不超过 5500 新元。

第三节　新加坡其他调解机构的调解

新加坡知识产权纠纷调解服务机构主要包括：世界知识产权组织调解与仲裁中心新加坡办公室、新加坡调解中心（Singapore Mediation Centre）、新加坡国际调解中心（Singapore International Mediation Centre）。根据 2017 年新加坡《调解法》，当事人可以请求法院依据最终调解协议的内容制作法院命令。法院根据最终调解协议制作的法院命令直接具有强制执行效力。新加坡《调解法》明确规定，申请法院命令的必须符合一定条件，它要求调解程序由指定的调解机构或有资质的调解员主持。其中，WIPO AMC、新加坡调解中心和新加坡国际调解中心都是指定的有资质调解机构。因此，当事人可凭在上述调解机构达成的知识产权纠纷调解最终协议向法院申请相应的法院命令。

一、新加坡调解中心的调解服务

（一）新加坡调解中心概述

1997 年 8 月 8 日，新加坡调解中心正式成立。就其性质而言，新加坡调解中心属于新加坡法律学会下属的非营利性组织，它负责管理、推广新加坡的调解及其他 ADR 程序。新加坡调解中心与许多专业团体和商业协会有密切联系，并且与国家法院调解中心也有密切联系。不仅如此，它还得到了新加坡最高法院、地方法院、新加坡法律学会、新加坡律政部等机构的大力支持。不仅如此，法院会根据当事人的请求转介调解案件给新加坡调解中心。这是新加坡调解中心案件的重要来源之一。另外，新加坡调解中心还可以根据当事人申请进行调解。

新加坡调解中心不仅提供调解服务，还提供中立评估（Neutral Evaluation）、裁决（Adjudication）、咨询（Consultancy）等服务。其中，调解服务则是它的核心业务。新加坡调解中心几乎可以调解所有的民事案件。它成功地推动了新加坡调解制度的发展，致力于友好、高效地解决纠纷。它的宗旨是创造一种环境，让人们有效地以非对抗性的方式寻求解决冲突的持久性解决方案，为建设一个和谐社会和繁荣的商业环境做出贡献。该调解中心受理的调解案件，其中75%的案件达成和解。调解成功的案件中，有超过90%的案件是在一个工作日内解决的。[1]多数时候，当事人达成调解协议时双方都节省了大量的法律费用、法庭费用以及听证费用。

（二）调解员

新加坡调解中心有自己的调解员名册，调解员来自不同专业和领域，包括国会议员、前高等法院法官、资深律师、建筑师、医生、工程师、IT专家、项目经理、心理医生和大学教授等。这些调解员均训练有素、经验丰富。此外，还专门设立了调解国际纠纷的国际调解员名册，由国际知名人士进行中立调解。如纠纷需要专业技术人员解决，调解中心通常指定2名调解员，共同调解纠纷。其中一位是了解争议所涉专业知识的业内人士，另一位则是熟悉法律问题的律师及其他法律从业人员。目前，调解中心调解的案件涉及英语、普通话、中国方言、泰米尔语和马来语，因此在指定调解员时，还要考虑其语言能力。调解员需掌握双方当事人熟知的语言，无需翻译，避免因语言障碍影响案件调解中的交流。

大多数调解员由各自的专业或行业组织中的同事或者同行提名。获得提名者在参与新加坡调解中心的培训后接受评估，评估合格者被任命为调解员。为保证调解员的素质，新加坡调解中心设立了定期培训计划和调解员认证制度，调解员的委派期限为1年，期满之后重新任命。调解中心还专门设立了首席调解员制度，确保对其他调解员的辅助和提高。首席调解员是由专业或行业组织提名后，参与调解中心组织的调解研讨会，在研讨会结束时进行评估。经评估合格的人员由调解中心委员会认可其资质及任命，任期一年，一年后再重新进行评估。首席调解员至少需要连续8年参加专业培训，每年至少调解5个案件。

（三）调解程序及规则

新加坡调解中心进行调解的案件须遵循一定的程序和规则。为此，新加坡调解中心还制定了相关的调解规则。该调解中心的调解程序大致可以被分为四个阶段，即启动阶段、准备阶段、调解会议阶段、达成和解协议阶段。

---

[1] See "Section 1 Introduction To Mediation"，http://www.singaporelaw.sg/sglaw-laws-of-singapore/overview/chapter-3#Section4, last visited at 2024-6-23.

1. 调解的启动

有两种方式可以在新加坡调解中心启动调解程序：其一，法院将案件转介新加坡调解中心调解；其二，当事人向新加坡调解中心提出调解申请。新加坡调解中心在收到案件后，首先对案件进行评估，看其是否适合调解。如果各方均同意调解，新加坡调解中心则会受理案件，并向各方解释调解步骤，确保双方明确接受调解，帮助纠纷各方找到合适的争议解决方案，并保证遵守调解达成的结果。仅一方当事人向新加坡调解中心请求调解，该调解中心仍可以尝试促成当事人进行调解。收到一方当事人的请求之后，新加坡调解中心可以在 14 天（2 周）内联系对方当事人并努力说服他们参加调解程序。不仅如此，该调解中心还可以在 21 天（3 周）内询问所有当事人是否愿意进行调解。这有利于新加坡调解中心最大限度地促进当事人进行调解。各方当事人根据规定签署《同意调解协议》（SMC's Agreement）意味着调解程序的正式启动。该协议表明当事人愿意接受《调解中心调解规则》的约束，并承诺在调解达成协议后履行协议内容。

2. 准备阶段

各方当事人同意调解之后，调解程序则进入准备阶段。这一阶段，新加坡调解中心会指定调解日期、地点及调解员。一般而言，调解中心指定的调解日期为正式启动调解程序之日起 1 周内。在紧急情况下，调解也可以在 24 小时内进行。调解会议的地点都被安排在新加坡调解中心，这样可以确保中立。与此同时，调解中心还会从首席调解员名册中指定合适的调解员。当事人不能随意选择调解员。如果有合理理由（例如利益冲突），当事人可以拒绝提议的调解员。如果理由成立，调解中心会再指定一名调解员。另外，当事人至少在调解正式开始前 5 天内向对方及调解员提交案件的简报说明情况，并提交相关的重要文件。其中，各方当事人须协商确定提交的材料的数量。一般而言，当事人会协议确定材料数量的上限，也可以协商提交联合材料。这些事项都是由调解中心来负责，调解中心还需要为调解提供必要的行政服务支持。

3. 调解会议

根据《新加坡调解中心调解规则》，新加坡调解中心的调解必须以保密的方式进行，也不得进行录音录像。调解会议也不会产生任何副本和正式的记录。调解会议仅允许调解员、当事人及其代理人参加。调解会议过程中进行的任何交流、信息的披露及观点的陈述都须建立在友好、无偏私的基础之上。在双方当事人同意的情况下，调解员可以就某些专业技术问题咨询专家，相关专家费用由当事人承担。调解员可以根据需要主持所有当事人参加联席会议，也可以与当事人进行单独会议。在调解会议过程中，调解员主要是促进双方当事人进行谈判，促使当事人通过讨论找到最终合适的解决办法。

4. 和解协议（Settlement Agreement）

经过调解，当事人可以在充分沟通和交流的基础上达成和解协议。如果双方就争议问题达成一致意见，纠纷双方当事人则可以在律师的协助下订立和解协议，由双方当事人签字。当事人签字确定的和解协议将对双方产生约束力。为了灵活简便，当事人可以在线签订和解协议。不过，为了避免产生疑问，当事人也可以通过电子签名的方式确认电子和解协议。如果没有达成和解，调解员还可以根据双方当事人的请求提出一份没有约束力的解决方案。调解员提出的解决方案意见仅仅代表自己的评估。一般而言，这份解决方案的评估报告不得在其他任何程序中使用，除非获得所有当事人及调解员的同意。

5. 调解规则

新加坡调解中心制定了《新加坡调解中心调解规则》和《新加坡调解中心行为准则》。《新加坡调解中心调解规则》规定，中心主持下的调解必须按照《新加坡调解中心调解规则》进行处理，明确要求所有中心委派的调解员都要受《新加坡调解中心行为准则》约束，调解员在调解过程中对调解内容保密，并保持中立和公正。另外，新加坡调解中心的《新加坡调解中心调解规则》还对调解程序的终止、调解员的豁免以及调解费用进行了详细的规定。

第二章

菲律宾知识产权纠纷调解

根据《菲律宾知识产权法》（IP Code），菲律宾知识产权局法律事务局（BLA）主要针对以下两种类型案件具有行政管辖权。第一，审理和裁决知识产权违法行为（IPV）案件：①反对商标注册申请；②撤销商标；③撤销专利、实用新型和工业品外观设计；④专利强制许可申请书。第二，对涉及知识产权违法行为（IPV）的行政投诉具有管辖权，它要求案件索赔总额不低于20万比索。根据《法院规则》，实施临时补救措施：临时限制令、初步禁令和扣押。法律事务管理局负责人有权拘留和惩罚无视其命令或指令的人，在听证会后还可以附加行政处罚。知识产权违法行为（IPV）案件主要包括：①侵犯商标权；②不正当竞争；③侵犯专利、实用新型和外观设计的；④侵犯版权及相关权利；⑤原产地欺诈。

菲律宾知识产权局法律事务局（BLA）在知识产权非诉讼纠纷解决中扮演着重要角色。菲律宾知识产权局法律事务局（BLA）拥有较为广泛的执法权和执法措施，他们在办理案件过程中还可以针对不法行为作出相应的行政处罚。具体而言，他们可以发布行政命令要求被申请人停止侵权行为，要求其在命令规定的合理时间内提交合规报告，还可以要求被申请人提交相应的承诺书。承诺书应当载明以下内容：保证遵守知识产权法的相关规定；保证不再从事任何类似违法行为；针对侵权产品保证召回、更换、修理或退费；补偿申请人支出的相关费用。实践中，法律事务管理局行政长官还可以要求被申请人定期提交合规报告并保证遵守合规要求。

近年来，菲律宾越来越重视通过调解程序解决知识产权纠纷。2004年，菲律宾国会通过了第9285号法案，即2004年《替代性争议解决法》（Alternative Dispute Resolution Act of 2004）。该法指示所有政府机构鼓励并积极推动使用ADR作为解决争议的有效工具。为有效促进ADR的发展，2004年《替代性争议解决法》还授权政府设立了ADR办公室，专门辅助促进ADR的应用。2006 年，菲律宾行政部门发布了第 523 号行政令，它要求所有行政机关在处理相应纠纷过程中都应当促进 ADR 的应用。[1]为促进知识产权纠纷高效解决，菲律宾知识产权局（IPOPHL）于 2003 年就开始推动调解计划，对知识产权局成员进行培训并受理相关调解案件。2010 年，菲律宾知识产权局（IPOPHL）专门成立了调解办公室，专门负责知识产权案件的调解工作。[2]

在菲律宾，知识产权纠纷调解主要可以分为三类：法院提供的调解服务、知识产权局提供的调解服务以及社会调解机构提供的调解服务。菲律宾调解程序可以适用包括知识产权争议在内的所有民商事争议。其中，菲律宾调解中心提供法院附设调解服务。菲律宾纠纷解决中心（PDRC）等调解机构也为当事人提供相应的调解服务。菲律宾知识产权局（IPOPHL）为当事人提供专业的知识产权争议调解服务。菲律宾知识产权调解程序具有一定的特色，无论是在法院调解还是在知识产权局调解都注重调解优先，要求当事人对案件先进行调解。

第一节　菲律宾知识产权纠纷的法院调解

一、菲律宾法院调解服务的类型

菲律宾法院在推动调解等非诉讼程序应用过程中扮演着重要角色。在菲律宾，法院提供的调解服务可以分为三个阶段与类型。第一阶段，法院提供法院附设调解（Court-annexed mediation，CAM），它由法官强制性转介并提交给菲律宾调解中心（Philippine Mediation Center，PMC）调解员进行调解；第二阶段，法院提供司法性纠纷解决程序（judicial dispute resolution，JDR），它由司法性纠纷解决程序（JDR）法官直接通过调解等非诉讼程序处理相应纠纷；第三阶段，法院提供上诉法院调解（Appellate Court Mediation，ACM），

---

〔1〕 2012 年，菲律宾行政部门发布第 97 号行政令，要求所有行政部门提交一份促进 ADR 应用的报告。该行政令还统一将促进 ADR 发展的所有职责和权力全部授予国家 ADR 办公室（the Office for ADR，OADR）。

〔2〕 See Luwin M. Dela Concha, "The Other Way: Alternative Dispute Resolution in IP Disputes", IPRS IV, Bureau of Legal Affairs Operation Management Officer, ADRS, IPOPHL, https://international ipcooperation. eu /sites /default/files/2021-10/ARISEplusIPR_ oct2021_ Luwin_ DelaConcha_ Topic_ 4_ Introduction_ about_ IP_ Mediation_ Services_ in_ the_ Philippines. pdf, last visited at 2024-9-2.

它由菲律宾调解中心上诉法院工作小组（PMC-Appeals Court Mediation Unit）负责提供。

在 2004 年《替代性争议解决法》颁行之前，菲律宾法院已经开始探索调解等非诉讼程序。1997 年《民事诉讼规则》第 18 条明确规定法院应在诉前程序中考虑案件通过友好协商解决或通过其他方式解决的可能性。1999 年《司法改革行动纲领》明确指出建立法院附设调解制度，最高法院开始试点在法院审判程序中引入强制调解程序。[1] 菲律宾最高法院就根据 2001 年《司法改革行动纲领》（the Action Program for Judicial Reform，APJR）通过制定相关的调解标准及行为准则等问题促进法院调解服务的制度化。[2] 2001 年 9 月 16 日，菲律宾最高法院颁布第 21-2001 号司法行政令，明确指出菲律宾司法学院（Philippine Judicial Academy，PHILJA）为法院附设调解以及其他非诉讼程序提供人员培训支持，该行政命令还专门设立了菲律宾调解中心。为此，最高法院成立了菲律宾调解中心办公室（the Philippine Mediation Center Office，PMCO），它主要负责促进司法性 ADR 制度的发展，并负责具体实施和监管司法性 ADR 制度的运行，其需接受菲律宾司法学院的监督和指导。2002 年，最高法院开始在上诉法院试点引入调解程序。2004 年，上诉法院调解程序开始正式全面推行。另外，2011 年税务上诉法院同样开始实施调解程序。[3]

如前所述，菲律宾的司法性纠纷解决程序（JDR）在司法体系中扮演着重要角色。2004 年，司法性纠纷解决程序（JDR）被司法改革正式纳入司法体系。司法性纠纷解决程序（JDR）主要通过在诉前程序中引入调解及中立评估程序促进案件高效处理。它先是在菲律宾邦板牙（Pampanga）及巴科洛德（Bacolod）两地模范法院进行试点。2006 年，最高法院进一步推进司法性纠纷解决程序（JDR）的试点，本格特（Benguet）、拉乌尼翁（La Union）、卡加延德奥罗（Cagayan de Oro）三地开始引入该程序处理相关案件。2011 年，最高法院进一步扩大了司法性纠纷解决程序（JDR）及法院附设调解程

---

[1]　A. M. No. 99-6-01-SC-PHILJA, 22 June 1999.

[2]　See A. M. No. 01-10-5-SC-PHILJA, 16 October 2001.

[3]　See Jose Midas P. Marquez, "Judicial Dispute Resolution: The Philippine Experience, the International Judicial Dispute Resolution Network Inaugural Meeting on 18-19 May 2022", https://www.int-jdrn.org/files/Philippines_Opening%20Speech_Hon%20Jose%20Midas%20P%20Marquez.pdf, last visited at 2024-9-2.

序的适用范围，它通过指引明确法院附设调解及司法性纠纷解决程序（JDR）强制性适用于所有民事案件以及部分刑事案件的民事责任案件。2017年，最高法院对指引进行了修订，该指引再次列举了可以进行调解的刑事案件。不过，2017年最高法院修订的指引已经排除了刑事案件继续适用司法性纠纷解决程序（JDR）。2019年，最高法院修订了1997年《民事诉讼规则》，明确指出法院附设调解和司法性纠纷解决程序是诉前程序的一部分。2020年，最高法院允许当事人通过视频会议的方式参与司法性纠纷解决程序（JDR）。2021年，最高法院2020年修订的法院附设调解及司法性纠纷解决程序（JDR）指引开始生效实施。[1]

二、法院附设调解（CAM）

在菲律宾，法院附设调解（Court-annexed mediation）是指法律程序启动之后法院将案件提交给菲律宾调解中心的调解员进行处理。菲律宾法院附设调解具有较为明显的强制适用性。所谓强制性适用性就是指菲律宾法院会首先将案件转介提交给菲律宾调解中心的调解员进行调解，法院转介调解指令具有强制性，当事人须遵循法院指令参与相关调解。换言之，它要求当事人在向法院提起诉讼时首先尝试通过调解程序处理争议中的问题。如果当事人通过调解解决纠纷，那么他们可以退回已向法院缴纳的诉讼费。实际上，菲律宾法院附设调解属于诉前程序的一部分。[2]

（一）菲律宾调解中心

2002年菲律宾调解中心的成立对菲律宾的司法体系产生了巨大影响。菲律宾调解中心是由最高法院设立的，它接受国家司法学院的指导和监督。菲律宾调解中心与法院管理局（OCA）共同组织和成立了众多菲律宾调解中心（PMC），工作小组（PMC units）。菲律宾调解中心（PMC）工作小组负责各地法院附设调解的具体工作。

---

〔1〕 See The Philippine Supreme Court Administrative Matter No. 19-10-20-SC and the 2020 Guidelines for the Conduct of Court-Annexed Mediation（CAM）and Judicial Dispute Resolution（JDR）in Civil Cases（"Revised Guidelines"），https://www.lexology.com/library/detail.aspx?g=c23d53fa-2f40-493b-a777-72e3549a9ff9，last visited at 2024-9-2.

〔2〕 See 2020 Guidelines for the Conduct of the CAM and JDR in Civil Cases，https://www.projectjurispruden ce.com/2021/08/2020-guidelines-for-conduct-of-cam-and-jdr-in-civil-cases.html，last visited at 2024-9-2.

（二）案件的类型和来源

在菲律宾，法院附设调解程序仅处理已经在法院启动相关争议程序的案件，未在法院启动任何程序的争议则不在菲律宾调解中心处理的范围内。菲律宾调解中心的调解程序属于比较正式的调解方式，它属于法院附设调解程序。菲律宾调解中心提供的法庭附设调解充分运用公共资源，他们寻求纠纷解决的更佳方案，让替代性纠纷解决机制开始制度化，降低纠纷解决的费用。在菲律宾，法院附设调解的适用范围非常广泛，它包括几乎所有类型的民事案件，此外还包括刑事案件的民事责任部分。其中，知识产权纠纷都应当适用法院调解程序。当然，法律也明确规定部分案件不适用法院附设调解，例如婚姻无效案件。这类案件主要涉及当事人不能自由处分的事项。

（三）调解员

2004 年《替代性争议解决法》并未对调解员的专业和学历背景提出特殊要求。当然，当事人可以在调解协议中对调解员专业等资格设置相应的要求。不过，法院附设调解程序中的调解员需要符合一定的资格要求。实际上，成为法院附设调解程序中的认证调解员须符合一系列基础条件和专业条件。其中，申请调解员的基础条件主要包括以下几个方面：第一，申请人须拥有本科及以上学历，年龄应在 30 岁以上。第二，申请人必须熟练掌握英语及菲律宾语。第三，申请人须具有良好的品行，并具有学习新技能的意愿。第四，申请人须具备服务公众的意愿。[1]与此同时，申请人还必须遵守最高法院颁布的《调解员道德行为准则》（the Code of Ethical Standards for Mediators）。

如前所述，菲律宾调解中心要求待选调解员具备一定的专业能力。第一，申请人在被正式任命为调解员之前须通过综合笔试和面试，这主要是考察申请人的书面与口头沟通能力。不仅如此，申请人还必须完成为期 5 天的调解研讨会。在此基础上，待选调解员还必须展开为期 4 周的调解实习。在调解实习期间，待选调解员需要实际负责法院附设调解案件。法院附设调解员是由菲律宾司法学院（PHILJA）进行选任和培训的。只有经过菲律宾司法学院培训合格的待选调解员才会被最高法院推荐进入法院附设调解计划，成为菲律宾调解中心的调解员开展调解工作。其中，认证调解员每一届的任期为 2 年。任期届满之后，菲律宾司法学院会对调解员的履职情形和资质进行评估，

---

〔1〕 See http://pmc. judiciary. gov. ph/become-a-mediator. htm, last visited at 2024-7-2.

符合要求的待选调解员可以被再次委任为调解员。实践中，菲律宾调解中心的调解员一般包括退休的法官、高级律师、行政部门官员等专业人士。

实际上，菲律宾调解中心对法院附设调解程序中认证调解员专业能力的要求非常严格。它不仅要求申请人在任命调解员之前必须符合相应的调解条件和获得相应资质，而且要求调解员必须在任职期间持续接受培训。法院附设调解（CAM）调解员必须参与不低于75%的法院附设调解（CAM）专业培训活动，例如专业调解课程、专业会议以及其他培训活动。这主要是保证法院附设调解（CAM）调解员专业能力保持在良好的水平。不仅如此，调解员还可能被要求参加国际上有关调解的培训和会议，并要求提前准备相关材料进行充分交流。如果调解员未能按照要求参加各类专业培训，那么他们的声誉便会受到影响。不仅如此，调解员如果不能保持良好的声誉，那么他们可能会被撤销调解员资格或者在任期届满之后不再被委任为调解员。

在法院附设调解（CAM）程序中，调解员应当向当事人介绍非诉讼纠纷解决程序以及达成和解处理的优势。为保障调解的保密性，调解员不得记录调解过程。为促进调解，调解员可以记下个人笔记。不过，该个人笔记不得向任何一方当事人展示。针对当事人提交的文件及材料，调解员应当做好相应的存档记录，并在调解结束后将上述材料退回给当事人。在调解结束之后，调解员需要准备一份调解进程报告并提交给转介法院。如果法院附设调解（CAM）成功，调解员需按照要求通知转介法院。调解员须向法院提供当事人及律师签署的调解协议原件以便法院撤销原诉。如果法院附设调解（CAM）没成功，调解员须向法院提交案件调解失败的证明。根据案件调解失败证明文件，法院可以将案件提交给司法性纠纷解决程序（JDR）法官继续处理。

针对调解员有违职业道德行为，当事人可以向申诉委员会（the Grievance Committee）提出异议。如果有初步证据证明当事人投诉的事实，那么申诉委员会就应当针对当事人提出的投诉展开调查并向菲律宾司法学院提交报告。调查期间，被投诉当事人将会被暂停调解活动30天。菲律宾司法学院将审查委员会提交的报告并作出合适的处罚。除撤销调解员资格或不再续聘调解员资格之外，菲律宾司法学院作出的处罚决定都是终局性的。撤销调解员资格和不再续聘调解员资格的处罚需要经最高法院复核确认。当然，最高法院还可以根据涉事调解员的具体行为决定是否给予其他处罚。

法院附设调解员的选任程序非常严格，调解员经菲律宾司法学院培训、考核合格之后获得提名，最终由最高法院进行任命。为此，法院附设调解员被视为法院的工作人员。在实践中，调解员同样适用回避程序。如果调解员认为案件存在利益冲突，调解员须避免参加该案件的调解工作。调解员应当披露任何可能产生利益冲突，或者可能存在利益冲突可能性，或者可能引起当事人产生怀疑的信息。例如，调解员曾代理一方当事人的案件或者存在其他影响公正性的关系。调解员在调解过程的任何阶段发生上述情形都应当及时披露信息并避免参加调解。

（四）调解程序

菲律宾法院调解附设调解程序属于法院诉前程序的一部分。法院转介调解自法院发出指令要求当事人参加菲律宾调解中心调解会议时即开始启动。正因如此，法院附设调解程序可以被分为两个阶段：法院转介阶段和调解中心调解阶段。

在法院转介阶段，它主要涉及法院向当事人发出参与调解的指令，该指令具有强制性。当事人向法院提交诉状之后，法院会向当事人发出指令，要求其到菲律宾调解中心设立的工作小组进行调解。与此同时，法院也会向菲律宾调解中心提交转介调解指令的副本。根据调解指令，当事人一般都须亲自参加调解程序。如果当事人无法亲自参加调解程序，他们须通过特别授权代理人参加调解程序。如果一方当事人为公司、合伙企业或者其他法人，那么当事人应通过董事会决议给予公司高管代表充分授权，代表应当能够在调解过程中直接提出、接受或者决定调解协议的内容而无需再次向公司申请确认调解协议内容。换言之，参加调解的当事人及代表人须具有充分的授权能够直接进行协商，以处理相应争议。另外，法院转介调解指令还包含当事人未按照指令参与调解的法律责任。

在调解程序正式启动前，当事人须根据转介调解指令在菲律宾调解中心各地工作小组的调解员名录中选择一名双方都接受的调解员。如果双方当事人未能就调解员人选达成一致意见，那么菲律宾调解中心各地工作小组的行政人员负责指定本地调解员进行调解。如果案件对调解员的专业有特别要求，当事人可以在菲律宾调解中心的调解员名录中选择调解员。如前所述，调解员在履行职责过程中被视为法院司法行政人员的一部分。

一般而言，确定调解员之后，调解员应当立即启动调解程序，除非双方当事人都同意择期再次召开初次调解会议，该会议须在原定日期后的 5 日内召开。法院附设调解程序的调解阶段以初次调解会议为起点。调解中心会根据要求安排初次调解会议。在初次调解会议中，调解员应当向双方当事人介绍调解程序，并向当事人强调双方基于共同利益通过协议解决的优点。

在调解过程中，调解员在征得双方当事人同意的情况下可以举行单独会议，它的核心目的是确定各方当事人的实际利益。在单独会议之后，调解员将举行双方当事人参与的联席会议。在联席会议中，双方当事人可以通过互利互惠的方式商讨各种解决争议的方案。

如前所述，调解员在联席会议或单独会议中不得记录任何与调解相关的信息及内容，调解程序及会议记录都不得记载，即便是调解员促进工作的个人笔记也不得保留。上述程序中的任何记录都不得在其他任何诉讼中被作为证据使用。

如果当事人在调解程序中达成和解协议，那么案件随即结束。如果当事人在规定期限内仍未达成和解，那么调解中心的调解员应当将案件退回原转介法官。如前所述，法院附设调解程序具有一定强制性，它的强制性主要体现在当事人未按照指令有效参与调解将会面临相应的惩罚措施上。一般而言，法院会根据调解员的建议对参与菲律宾调解中心调解会议的当事人作出惩戒和费用补偿。该费用通常是，对方当事人支付代理人当天的律师费，该补偿费用最高可以为对方支付律师费的 3 倍。实践中，被惩戒的一方当事人应在再次履行相关程序之前支付惩罚性费用。如果被惩戒的一方当事人能够提供证据证明其有正当理由未参与调解程序，法院在征得调解员意见之后可以根据案情决定撤销或解除相应的制裁措施。

如果当事人未按照法院指令要求按时参加转介调解，那么当事人将会受到训诫、费用补偿等惩罚措施。其中，费用补偿是指未出席调解的一方当事人须向出席的一方当事人补偿因此支出的相关费用，它还包括出席一方当事人聘请律师费用，最多可以要求其补偿 3 倍律师费。上述惩戒措施是由负责案件转介调解的法官根据对方当事人申请或者依职权作出的。

一般而言，调解员应当在 30 天以内完成调解程序。该期限自各方当事人参与初次调解会议之日起开始计算。当然，双方当事人同意，法院可以根据调解员建议再次延长调解期限 30 天。虽然法院附设调解程序属于诉前程序的一部分，但是上述调解期限并不被计算在案件审理期限之内。

如果双方当事人达成和解意向，当事人应在律师协助之下起草相应调解协议。该调解协议应当被提交给原转介法院，法院可以根据调解协议中双方当事人的妥协作出相应判决。如果双方当事人在和解达成之后立即履行，那么当事人应当根据要求撤回相应的诉讼请求，法院应当驳回相应案件。

如果当事人在规定期限内就部分内容达成和解，当事人同样可以将案件和解内容提交给原转介法院，而无需等待其他未解决部分进一步解决。针对已经达成协议的内容，法院同样可以根据调解协议中双方当事人的妥协作出相应判决。

（五）保密义务

法院附设调解的所有信息都将被严格保密。如果调解后未达成和解，调解过程中双方陈述的信息便不会在法庭上公开。换言之，法院附设调解中的相关信息都不得在之后的法庭审理过程中被使用。负责该调解案件的调解法官则不得参加之后的案件审理。另外，调解员可以根据需要与任何一方进行单独会议，进而保证各方的隐私或商业秘密等信息不被泄露。单独会议的任何信息也不会被未经允许披露给另一方当事人。

（六）调解费用

菲律宾调解中心提供的法院附设调解需要收取相应的调解费用。调解费是法院书记员向民事案件和刑事案件的当事人收取的金额。为更好地管理调解费用的使用，菲律宾司法系统还专门设立了法院附设调解基金，该调解基金被称为：SC-PHILJA-PMC 调解信托基金（SC-PHILJA-PMC Mediation Trust Fund）（以下简称"调解基金"）。调解基金由菲律宾司法学院（Philippine Judicial Academy，PHILJA）管理。调解基金对调解费的收支分别设立了相应管理机制。实际上，调解基金收取的费用并不是调解程序所直接支出的费用，它是为促进调解而收取的费用。换言之，该调解费用是旨在促进调解而收取的费用，它不是为提供调解服务而收取的费用。因此，该调解费用被称为调解基金费更为合理。即便是在没有菲律宾调解中心（PMC）工作组（PMC Units）的地区受理的案件中，法院同样要收取相应的调解基金费。调解基金费主要用于以下几个方面：①成立菲律宾调解中心（PMC）工作小组费用；②调解员培训费用；③调解员费用；④菲律宾调解中心（PMC）工作小组工作人员薪酬；⑤运营费用；⑥倡导和推广法院附带调解的费用。

根据规定，不同法院收取的调解基金费有所不同。一般而言，在地区审判法院和第一级法院，书记官会针对受理的案件收取 500 比索调解基金费。

当事人向地区审判法院提起上诉之后，第一级法院书记官会收取 500 比索调解基金费。向上诉法院或者 Sandiganbayan 法院提起上诉之后，地区审判法院书记官会收取 1000 比索的调解基金费。当事人向税务法院提起上诉，书记官同样会收取 1000 比索的调解基金费。当然，立法也规定部分人员可以免交相应的调解基金费。他们主要包括以下几类人员：①法院认定贫困人员，如果当事人获得有利判决，他们还是应当缴纳相应的调解基金费用；②政府及行政机关；③承租的农户；④接受法律援助的当事人。

三、司法性纠纷解决程序（JDR）

在菲律宾，法院诉讼程序可以被分为两个部分：诉前程序部分和诉讼程序部分。一般而言，诉前程序部分和诉讼程序部分是由不同法官来主持的。诉前程序部分由司法性纠纷解决程序（JDR）法官负责，诉讼程序部分由另外的诉讼法官负责。法院附设调解（CAM）与司法性纠纷解决程序（JDR）都属于诉前程序的一部分。所有的司法性纠纷解决程序（JDR）法官都必须接受针对司法性纠纷解决程序（JDR）的专业培训以及调解、中立评估程序等非诉讼程序的专业培训。实际上，司法性纠纷解决程序（JDR）法官不仅负责司法性纠纷解决程序（JDR）还负责法院附设调解程序中转介调解程序。在庭前会议中，司法性纠纷解决程序（JDR）法官首先会向当事人及其代理人简要介绍法院附设调解（CAM），及司法性纠纷解决程序（JDR）。然后，司法性纠纷解决程序（JDR）法官则会向当事人发布转介调解指令，要求当事人参加菲律宾调解中心工作小组具体负责的调解。司法性纠纷解决程序（JDR）法官可以在转介调解指令中或者通过单独指令向当事人明确，如果当事人未能通过法院附设调解（CAM），程序解决争议可以通过司法性纠纷解决程序（JDR）继续处理。该指令通常会明确当事人参与司法性纠纷解决程序（JDR）的期限，当事人自参与初次调解会议之日起 45 日后便可以参加司法性纠纷解决程序（JDR）。

当事人参加法院附设调解之后未能达成调解协议，案件可能会被提交给法院法官主持的司法性纠纷解决程序（JDR）进行处理。司法性纠纷解决程序（JDR）是由法院的司法性纠纷解决程序（JDR）法官主持的一种非诉讼纠纷解决程序。法官可以在司法性纠纷解决程序（JDR）中扮演调解者（conciliator/mediator）和评估者的角色。作为调解员，司法性纠纷解决程序（JDR）

法官主要为双方当事人进行和解讨论提供便利，并努力调和双方的分歧。作为中立评估者，司法性纠纷解决程序（JDR）法官会评估双方当事人的优势和劣势，并针对案件可能的处理结果进行公正的评估，该评估结果是一种非正式结果，它并不代表裁判结果。根据中立评估结果，司法性纠纷解决程序（JDR）法官会促进双方当事人达成合适的解决方案。

如果未按照要求参与司法性纠纷解决程序（JDR），那么司法性纠纷解决程序（JDR）法官可以针对他们的行为进行惩戒，并且司法性纠纷解决程序（JDR）法官应继续审理该案件，无须将案件转交给其他法官进行审理。如果当事人在司法性纠纷程序中同样未能达成和解协议，那么案件通常将会被移送给另一名主审法官进行审理，双方当事人都同意仍由主持司法性纠纷解决程序（JDR）的法官继续进行审理的除外。在涉及临时禁令的案件中，当事人之间的争议经由司法性纠纷解决程序（JDR）仍未得到有效解决，案件同样无需移送给另一名诉讼法官进行审理而是由司法性纠纷解决程序（JDR）法官负责处理。针对商事案件、知识产权案件以及环境案件，菲律宾专门成立了商事法院、知识产权法院以及环境法院，它们属于专门法院，并非所有地区都设立了相应的专门法院。为此，知识产权法院等专门法院受理的案件对适用司法性纠纷解决程序（JDR）存在一定的特别要求，它们通常并不直接适用司法性纠纷解决程序（JDR）。此类法院受理的案件进入司法性纠纷解决程序（JDR）之后将会被移送给其他的普通法院法官负责司法性纠纷解决程序（JDR）。如果案件未能通过司法性纠纷解决程序（JDR）解决，那么案件将回转至知识产权法院等专门法院进行审理。知识产权法院等专门法院的法官负责诉前程序中的法院附设调解（CAM），转介程序和其他事项以及之后的审理程序，但不负责司法性纠纷解决程序（JDR）。但是，在司法性纠纷解决程序（JDR）开始之前，双方当事人可以协商一致并书面要求案件由原受理案件的专门法院同时进行司法性纠纷解决程序（JDR）和审理程序。

在诉讼程序阶段，当事人可以选择再次启动司法性纠纷解决程序（JDR）。具体而言，一方当事人或双方当事人可以通过书面申请通过协商解决相关争议。如果法院同意当事人的申请，那么法院将会中止诉讼程序并将案件转交给司法性纠纷解决程序（JDR）法官进行处理。如果在司法性纠纷解决程序（JDR）中案件达成和解协议，那么司法性纠纷解决程序（JDR）法官应当根据案件情况确认和解协议或者不确认和解协议。如果在司法性纠纷解决程序（JDR）中案件未达成和解协议，那么案件将被转回法院诉讼程序继续审理。

在司法性纠纷解决程序（JDR）中当事人达成协议之后，法院会根据当事人的要求作出相应的裁决，该裁决的基础是当事人在司法性纠纷解决程序（JDR）中协商达成的协议。其中，法院裁决应当明确载明裁决内容源于司法性纠纷解决程序（JDR）。与此同时，法院裁决结果副本还应当要求送给菲律宾调解中心。事实上，法院根据法院附设调解（CMA）程序结果作出的裁决同样要求载明相应的程序内容。

如果当事人未按照法院指令的要求按时参加司法性纠纷解决程序（JDR），那么当事人将会受到训诫、费用补偿等惩罚。其中，费用补偿是指未出席调解一方当事人须向出席一方当事人补偿因此支出的相关费用，它还包括出席一方当事人聘请律师的费用，最多可以要求其补偿3倍律师费。上述惩戒措施是由司法性纠纷解决程序（JDR）法官根据对方当事人申请或者依职权作出。缺席司法性纠纷解决程序（JDR）一方提出重新考虑司法性纠纷解决程序（JDR），法院认为其理由成立可以根据情况撤销或减轻相关制裁措施。如果参加司法性纠纷解决程序（JDR）的代理人未获得个人授权或企业委托人未按照要求获得相应特别授权也可能受到惩戒。

实际上，菲律宾不同层级法院的司法性纠纷解决程序（JDR）适用期限也有所不同。作为第一级法院，大都市市级（巡回）审判法院适用司法性纠纷解决程序（JDR）通常不得超过30日；作为第二级法院，地区审判法院适用司法性纠纷解决程序（JDR）通常不得超过60日。如果案件通过司法性纠纷解决程序（JDR）解决的可能性很高并且双方当事人书面申请延长司法性纠纷解决程序（JDR）的适用期限，司法性纠纷解决程序（JDR）法官可以适当延长该程序的适用期限。司法性纠纷解决程序（JDR）的适用期限自双方当事人按照要求参加司法性纠纷解决程序（JDR）之日起开始计算。为使双方当事人有足够的时间协商解决相关争议，两次司法性纠纷解决程序（JDR）会议通常不得超过2周。另外，司法性纠纷解决程序（JDR）进行的期间并不应被计入案件审理的期限。

如前所述，案件在司法性纠纷解决程序（JDR）中达成和解协议，双方当事人在律师的协助下草拟和解协议，提交给法院进行确认并以此为基础作出裁决，该裁决具有执行效力。在当事人提交和解协议的同时，当事人还需向法院撤回相应诉请，法院根据规定撤销案件。在司法性纠纷解决程序（JDR）中仅就部分内容达成和解协议，当事人同样可以将和解协议提交法院进行确认并作出裁决，该部分内容的裁决具有执行效力无需等待案件其他内容审理结束。针对案件未达成协议部分，法院应当根据案件的实际情况进行审理，无需考虑当事人在司法性纠纷解决程序（JDR）中透露的任何信息。实际上，司法性纠纷解决程序（JDR）法院应将案件转交给诉讼法官进行审理。新修订的菲律宾《法院诉讼规则》第 18 条及第 118 条规定，在司法性纠纷解决程序（JDR）中未得到解决或部分解决的案件在被转回诉讼程序后还可以履行适当的诉前程序。

在菲律宾调解中心（PCM）程序和司法性纠纷解决程序（JDR）中，当事人提交的任何资料和陈述都必须严格保密。上述资料和陈述不得被当事人在任何程序中被作为证据使用。当然，这并不意味着诉讼资料仅仅因为在菲律宾调解中心（PCM）和司法性纠纷解决程序（JDR）中出现过就都不能被作为证据采信。它主要禁止当事人通过菲律宾调解中心（PCM）和司法性纠纷解决程序（JDR）获得信息并加以不正当使用。促进 ADR 的应用，立法规定案件在上诉程序中同样可以选择法院附设调解。

第二节　菲律宾知识产权局（IPOPHL）的调解

如前所述，菲律宾行政部门有义务在处理相应纠纷的过程中促进 ADR 的应用。2010 年，菲律宾知识产权局（IPOPHL）专门成立了纠纷解决机构，还成立了知识产权调解办公室（IPO Mediation Office）。根据规则，菲律宾知识产权局（IPOPHL）提供的调解程序具有强制性。换言之，菲律宾知识产权局（IPOPHL）受理的案件都会被强制转介调解。菲律宾知识产权局（IPOPHL）调解办公室还专门建立了知识产权调解员专家库。2011 年，菲律宾知识产权局（IPOPHL）引入了法律事务局替代性争议解决服务（BLA-ADRS）。2015 年，菲律宾知识产权局（IPOPHL）与 WIPO 合作，引入 WIPO 调解程序。2019 年 6 月，菲律宾知识产权局（IPOPHL）开始提供诉讼外调解服务（Mediation Outside Litigation）。为促进调解服务，2020 年菲律宾知识产权局（IPOPHL）开始提供在线调解服务。早在 2021 年 1 月菲律宾知识产权局（IPOPHL）就开始推行 100% 在线调解程序服务。总体而言，菲律宾知识产权局（IPOPHL）提供三种类型的调解服务：诉前的调解服务（Pre-Litiga-tion/Mandatory Mediation）、WIPO 联合调解服务、诉讼外的调解服务。

一、菲律宾知识产权局（IPOPHL）的调解范围

菲律宾知识产权局（IPOPHL）调解办公室几乎可以处理所有类型的知识产权纠纷。具体而言，它主要包括以下几种类型的案件。第一类，知识产权侵犯（Administrative complaints for violation of Intellectual Property Rights，IPV）及不正当竞争案件。第二类，涉及知识产权权属争议的案件（Inter Partes Cases，IPC），它主要包括商标注册申请异议、撤销商标、撤销专利及实用新型和工业品外观设计、专利强制许可申请等案件。第三类，技术转让费用纠纷。第四类，涉及作品公开表演和传播权利的许可纠纷。第五类，针对版权局（BCORR）、法律事务局（BLA）及信息技术转让局（DITTB）决定向菲律宾知识产权局（IPOPHL）总干事办公室（ODG）提起上诉的案件。第六类，总干事认为可以转交调解的其他案件。不过，申请临时限制令/初步禁令、扣押或其他辅助补救措施的知识产权侵权（IPV）案件不得提交调解，除非双方通过联合书面动议要求对案件进行调解。针对第五类案件，案件通常不得被转介给版权局（BCORR）、法律事务局（BLA）、信息技术转让局（DITTB）附设的调解员进行调解，而是应当被转介给其他调解员进行调解，双方当事人都同意由上述机构调解员进行调解的除外。

二、法律事务局替代性争议解决服务（BLA-ADRS）程序

菲律宾知识产权局（IPOPHL）致力于公正、快速且成本合理地解决知识产权纠纷。该知识产权局（IPOPHL）还专门设立了知识产权纠纷解决部门。2010 年，菲律宾知识产权局发布了《知识产权调解程序规则》（Rules of Procedure for IPO Mediation Proceedings）。该规则针对知识产权局调解的范围、调解程序的启动、调解费用等内容进行规范。如前所述，菲律宾知识产权局（IPOPHL）受理的相关案件都须转交相应的调解机构进行调解。其中，调解员必须是由菲律宾知识产权局（IPOPHL）认证过的调解员。与法院调解类似，菲律宾知识产权局（IPOPHL）的调解同样采用转介调解的方式。行政机关负责将案件转介给相应的调解机构及调解员，专业的调解员负责调解程序。其中，知识产权局及其下属的法律事务局（BLA）、信息技术转让局（DITTB）、

版权局（BCORR）具体负责转介调解。

调解程序的启动。一旦当事人向知识产权局及相关机构提交案件或者向总干事办公室提出上诉被受理，行政机关便应当将案件立即提交给调解办公室，适用法律事务局替代性争议解决程序（BLA-ADRS）进行处理。原受理案件的知识产权机关应当暂停相应程序，直到知识产权局调解办公室将案件退回原受理机关。

一般而言，行政机关会通过调解指令要求当事人参加调解。该调解指令会明确指示各方在规定的日期和时间内出席替代性争议解决服务机构（ADRS）的调解前会议。其中，调解指令还要求各方当事人出席替代性争议解决服务机构（ADRS）。合伙企业、协会、公司或任何法人则可派代表出席。代表人应向替代性争议解决服务机构（ADRS）提交其已经获得的特别授权或董事会决议等其他证明文件，说明代表人完全有权提出、谈判、接受、决定并达成调解协议。该调解指令还要求自然人，公司、合规企业或其他法人单位的高级代表未亲自参与调解程序的，应当确保自己能够通过电话或通信设备与调解机构保持联系，以便接受调解员或替代性争议解决服务机构（ADRS）询问以及接收相关调解信息。

在调解前会议期间，菲律宾知识产权局（IPOPHL）调解办公室应向各方简要介绍调解过程，并应协助当事人从菲律宾知识产权局（IPOPHL）的调解员名录中挑选和任命调解员。2010年《调解规则》还要求在正式调解会议进行前确认调解会议的具体时间并签署认真参与调解程序的承诺书。

一般而言，调解程序应在菲律宾知识产权局（IPOPHL）办公室内进行。但是，根据双方的要求，调解可以在任何其他地点进行，相关费用（包括交通费、食宿费）应由当事人承担。一方当事人申请更换调解地点，必须获得对方同意并就相关费用达成一致意见。菲律宾知识产权局调解程序需收取一定调解费。一般而言，双方当事人需各支付固定的4000比索调解费，该调解费无论是否调解成功都不退费。支付相应调解费之后，双方当事人有权进行4次会议，每次会议不超过1小时。如果调解需要举行额外会议，双方当事人还需各支付2000比索的延期调解费。支付延期调解费之后，双方当事人有权参加2次不超过1小时的会议。调解费用包括调解员服务费、行政费用和其他相关费用。调解前会议期间，双方当事人应支付调解费用。在有正当理由的情况下，当事人可在调解前会议或替代性争议解决服务机构（ADRS）发布账目报表后 5 天内支付调解费。

根据立法，当事人未按照调解指令参与调解或者未提交调解费，需承担相应的法律后果。如果案件起诉或申请一方当事人，如：知识产权争议中的反对者、请愿人或申诉人，未出席调解包括未参加调解前会议或未支付调解费用，那么该案件会因此被驳回。另一方面，如果被申请人未出席或未支付调解费用，那么他们会被宣布违约。其中，企业等法人的代表人未能出示适当和有效的授权书，那么他们会被视为缺席调解。如前所述，法律事务局替代性争议解决服务（BLA-ADRS）程序通常会安排 4 次调解会议。如果当事人已经在规定时间内缴纳调解费，那么他们在有充分理由的情况下可以缺席包括调解前会议在内的调解会议一次，但需提交书面理由。一旦当事人未按照要求参加调解或者缴纳调解费，替代性争议解决服务机构（ADRS）会立即将案件退回原受理案件的机关进行处理。

如果调解成功，替代性争议解决服务机构（ADRS）应在各方提交和解协议后 5 天内将该协议提交给原受理案件机关的负责人。该负责人应在收到和解协议的后 3 天内决定批准该协议，除非调解协议条款中存在违反法律、公共政策、道德或商业习惯的内容。在这种情况下，负责人会通过替代性争议解决服务机构（ADRS）将协议发回各方进行修订或修改。当事人对协议进行修订或修订之后应再次提交给原行政机关的负责人审查批准。经批准的调解协议应具有根据案情作出的决定或判决同等的效力，可以申请立即执行，它主要根据菲律宾知识产权局（IPOPHL）相关规则以及法院规则进行执行。

如果案件自提交调解之日起 60 天内各方无法解决其争议，调解员应宣布调解不成功，并立即终止调解程序并作出未解决争议通知书。如果当事人向原受理行政机关提交书面请求并经调解员同意，调解期间可以在 60 天的基础上再延长 30 天。如果案件在延长的期限内仍未能达成协议，调解程序也应终止。

在特定情况下，当事人还可以申请延长调解期限。如果双方当事人已经基本上确定了调解协议内容以及类似情况出现，那么当事人同意支付调解费还可以向原案件受理机关书面提出请求延期确定调解协议。行政机关通常会考虑请求的具体情况以及调解成功的可能性决定延长调解的期限。

如果调解失败或终止，替代性争议解决服务机构（ADRS）应通知原案件受理行政机关负责人，并向该行政机关提供一份未解决争议通知的副本。除非双方同意将其争议提交仲裁程序，否则原案件受理行政机关应恢复裁决程序。如果他们同意提交仲裁，发起局/办公室应驳回该案件。2020 年《调解规则》修订删除了有关提交仲裁的条款。这可能是因为实践中知识产权案件调解程序转仲裁程序并不十分成功。

根据立法，所有调解会议均应以非公开方式进行。在调解会议过程中所有事件均应严格保密。因此，除非法律另有特别规定，否则在调解期间作出的任何承认和陈述在诉讼中均不可使用。为保障调解程序的保密性，当事人及其律师以及调解期间在场的任何人不得将在调解谈判和讨论过程中获得的任何信息传递给任何其他人，也不得通过其他方式在任何文件或诉状中提及上述信息。任何违反保密规定的人都将根据 2004 年《替代性争议解决法》及其实施规则受到适当制裁，情况严重还可能因藐视法庭而被追究责任。

2020 年菲律宾知识产权局（IPOPHL）再次修改《调解规则》（以下简称"2020 年《调解规则》"）。2020 年《调解规则》的核心内容是引入在线调解技术及规范。它对调解程序启动进行细微的调整，它不再严格要求当事人必须亲自参与调解会议。根据新规则，调解指令会明确指出调解程序是强制性的，并指示当事人在调解指令等发布后 3 日内将对方当事人的姓名、地址、电话号码、邮件地区以及其他联系方式提交给法律事务局替代性争议解决服务（BLA-ADRS）。新规则还规定，当事人可以通过邮件向法律事务局替代性争议解决服务（BLA-ADRS）提交授权文件等材料或者调解前会议提交。法律事务局替代性争议解决服务（BLA-ADRS）会与各方当事人或其代表人沟通，以确定在线调解前会议的时间和日期。另外，新规则规定法律事务局替代性争议解决服务（BLA-ADRS）通过在线视频会议的方式主持调解前会议。调解前会议会介绍调解程序以及 WIPO 调解程序的选择。如前所述，调解程序已经全部通过在线的方式进行，它主要利用信息技术和平台进行。当然，双方当事人同样可以选择线下进行调解，相关费用同样由双方当事人承担。不仅如此，当事人及法律事务局替代性争议解决服务（BLA-ADRS）通常都是通过电子邮件的方式提交或送达相应文件。例如，双方达成调解协议，他们则可以通过邮件的方式向法律事务局替代性争议解决服务（BLA-ADRS）提交调解协议文本进行审查。

实际上，菲律宾知识产权局（IPOPHL）对专业调解员的资质提出了一定要求，它与法院认证调解员以及其他行政机关认证调解员略有不同。具体而言，菲律宾知识产权局（IPOPHL）认证调解员需要符合基本的资格条件，它主要包括以下几个方面：①拥有相关学士学位，如拥有工程师、心理学，化学、教育学、医学、商学和法律等专业背景更佳；②年龄必须在37岁及以上，特殊专业年龄可以适当放宽；③拥有良好的道德品质；④信用良好并能够正确处理保密信息；⑤有能力为当事人提供有效解决方案；⑥7年以上案件调解或者处理知识产权纠纷的实践经验；⑦能够善于口头和书面交流。当然，认证调解员还需提交相应的申请和认证材料。实际上，认证调解员还需经历相关的遴选程序和培训。菲律宾知识产权局（IPOPHL）调解办公室负责将符合条件且完成培训的调解员申请人名单提交给知识产权局总干事进行审查和认证。所有获得认证的调解员都应当签署协议，明确其认证的资格及报酬等内容，并严格遵守RA9184和调解程序规则实施细则的相关要求。实际上，知识产权局的调解员每年都要重新认证。其中，认证调解员需完成一定的工作。具体而言，认证调解员需在每年主持至少12件案件以及成功促进至少6件案件解决之后才能够获得再次认证。如果调解员未能完成上述调解工作，那么他们将无法获得再次认证。为有效促进调解工作，菲律宾知识产权局（IPOPHL）调解办公室还会选拔有经验的调解员和知识产权专家组成咨询团队，为调解员在调解过程中遇到的专业性技术或法律问题提供有效的咨询和指导。一般而言，知识产权局行政人员及聘用人员都不得直接进行调解。根据规则，调解员须根据知识产权调解程序规则进行调解。调解办公室负责安排调解程序的具体流程，例如时间、地点等。不仅如此，调解员根据规则处理相关案件须接受调解办公室的监督。调解前会议以及调解会都必须在规定的期限内进行。

如果各方未能就调解员达成一致，申请人将先从调解员名录中筛选剔除一名调解员，然后对方当事人再筛选剔除一名调解员；双方当事人交替进行筛选剔除，调解员名单上的调解员则应被指定为本案的调解员。如果根据上述选任办法未能选出调解员，那么可以选择首席调解员或者选择名单上最后一位调解员。

在调解期限届满之后，调解办公室须在60天内向知识产权局总干事提交调解报告。该调解报告应当包含调解员信息以及该调解员处理案件相关信息，如处理案件数量、当事人拒绝调解数量、成功解决案件数量、未解决案件数量以及已经终止调解案件数量。

三、菲律宾知识产权局（IPOPHL）与 WIPO 调解

2014 年 5 月 7 日，菲律宾知识产权局（IPOPHL）与 WIPO 达成合作框架，并签署了谅解备忘录（Memorandum of Understanding，MOU）。根据该谅解备忘录，菲律宾知识产权局（IPOPHL）与 WIPO AMC 建立了联合纠纷解决程序。这一联合程序适用于提交到菲律宾知识产权局（IPOPHL）的所有知识产权争议案件。为此，2015 年菲律宾知识产权局（IPOPHL）对调解程序规则进行了部分修订，该修订明确引入 WIPO 调解程序解决相应争议。根据修订后的规则，当事人可以自主选择 WIPO 调解程序。菲律宾知识产权局（IPOPHL）与 WIPO 联合调解程序总体上与菲律宾知识产权局（IPOPHL）法律事务局（BLA）调解程序较为类似，它属于一种转介调解程序。

根据备忘录，菲律宾调解办公室会将一方或多方当事人为境外人员的案件全部转介给 WIPO 调解程序进行调解。根据 2010 年《调解程序规则》，调解办公室在调解前会议会向当事人介绍 WIPO 调解程序和法律事务局（BLA）调解程序，并且当事人还会收到申请 WIPO 调解请求和协议的副本。根据要求，当事人应当在 15 日内确认将案件提交给 WIPO 调解程序进行处理。双方当事人未在规定时间内确认上述请求，菲律宾知识产权局（IPOPHL）调解办公室将会立即将案件沿用知识产权局调解程序［法律事务局（BLA）调解程序］进行调解。双方当事人同意适用 WIPO 调解程序处理案件，他们需要签署请求 WIPO 调解协议。在当事人签署请求 WIPO 调解协议的 5 天内，知识产权局法律事务管理局应当向当事人发布指令载明双方当事人请求 WIPO 调解程序内容，并终止知识产权局的调解程序。与此同时，法律事务管理局还需要通知 WIPO AMC，并将调解指令副本送达给对方。WIPO AMC 也须确认收到上述通知和调解指令。

在收到通知和调解指令之后，WIPO AMC 应当根据 WIPO 调解规则通知当事人和开始调解程序以及调解费用。当事人根据要求在 WIPO 国际调解员名录中选择合适的调解员。与知识产权局调解程序类似，当事人未按照要求参加调解会议则需要承担相应的法律责任。申请一方当事人未按照要求参加调解则案件将被驳回，被申请一方当事人未按照要求参加调解则案件请求成立。

WIPO AMC 应在调解程序终止后 5 天内将调解结果通知法律事务局替代

性争议解决服务（BLA-ADRS）。如果争议得到解决，法律事务局替代性争议解决服务（BLA-ADRS）应在收到 WIPO AMC 通知后 5 天内将案件记录提交给原受理案件行政机关，以便其进行相应处理，即根据调解协议作出决定并驳回案件。如果案件未能解决，法律事务局替代性争议解决服务（BLA-ADRS）应在收到 WIPO AMC 通知后的 5 天内将案件记录提交给原受理案件行政机关，以便其恢复裁决程序。

四、WIPO 与菲律宾知识产权局（IPOPHL）联合纠纷解决（调解）的方式

一般而言，联合纠纷解决可以分为以下阶段。第一个阶段，其菲律宾知识产权局（IPOPHL）调解办公室将案件转介给 WIPO 程序进行处理。首先，当事人向菲律宾知识产权局（IPOPHL）行政机关提出案件申请。案件申请之后，知识产权局法律事务管理局（ADRS）会向当事人介绍法律事务局替代性争议解决服务（BLA-ADRS）程序和 WIPO 调解程序。之后，当事人可以根据实际情况自主选择。如果当事人选择 WIPO 程序处理相关争议，那么案件则由 WIPO AMC 负责调解。当事人未选择 WIPO 程序，那么案件则直接遵循法律事务局替代性争议解决服务（BLA-ADRS）程序进行处理。

（一）WIPO 调解程序的适用范围与启动

菲律宾知识产权局（IPOPHL）与 WIPO AMC 建立的联合调解程序适用于所有由菲律宾知识产权局（IPOPHL）受理的案件。当事人将上述案件提交到菲律宾知识产权局（IPOPHL）之后，该局则向各方提供通过调解解决争议的机会。当事人可以自愿适用 WIPO 调解规则解决上述争议。其中，WIPO 调解规则对解决涉外知识产权争议更具有优势。

一般而言，双方当事人同意将争议案件提交给 WIPO AMC 调解。具体而言，当事人须向 WIPO AMC 菲律宾办公室提交调解申请。不仅如此，当事人还可以通过菲律宾知识产权局（IPOPHL）向 WIPO AMC 菲律宾办公室提供调解申请。当事人提交调解申请之后，WIPO 调解程序正式启动。另外，根据 2016 年 WIPO 最新的调解规则，即便对方当事人并未确定同意调解，当事人也仍可以向该中心提交 WIPO 调解申请。收到调解申请，WIPO AMC 会与对方当事人联系，并协助他们考虑 WIPO 调解申请。

（二）WIPO 调解程序的内容

作为调解服务的提供者，WIPO AMC 始终会严格秉持中立及独立的立场。在收到当事人的调解申请之后，WIPO AMC 会就调解程序的相关内容（调解费用、调解程序的适用、调解员的选任）通知申请人。当事人可以根据自己的要求选择合适的调解员。WIPO AMC 则会为当事人选择调解员提供便利，它可以提供众多专业化的调解员和仲裁员供当事人选择。这些调解员、仲裁员及专家中也有来自菲律宾知识产权局（IPOPHL）认证调解员名录的。当然，当事人也可以在 WIPO 专家名录之外选择合适的调解员。不仅如此，当事人还可以协商确定适用何种调解程序、调解的工作语言等问题。

（三）WIPO 调解程序的费用

相比较而言，WIPO 的调解费用非常低。WIPO AMC 是一个非营利性机构，它仅收取非常低的行政费用及服务费用。WIPO AMC 调解费与菲律宾知识产权局（BLA）法律事务局附设调解程序的调解费是一致的。WIPO AMC 的行政费用是一次性收取的，原本每人各 100 美元，该费用已被 WIPO AMC 免除；调解员的服务费原本每人收取 100 美元，该费用 WIPO 调整之后为4040 比索，它包 2 个每个不低于 2 小时的调解服务。如果调解程序需要延长，WIPO AMC 还需收取 2020 比索延期调解服务费。

WIPO 中心的行政费用	调解员服务费
当事人各 100 美元（免除）	当事人各 4040 比索，包括 4 个小时的准备及调解服务。额外费用，当事人各 2020 比索。

五、菲律宾知识产权局（IPOPHL）的"诉讼外"调解

如前所述，2018 年菲律宾知识产权局（IPOPHL）引入了诉讼外调解机制。菲律宾知识产权局（IPOPHL）希望通过引入诉讼外调解程序将其调解服务扩展到诉讼调解之外，以便能够更多地协助解决知识产权相关纠纷，避免旷日持久且成本高昂的诉讼。

"诉讼外调解"（The Mediation Outside Litigation，MOL）为当事人就知识产权争议在向法院起诉或行政机关投诉之前提供一种解决纠纷的方式。相比而言，诉讼前调解通常只能处理法院或者行政机关受理的案件。诉讼外调解

服务在处理知识产权纠纷案件上程序灵活、费用低廉、快捷高效。它能够满足中小微企业知识产权保护组织以及集体管理组织等机构的需求。

2011年，知识产权局开始正式提供调解服务。截至2021年底，知识产权局共处理调解案件1749件，有660件案件调解成功，和解率为38%。知识产权局建立的ADR服务得到了司法部ADR办公室（菲律宾的ADR行政机构）的权威认证，确认知识产权局为有效提供ADR机构（ADR Provider Organization，APO）。目前，仅有知识产权局获得此认证。可见，菲律宾知识产权局（IPOPHL）ADR服务发展得较为良好。

诉讼外调解与诉前调解在程序内容上存在一定差异，它们在案件的来源上同样存在一定差异。诉前调解的案件源于知识产权局行政机关受理的各类知识产权案件。相比较而言，"诉讼外"调解的案件源于当事人通过协议确定提交给知识产权局调解机构进行处理的相关案件。从性质上来看，诉讼外调解更接近私人调解程序，它的基础源于当事人自愿将案件提交调解处理。这与知识产权局诉前调解的强制性不同。双方当事人一旦签署协议确定将案件提交给菲律宾知识产权局（ADRS）进行处理，当事人需要根据要求参加调解前会议。当事人将案件提交给菲律宾知识产权局法律事务管理局（ADRS）是源于当事人的自愿而非法律强制要求，诉讼外调解被视为私人调解。存在以下几种情况，调解程序则将终止：①双方达成和解协议；②任何一方当事人决定退出调解程序；③调解人员认为案件无法继续调解。作为私人调解，诉讼外调解过程中的所有信息都必须严格保密。只要双方当事人同意就可以发布与调解相关的信息和结果。诉讼外调解程序未能达成调解协议并不影响当事人向菲律宾知识产权局（IPOPHL）及其他行政部门投诉，或向司法机关起诉。

实际上，诉讼外调解在程序结构上要比法律事务管理局诉前调解更为简便。诉讼外调解的适用范围并无严格限制，当事人可以将任何涉及知识产权纠纷的案件提交给法律事务局（BLA）调解机构进行处理。当然，当事人需向调解机构提出正式的请求，它主要是通过E-Mail的方式提交请求。其中，在诉讼外调解的整个流程中，调解机构无需向行政机关提交报告，达成的协议也无需提交行政机关进行审查和确认。这主要是因为菲律宾知识产权局（IPOPHL）提供的诉讼外调解本质上是一种私人调解程序。

当事人向法律事务管理局提交的请求应当包括当事人及其代理人的姓名、

地址、电话号码、电子邮件地址和其他联系方式以及对争议的简要描述。在提交申请的时候，当事人还需支付相应的调解费用。诉讼外调解费为每人7500 比索。该调解费用包括调解员劳务费、行政费以及其他相关费用，它包括了 8 次每次不超过 1 小时的调解会议。如果当事人需要延长调解时间，还需提交额外的调解费。一般而言，当事人需每人缴纳 1000 比索，它包括 2 次1 小时的调解会议。当事人提交请求并交纳调解费之后，法律事务局替代性争议解决服务（BLA-ADRS）会根据规则向双方当事人发出通知，要求双方参与调解前会议确定调解的具体时间。

第三节　菲律宾其他调解机构的调解

菲律宾知识产权纠纷私人调解服务机构主要包括：菲律宾纠纷解决中心（PDRC）、菲律宾国家调解中心（The National Center for Mediation，NCM）、冲突解决小组基金会（The Conflict Resolution Group Foundation，CRGF）、持续和平调解人网络（Mediators Network for Sustainable Peace，MedNet）等等。

一、菲律宾纠纷解决中心（PDRC）的调解服务

（一）菲律宾纠纷解决中心（PDRC）概述

菲律宾纠纷解决中心（PDRC）属于非营利性组织。1996 年，它由菲律宾工商会仲裁委员会发起成立。菲律宾纠纷解决中心（PDRC）提倡使用仲裁、调解和其他纠纷解决方式处理商业纠纷，如纠纷裁决（dispute adjudication）、中立评估（neutral evaluation）和小型审判（mini-trial）。其成员大多是执业律师、会计师、工程师、院士、专业人士、银行专家和商业专家。[1]

菲律宾纠纷解决中心（PDRC）与菲律宾行政机关、立法机关、司法机关保持密切联系。菲律宾纠纷解决中心（PDRC）曾参与制定与 ADR 有关的实体法和程序法。菲律宾纠纷解决中心（PDRC）主要处理当事人提交的案件，它也接受法院及行政机关转介调解的案件。菲律宾纠纷解决中心（PDRC）几乎可以调解所有的民事案件，能够在海事、银行、保险、证券、知识产权等领域提供非常专业的调解与仲裁服务。它的宗旨同样是创造一种环境，让人

---

〔1〕　See https://pdrci.org/about-us，last visited at 2024-7-2.

们有效地以非对抗性的方式寻求解决冲突的持久性解决方案，为建设一个和谐和繁荣的商业环境做出贡献。

（二）调解程序

菲律宾纠纷解决中心（PDRC）进行调解的案件同样须遵循一定的程序和规则。2017年，菲律宾纠纷解决中心（PDRC）制定了专门的调解规则。与其他的调解机构不同，菲律宾纠纷解决中心（PDRC）的调解程序非常重视与仲裁程序的衔接。根据菲律宾纠纷解决中心（PDRC）的调解规则，案件在菲律宾纠纷解决中心（PDRC）调解程序中未能达成调解协议，案件转交给菲律宾纠纷解决中心（PDRC）仲裁程序进行处理。一般而言，如果案件在60天内未能通过调解程序达成调解协议，那么案件将会被转交给仲裁程序处理。

1. 启动调解程序

根据规则，菲律宾纠纷解决中心（PDRC）并不要求当事人之间事先达成启动调解程序的协议。一般而言，事先有协议，当事人可以直接按照协议来进行。事先没有协议，当事人启动调解程序的前提是其向菲律宾纠纷解决中心（PDRC）提交书面的调解请求。该调解请求还需要向对方当事人提交。调解请求应当包含以下内容：①对纠纷基本情况的描述，包括案件争议的标的以及当事人和代理人的联系方式；②调解协议的具体内容及副本；③预聘请的调解员相关信息。当事人在向菲律宾纠纷解决中心（PDRC）提出调解申请的同时还需支付75 000比索的调解费。在收到调解费之后，菲律宾纠纷解决中心（PDRC）会通知对方当事人，对方当事人可以在10天内决定是否接受此次调解请求。如果当事人同意调解请求，那么他们会根据提示确认调解员人选。概言之，如果双方当事人没有通过协议事先约定适用菲律宾纠纷解决中心（PDRC）调解程序，那么当事人需请求菲律宾纠纷解决中心（PDRC）邀请对方当事人参与调解。如果对方当事人在规定期限内未表示接受或直接拒绝调解，菲律宾纠纷解决中心（PDRC）会书面通知当事人并终止该程序。

2. 调解员的任命

一般而言，每一个案件都会任命一名调解员。不过，当事人可以协商同意任命共同调解员。根据要求，双方当事人需在菲律宾纠纷解决中心（PDRC）调解员名录中共同选择一名调解员。在规定的10天期限内，如果当事人未能选择合适的调解员，菲律宾纠纷解决中心（PDRC）会根据情况直接任命一名调解员。在选任调解员的过程中，当事人可请求菲律宾纠纷解决中心（PDRC）推荐合适的调解员。菲律宾纠纷解决中心（PDRC）会根据案件的具体情况和当事人的要求推荐合适的调解员。双方当事人就调解员人选达成一致意见之后，菲律宾纠纷解决中心（PDRC）会立即联系待选调解员并确认调解员是否接受调解工作。一旦调解员接受邀请，他们便需要立即明确向菲律宾纠纷解决中心（PDRC）和当事人提交接受调解的声明。

在接受调解邀请的同时，调解员还应当向菲律宾纠纷解决中心（PDRC）和当事人披露任何影响当事人中立性和独立性的因素。如果当事人在了解上述因素之后仍选择该调解员，那么菲律宾纠纷解决中心（PDRC）便会根据双方当事人的请求确认委任该调解员，有特殊情况可能影响案件调解公正处理的除外。如果当事人选任的调解员拒绝委任，那么菲律宾纠纷解决中心（PDRC）将会任命一名调解员。在调解过程中，调解员因特殊原因无法继续履职或者超过 10 日无法履职，双方当事人可以在 20 天内重新任命一名调解员。如果双方当事人在调解员人选问题上达成一致意见，菲律宾纠纷解决中心（PDRC）可以任命一名调解员。

3. 调解会议及调解程序

在第一次调解会议中，调解员会向当事人介绍调解程序、调解员职责、双方当事人及其代表等内容。如果当事人在之前没有签署协议约定按照菲律宾纠纷解决中心（PDRC）的调解规则进行，那么第一次调解会中双方当事人还需补签相关协议。调解员会根据案件的性质、当事人利益等因素展开适当的调解工作。一般而言，调解程序主要包括以下几个方面：①介绍双方当事人及其代表人和调解员；②介绍调解程序及其调解规则；③双方当事人进行开场陈述；④双方当事人交换意见和调解员梳理案件；⑤对案件进行评估；⑥与当事人及其代理人进行单独会议；⑦提出案件解决方案；⑧确认调解协议的具体内容；⑨准备正式的调解协议文本；⑩审查并签署调解协议。当然，如果当事人另有约定，调解程序的内容可以调整。

在任何调解阶段，调解员都可以要求当事人提交书面的解决方案设想及相关信息，这些内容及信息有利于争议的最终解决。上述内容和信息的提交是自愿性的。当事人拒绝提交相关内容和信息并不会产生不利后果。与此同时，对方当事人同样可以根据情况撤回相关提议和信息。除非当事人对调解的时间和地点有约定，否则调解员会根据案件情况决定相关事项。

在调解过程中，当事人通常不得就案件提起仲裁、诉讼或行政投诉，但临时救济措施除外。在仲裁过程中，当事人决定根据规则进行调解，仲裁员或当事人应当通知菲律宾纠纷解决中心（PDRC）。一旦当事人确定选择调解程序，仲裁中适用调解程序的内容将被移除出仲裁程序。但是，该调解程序并不影响其他仲裁程序继续进行。

4. 调解程序结束

调解程序终止通常有以下几种情况：①双方当事人达成和解协议，签署协议日即为调解终止日；②调解员评估案件调解程序，认定继续已无必要，与当事人确认之后发布书面终止调解程序声明；③双方当事人协议确认终止调解程序并通知调解员，调解员收到该通知时即为调解程序终止日；④一方当事人发出终止调解程序请求，并告知对方当事人及调解员；⑤法律规定的其他情形。调解程序终止之后，调解员应当准备调解员报告并提交给菲律宾纠纷解决中心（PDRC），该报告应当说明调解程序的终止日期以及终止原因。

5. 调解协议的执行

双方达成的调解协议具有终局性并对双方当事人都具有约束力。双方当事人应当本着诚实信用的原则履行相关协议，无须将案件再提交诉讼。双方当事人可以在最终调解协议中约定将调解员视为仲裁员，最终调解协议也将被视为仲裁裁决，该协议将具有与仲裁裁决同等的执行效力。当然，当事人也可以将最终调解协议提交给相应的法院或执行机关，此时案件的相关信息将被披露。

（三）调解规则及调解员规范

1. 调解规则

调解规则通常包括调解的时间、地点、调解次数、当事人与调解员交流的次数、当事人及调解员的行为、语言及行为规范、程序的保密性、程序的中止、程序的终止等内容。在第一次调解会议过程中，调解员会与各方当事人单独见面，他们主要向当事人介绍非诉讼解决争议的优点。根据双方当事人的要求，调解员还可以根据案件情况就争议解决方案作出非约束性的中立评估。如果有必要，双方当事人都同意且愿意承担费用，调解员还可以邀请专家提供建议，以促进案件解决方案的达成。

根据调解规则，调解过程的本质就是保密性。菲律宾纠纷解决中心（PDRC）、调解员和各方当事人都应对与调解有关的所有事项保密。保密范围包括和解协议和调解记录，除非法律另有规定或者菲律宾纠纷解决中心

（PDRC）基于执行和解协议的目的而需要披露。在任何其他情况下，未经一方当事人事先书面同意，对方当事人均不得披露和解协议的内容。调解员在任何情况下都不得披露调解协议的内容。一般而言，调解员应当向当事人披露相关信息并可以给予评价。如果一方当事人向调解员披露相关信息并要求进行保密，则调解员不得向对方当事人披露相关信息。

2. 调解员的定位

调解员的职责是协助当事人根据自身情况解决纠纷。调解员在调解过程中不得强迫当事人达成协议也不能对案件作出偏向评价。调解员应当遵守《调解员行为准则》以及相关法律和菲律宾纠纷解决中心（PDRC）发布的规则。调解员在主持调解过程中应遵循公平、透明、相互尊重原则，还应保持中立和公正。在调解过程中，调解员存在任何潜在的利益冲突或可能对调解员公正性和独立性产生合理怀疑的情形，他们都应当立即披露相关信息。为避免利益冲突，主持案件的调解员不得担任该案件后续的仲裁员也不得在该案件中担任一方当事人的代理律师。在当事人双方书面同意的情况下，调解员可以继续担任同一案件的调解员，仲裁员也可以同时担任案件的调解员。调解员还需对调解过程中获得的信息进行保密，并且不得利用调解程序收集任何机密信息。

如果当事人选择的调解员或菲律宾纠纷解决中心（PDRC）指定的调解员因法律或规则明确的特定原因被当事人提出异议，那么调解员应当立即退出调解程序。调解员退出案件并不意味着当事人提出异议的理由一定成立。调解员退出案件主要是基于保障调解程序的中立性和效率价值。根据当事人或退出调解员的书面请求，菲律宾纠纷解决中心（PDRC）应在 5 天内指定新的调解员。

3. 调解费用

在调解员接受调解委任之后，菲律宾纠纷解决中心（PDRC）会根据案件情况评估调解费用并通知双方当事人。一般而言，双方当事人平等分担所有调解费用，调解费用还可以根据双方的责任按照一定比例进行分担。相比较而言，菲律宾纠纷解决中心（PDRC）的调解费要高一些，它规定的最低调解费为100 000 比索，调解保证金为 50 000 比索。菲律宾纠纷解决中心（PDRC）会根据案件涉及的金额、当事人的数量、案件的复杂程度、调解会议的次数等因素确定调解费用。当事人缴纳相关调解费用之后，菲律宾纠纷解决中心

(PDRC) 会将案件文件转交给调解员。随后，调解员会安排第一次调解会议。在当事人支付全部调解费之前，调解员通常是不会开始调解程序的。其中，当事人完整支付调解费和调解保证金之日会被视为调解程序正式启动之日。

调解员费用会根据案件的处理情况而有所不同。调解员接受案件将获得25%的费用，主持完成最后一次调解会议再次获得25%费用，促成案件达成调解协议将再次获得50%费用。概言之，促成案件达成调解协议，调解员可以获得100%调解费。案件未能达成调解协议，调解员最多也可以获得50%调解费。

二、菲律宾国家调解中心（NCM）

（一）菲律宾国家调解中心（NCM）

2004 年 4 月 21 日，菲律宾工商联合会（Philippine Chamber of Commerce and Industry）、菲律宾人（Philippines Inc）、华人工商联合会（Federation of Chinese Chamber of Commerce and Industry）、菲律宾雇主联合会（Employers Confederation of the Philippines）、菲律宾管理协会（Management Association of the Philippines）、菲律宾人事管理协会（People Management Association of the Philippines）、菲律宾出口商联合会（Philippine Exporters Confederation）、菲律宾工业联合会（Federation of Philippine Industries, Inc.）八家组织发起成立了菲律宾国家调解中心，其主要为商业纠纷提供诉讼外纠纷解决方式。菲律宾国家调解中心的成立得到了美国国际开发署（USAID）和亚洲基金会（The Asia Foundation）的资金支持，并与冲突解决小组基金会（The Conflict Resolution Group Foundation）保持密切合作关系。2007 年 11 月 23 日，菲律宾国家调解中心（NCM），在美国证券交易委员会正式注册为非营利组织。为促进调解等非诉讼程序的发展，上述发起单位还签署了一项共同宣言：①积极推动商业纠纷适用非诉讼程序；②强烈推荐会员在其所有合同中声明一项条款，规定"如果因本合同而产生任何争议，应在仲裁或诉讼之前将案件提交调解"；③推动建立商业 ADR 机构，培训专业的纠纷解决团队；④提高公众对 ADR 的认识、接受和使用。

（二）调解程序

在菲律宾国家调解中心进行调解的案件须遵循一定的程序和规则。为此，菲律宾调解中心还制定了相关的调解规则。该调解中心的调解程序大致可以被分为五个阶段：提出投诉阶段、通知调解阶段、调解前会议阶段、调解会议阶段、调解结束阶段。

1. 提出投诉阶段

菲律宾国家调解中心调解程序的启动与法院受理案件较为类似。申请人在菲律宾国家调解中心启动调解程序需首先向其提出相应的请求。申请人可以直接向国家调解中心办公室提交请求，也可以向各地区办公室提出申请。一般而言，申请人须完整填写调解请求书的相关内容。当事人可以通过邮件或者邮寄的方式提交调解请求书。与此同时，申请人还需要缴纳一定的申请费。具体而言，案件标的低于 500 万比索的，收取 10 000 比索；案件标的为 500 万比索至 1000 万比索的，收取 15 000 比索；案件标的为 1000 万比索至 2000 万比索的，收取 25 000 比索；案件标的为 2000 万比索至 5000 万比索的，收取 50 000 比索；案件标的为 5000 万比索至 10 000 万比索的，收取 80 000 比索；案件标的为 10 000 万比索以上的，收取 100 000 比索。

2. 通知调解

菲律宾国家调解中心（NCM）秘书处会向申请人和被申请人发送调解通知书，说明调解前会议的时间表。一般而言，菲律宾国家调解中心（NCM）会在收到调解请求之日起 5 日内向申请人和被申请人送达调解通知书。调解通知书会载明调解前会议的时间、地点等具体安排信息以及指派的调解员的信息。与此同时，申请人与被申请人会收到调解协议副本。如果当事方希望派一名代表参加，他们需要经过公证的特别授权书。其中，有关的特别授权书还需符合一定的要求。

3. 调解前会议

调解前会议主要是解决如何确定调解日期、地点和调解员的问题。申请人和被申请人可以协商确定上述内容。如前所述，菲律宾国家调解中心（NCM）会从其调解员名册中抽取一名调解员处理此案，菲律宾国家调解中心（NCM）收到请求后通常会随即指定调解员。被指定的调解员应当明确表示接受委派。如果因其他原因而无法接受委派，调解员须及时通知菲律宾国家调解中心（NCM），菲律宾国家调解中心（NCM）可以另外委派一名调解员。如果申请人或被申请人要更换调解员或者调解员因任何原因无法处理案件，双方应各自从可用调解员名册中挑选 3 名调解员。申请人和被申请人共同选择的调解员负责处理案件。如果双方选择的调解员中没有共同的调解员人选，菲律宾国家调解中心（NCM）会推荐一名调解员，最终由双方协商确定。在调解前会议之后，申请人与被申请人会被要求签署确认调解日期、调解员、规则等相关内容以便确认双方有意正式进入调解程序。

4. 调解会议

根据调解规则，菲律宾国家调解中心的调解必须以保密的方式进行，也不得进行录音录像。菲律宾国家调解中心每次调解会议为3小时，超过3小时会被视为增加一次调解会议。调解会议也不会产生任何副本和正式的记录。调解会议仅允许调解员、当事人及其代理人参加。调解会议过程中进行的任何交流、信息的披露及观点的陈述都须建立在友好、无偏私的基础之上。在调解会议过程中，调解员主要是促进双方当事人进行谈判，促使当事人通过讨论找到最终合适的解决办法。

5. 调解程序结束

调解程序结束分为两种情况：一种是调解成功，一种是调解失败。经过调解，当事人可以在充分沟通和交流的基础上达成和解协议。如果双方就争议问题达成一致意见，纠纷双方当事人将可以在律师的协助下订立和解协议，由双方当事人签字。双方当事人达成的调解协议可以提交给区域审判法院（书记官）。菲律宾国家调解中心（NCM）遵守最高法院和其他管理机构关于调解协议登记和执行的现行规则。如果没有达成和解，调解程序也将结束。当事人可以选择将案件提交给仲裁或诉讼等其他程序。无论案件结果如何，双方还是会被要求提交调解员评估表。调解程序结束之后，调解员应当提交调解员报告，说明案件处理情况。

（三）调解规则及调解员规范

菲律宾国家调解中心制定了《菲律宾国家调解中心调解规则》和《菲律宾国家调解中心行为准则》。《菲律宾国家调解中心调解规则》规定，中心主持下的调解必须按照《菲律宾国家调解中心调解规则》进行处理，明确要求所有中心委派的调解员均受《菲律宾国家调解中心行为准则》的约束，调解员在调解过程中对调解内容保密，并保持中立和公正。另外，《菲律宾国家调解中心调解规则》还对调解程序启动、调解会议以及调解费用作出了详细规定。一般而言，双方当事人应在调解会议正式开始之前缴纳调解费，双方当事人协助确定调解费的分担。根据案件涉及的金额不同，调解费用也有所不同。具体而言，案件标的低于500万比索的，前三次调解会议每次收10 000

比索，第四次收 15 000 比索；案件标的为 500 万比索至 1000 万比索的，前三次调解会议每次收 15 000 比索，第四次收 20 000 比索；案件标的为 1000 万比索至 2000 万比索的，前三次调解会议每次收 20 000 比索，第四次收 30 000 比索；案件标的为 2000 万比索至 5000 万比索的，前三次调解会议每次收 30 000 比索，第四次收 40 000 比索；案件标的为 5000 万比索至 10 000 万比索的，前三次调解会议每次收 40 000 比索，第四次收 50 000 比索；案件标的为 10 000 万比索以上的，前三次调解会议每次收 50 000 比索，第四次收 75 000 比索。[1]

---

〔1〕　See https://pdrci. org/mediation-rules，last visited at 2024-7-2.

第三章

印度知识产权纠纷调解

近年来，印度知识产权事业快速发展。2021—2022 年度，工业与贸易促进部已收到 5695 份专利申请和 19 456 份商标申请。[1] 数量众多的知识产权纠纷给印度本已超负荷运转的法院带来了更为严重的负担。为此，印度政府积极推动知识产权纠纷非诉讼程序的发展。

第一节　印度调解程序的发展进程

印度调解程序根据性质不同可以被分为：法院调解、私人调解、知识产权局调解。其中，印度法院调解根据性质不同还可以被细分为司法和解（judicial settlement）和法院附设调解。根据立法规范的不同，私人调解还可以被分为"conciliation"和"mediation"两种。印度的调解程序可以被适用于包括知识产权争议在内的所有民商事争议。印度调解程序的发展得到了司法机关的大力支持，印度高等法院及地方法院还专门成立了调解中心解决相关案件。另外，伦敦国际仲裁庭（LCIA）在印度分支机构以及国际替代性纠纷解决中心（ICADR）等调解机构也可以为当事人提供专业的商业调解服务。为缓解诉累、及时解决纠纷，印度知识产权局（CGPOTM）也开始引入调解程序解决部分知识产权争议。

一、印度调解制度发展的背景

（一）印度调解的历史

调解制度在印度具有悠久的历史。早在英国殖民之前，印度就存在多种

---

〔1〕　See https://dpiit. gov. in/sites/default/files/IPP_ANNUAL_REPORT_ENGLISH. pdf，last visited at 2024-6-23.

类似调解程序的纠纷解决方式，例如“Panchayat”（潘查亚特）制度及“Pancha”制度。在某些方面，调解与印度古代的纠纷解决程序非常相似。例如，鼓励当事人直接参与程序、调解员控制程序的进程、调解的范围可以超过争议事项本身以及调解并不局限于法律规定的内容等等。[1]

（二）印度调解的立法

立法上，印度现代意义上的调解程序最早出现在 1947 年《工业纠纷法》（The Industrial Dispute Act）中。该法已经完整地规定了调解制度，包括调解员的职责、调解机构的设立等等。其中，1947 年《工业纠纷法》第 4 条明确规定了调解员（conciliator）负责调解和促进工业纠纷解决的职责。

1987 年印度国会颁布《法律服务局法》（The Legal Services Authorities Act），该法明确规定设立国家法律事务管理局（National Legal Services Authority）负责中央法律事务，并且由司法部部长兼任该局局长。其中，国家法律事务管理局的一项职责就是促进谈判、仲裁及调解（conciliation）在纠纷解决中的发展。

早在 1996 年，印度国会就通过了《仲裁与调解法》（Arbitration and Conciliation Act），该法第 61～81 条对调解程序作出了详细规定，例如调解员的任命、调解程序的启动、调解程序、调解员的职责等等。另外，1996 年《仲裁与调解法》对“mediation”与“conciliation”进行了细微的区分。2015 年，印度国会对《仲裁与调解法》进行了部分修正和补充，它主要是针对仲裁程序，旨在提升仲裁程序的效率。

1999 年，印度国会对《民事诉讼法》进行了修正和补充，此次修正在第 89 条内引入了转介 ADR（包括调解、仲裁、司法和解等程序）制度，该修正条款于 2002 年开始正式实施。根据 1999 年《民事诉讼法》修正条款，法院及法官可以将案件转交给其他非诉讼程序处理。

2015 年，印度国会通过了《商事法院法》（The Commercial Courts Act）。该法所规定的商事案件包括商标、版权、专利、设计、域名、地理标志和半导体集成电路有关的知识产权案件。为提升司法效率，2018 年印度国会通过了《商事法院、高等法院商事庭和商事上诉庭（修正案）法案》[the Commercial Courts, Commercial Division and Commercial Appellate Division of High

---

[1]　Anil Xavier, "Mediation: Its Origin and Growth in India", *Hamline Journal of Public Law and Policy*, Volume 27, 2006, pp. 275~282.

Courts（Amendment）Bill，2018]。该法第 12A 条第 2 款明确指出，商事法院可以要求商事案件进行事前调解。从形式上来看，此种调解属于法院转介调解。从效力上来看，商事法院针对包括知识产权纠纷在内的商事案件的转介调解具有一定的强制性。

（三）印度调解的优势

第一，调解程序快速高效。当事人与调解员在调解程序中的准备时间远远少于审判或仲裁所需的时间。调解程序开始之后，调解员可以专注于促成当事人就重要争议事项达成和解协议，并且无需考虑相关证据问题。这样可以节约当事人的时间成本及其他成本。第二，调解程序灵活。与诉讼不同，调解并不采用固定的格式化程序规则。不同的调解员可以采用不同风格的调解模式，采用的调解程序可以根据当事人的需要进行调整。调解程序可以在诉讼过程中或者诉讼启动之前进行。调解员可以根据需要将调解的范围扩大到争议事项之外。第三，调解程序费用低廉。调解程序比较简化，因此调解费用也相对低廉。调解程序往往可以在纠纷初期就开展，这可以为当事人节约部分费用。不仅如此，如果调解不成功或者存在其他原因，当事人可以决定停止相关程序，避免产生额外的费用。第四，调解程序的非对抗性。在印度，当事人通常认为随着时间的推移争议会变得难以解决。在诉讼过程中，一方当事人往往视对方当事人为"敌人"。调解程序由中立第三方主持可以促成双方当事人更加心平气和地面对自己的争议。第五，调解程序的便利性。在调解程序中，当事人可以自主决定调解的时间、地点以及程序安排。第六，调解程序的创造性。调解程序的创造性主要是指调解员处理争议并不局限于争议事项本身，可以提出创造性的争议解决方案，促成当事人双赢的局面。第七，调解程序的保密性。参与调解程序的各方当事人及调解员等都需对相关事项进行保密，当事人另有约定或者同意的情况除外。

二、印度调解的类型

（一）法院（司法）和解（judicial settlement）

法院和解就是当事人在诉讼过程中自主协商达成和解，并且双方还可以将达成的和解协议提交给法院确认。印度《民事诉讼法》第 89 条明确规定，法官可以根据实际情况将案件转交司法和解。

（二）一般调解（mediation）与仲裁调解（conciliation）

一般调解与仲裁调解都是指私人调解。印度调解制度中有两种存在细微差别的调解程序，即"conciliation"与"mediation"。一般而言，"conciliation"与"mediation"都可以被直接译为调解，它们的内涵并无差异，程序内容也无差别，两者通常可以互换和交替使用。不过，印度立法对两者进行了细微的区分。1996年《仲裁与调解法》首先对调解（conciliation）作出了详细规定，并将其与"mediation"进行一定的区分。"conciliation"与"mediation"都是由中立的第三方协助当事人通过协商处理相关争议。但是，"conciliation"程序中，调解员（conciliator）扮演更加积极的角色，他/她具有"就纠纷解决提出建议"以及制定或再次制定纠纷解决协议条款的权力。不仅如此，1996年印度《仲裁与调解法》还规定在"conciliation"程序中达成和解协议具有等同于在仲裁程序中达成和解协议的效力，即具有可执行效力。从最终调解协议的效力来看，印度调解"conciliation"具有部分仲裁的属性。因此，1996年《仲裁与调解法》确立的调解（conciliation）也可以被称为"仲裁调解"。[1]随后，1999年印度《民事诉讼法》再次确认了"conciliation"与"mediation"两种调解程序之间的区别。印度《民事诉讼法》第89条明确规定，法院可以根据情况将案件分别转介"conciliation"（仲裁调解）或者"mediation"（一般调解）。

（三）法院调解与法院转介调解

法院调解就是指法院及法官直接参与主持的调解。法院转介调解是指法院将案件转介给其他专门调解机构或调解员进行调解，法官并不直接参与调解程序。事实上，印度《民事诉讼法》第89条引入的是法院转介调解制度。法院转介调解制度有效运转的前提是社会上已经存在大量高质量的调解员和专业调解机构可以提供优质调解服务。在印度，虽然调解程序作为有效的纠纷解决制度得到了越来越广泛的认可，但是当事人对私人调解员及调解机构的接受度仍比较低。因此，印度《民事诉讼法》第89条引入的转介调解仍以法院调解为主。这在地方法院表现得更为突出，众多地方法院也都设立了相应的附设调解中心，它们由法官提供调解服务。

---

　　[1]　在1996年印度《仲裁法与调解法》规定的"conciliation"程序中，调解员的权力及调解协议的效力与"mediation"存在较大差异，它甚至具有部分仲裁程序的特征。所以，本书将"conciliation"意译为"仲裁调解"，以与一般调解（mediation）进行区分。

为推动调解程序的发展，印度法院还专门培训有经验的法官开展调解业务。这些法官不仅包括现任的地方法院法官，也包括退休的最高法院法官。不仅如此，地方法院司法行政官员、最高法院司法行政官员及资深律师及调解方面的专家也可以成为调解员。在转介调解程序中，负责案件审理的法官并不直接主持本案的调解，而是转介给法院附设调解中心的调解员进行调解。随着法院外调解机构的日益发展和成熟，法院转介给其他调解机构进行的调解也开始增多。不仅如此，部分印度高等法院甚至还推动设立了律师管理型调解中心，由律师或其他调解员提供调解服务。

（四）知识产权局调解

知识产权局调解就是指由知识产权局直接提供的调解服务。随着调解制度的发展，印度知识产权局（CGPOTM）也开始在部分知识产权纠纷中引入调解程序。不过，印度的知识产权局调解仍处于发展的初级阶段。

第二节　印度知识产权纠纷的法院调解

一、印度法院调解的概述

从性质上来看，印度法院调解仍属于法院附设调解。法院主持的调解程序是独立于案件的诉讼程序。换言之，法院及法官并不是在诉讼程序中进行调解，而是法官根据实际情况将案件转介给法院附设调解中心。法院附设调解中心是由经过培训的资深法官来负责调解。目前，印度各级法院附设的调解中心多数都是由法官直接提供调解服务，部分高等法院的附设调解中心引入了律师等非法官调解员。这主要是因为印度民众仍缺乏对私人调解员及调解机构的信任。

事实上，1996年《仲裁与调解法》从法律上已经将调解程序确立为非诉讼解决机制之一，立法甚至还赋予了最终调解协议执行效力。但是，法院及法官、律师并没有积极促进当事人选择调解程序解决纠纷。其间，印度法院及其他社会机构还举办了相当数量的调解业务培训，效果也不是十分明显。1999年《民事诉讼法》引入第89条确立转介调解制度之后，印度还专门成立了专门委员会，以促进民事诉讼程序的修改内容得到有效实施以及提升司法效率。该委员会是由前印度最高法院法官及印度法律委员会主席贾加纳达·拉奥（M. Jagannadha Rao）大法官领导推动的，他们一直积极推动调解程序的发展。

为推动法院调解制度发展，2003 年贾加纳达·拉奥（M. Jagannadha Rao）大法官领导的委员会还向最高法院提交了"民事诉讼程序-调解"规则（The Civil Procedure-Mediation Rules）。与此同时，最高法院采纳了该"民事诉讼程序-调解"规则并要求所有高等法院都根据"民事诉讼程序-调解"规则制定相关规则。换言之，高等法院及地方法院在进行调解时须遵守上述规则。

在法院附设调解程序中，法院将调解视为司法制度的一部分，法院直接提供调解服务。与其他调解程序相比，法院附设调解具有部分特性。其一，在法院附设调解程序中，法官、律师及诉讼当事人都直接参与到调解过程之中。各方可以感受到调解程序中达成的最终协议是在司法监管下由所有参与人共同努力形成的。法官将案件转介给法院附设调解中心进行调解，并对调解程序进行全程监管。这可以避免当事人担心调解缺少司法的权威性，进而促使当事人认可运用上述调解程序处理案件的结果。

法官在法院附设调解程序中是将案件转介给法院系统内的调解员，即附设调解中心的法官调解员。与此同时，诉讼程序中的代理律师也可以继续代表当事人参与调解程序。不仅如此，当事人也有机会在纠纷解决过程中参与调解程序。法院附设调解程序既保留了司法制度的权威性，也可以保证调解程序的公正性，因为该程序由法院直接提供并接受法院的监管。法院附设调解还充分体现了调解程序的灵活性。这些都可以提升公众对法院附设调解程序的认识度和接受度。法院在法院附设调解程序中发挥核心作用。调解等 ADR 程序接受法院的监管（至少通过法院转介），分配正义理念才能够得到充分的贯彻。因为 ADR 程序在法院的指导和监管下可以保证它的客观性和可接受性。

法院附设调解程序还可以保证调解程序与诉讼程序不是直接的竞争关系，而是相辅相成的关系。这样一来，法院附设调解程序才可以得到法院及法官的支持，因为他们认为法院附设调解程序属于司法制度的一部分。如果法院及法官选择将案件转介给法院附设调解中心，该调解程序与诉讼程序之间的衔接将更加迅速和协调。另外，法院附设调解程序还可以使案件在调解中心与法院之间的转移更加迅速和有的放矢，因为它可以有助于法院根据案件需要决定将部分争议事项转介给调解中心而将其他争议事项仍置于诉讼程序之中。法院附设调解程序还可以被视为法院减少案件积压、提升司法效力的措施之一，这有助于提升法院转介调解的积极性。

二、法院附设调解中心

2005 年印度最高法院首席大法官拉霍蒂（R. C. Lahoti）根据授权成立了印度调解项目委员会（The Mediation and Conciliation Project Committee，MCPC），它旨在推动法院调解（司法调解）的发展。印度调解项目委员会（MCPC）的成员由最高法院与高等法院的法官、资深律师以及国家法律事务局秘书等成员组成，它的首任主席是最高法院大法官桑托什·赫格尔（N. Santosh Hegde）。2005 年，印度调解项目委员会（MCPC）决定在蒂斯·哈扎里（Tis Hazari）法院进行司法调解试点。根据试点的经验，2006 年卡尔卡尔杜马（Karkardooma）法院随即成立了调解中心，2009 年罗希尼（Rohini）法院也成立了调解中心。

不仅如此，印度调解项目委员会（MCPC）还提出对调解员进行专业培训。其中，印度调解项目委员会（MCPC）认为调解员参与 40 个小时的专业培训及 10 个案件调解经验是完全有必要的。在法律事务部的授权和协助下，印度调解项目委员会（MCPC）开展了一系列培训，如调解技能训练项目、法官转介训练项目、促进调解认识项目以及培训人员自身提升项目等等。另外，印度调解项目委员会（MCPC）还努力将调解相关业务培训制度化，并打造全国性调解培训组织。

印度德里地区的法院附设调解中心发展非常快，它在众多地方法院设立了附设调解中心，如：蒂斯·哈扎里、卡尔卡尔杜马、罗希尼、德瓦卡（Dwarka）、萨基（Saket）和帕蒂亚拉（Patiala）。这些法院附设调解中心都属于专门性调解中心，专业从事调解业务。他们都由专业的调解员提供调解服务，并且他们还在法院的指导和监管下开展调解业务。为此，德里地区的法院附设调解中心在很短的时间内就赢得了业界的认可。目前，德里地区的法院附设调解中心主要针对法院在审案件的转介调解业务，诉前调解业务相对较少。

另外，德里地方法院曾邀请美国法律制度发展与研究机构（Institute for the Study and Development of Legal Systems，ISDLS）的专家对其法官进行调解技能培训，并协助其建立相应的法院附设调解中心。它还在德里高等法院设立了附设调解中心。德里高等法院附设调解中心是由律师管理的调解中心。与此同时，德里高等法院附设调解中心还成立了监管委员会（"Samadhan" overseeing committee），该委员会由德里高等法院的法官及资深律师组成，对调解中心高效履行职责进行实时指导和监管。目前，德里高等法院附设调解中心拥有超过 200 名经验丰富和训练有素的调解员。德里高等法院附设调解中心主要承接德里高等法院、最高法院及德里地方法院转介调解的案件。

印度其他地区法院的附设调解中心也得到了快速发展，如：卡纳塔克邦（Karnataka）高等法院也在美国法律制度发展与研究机构（ISDLS）的协助下设立了附设调解中心并对调解员进行了培训。不仅如此，德里地区之外许多地方法院也都设立了法院附设调解中心，如安拉阿巴德（Allahabad）、勒克瑙（Lucknow）、昌迪加尔（Chandigarh）、艾哈迈达巴德（Ahmedabad）、拉杰果德（Rajkot）、贾姆讷格尔（Jamnagar）等。[1]上述这些法院附设调解中心都设立在法院办公大楼之内。这既有利于加强法院与法院附设调解中心之间的联系，也有利于加强法院对法院附设调解中心的指导和监管，进而有利于提升法院附设调解中心的司法权威性和认可度。

三、法院转介调解

立法上，1999 年《民事诉讼法》引入第 89 条标志着印度法院转介调解得到正式确立。不过，该条款确立的转介调解是在 2002 年才开始正式实施的。根据印度《民事诉讼法》第 89 条的规定，法院转介仲裁（arbitration）与仲裁调解（conciliation）都必须符合 1996 年《仲裁与调解法》的相关规范，当事人同意转介仲裁或者仲裁调解仍是法院转介的前提。印度《民事诉讼法》第 89 条规定的法院转介调解（私人调解、法院调解等）、司法和解、人民法庭（Lok Adalat）中的当事人同意并不是必要条件。换言之，法院有权根据案情情况强制性将案件转介调解（私人调解、法院调解等）、司法和解、人民法庭（Lok Adalat）。但是，法院强制转介调解或其他非诉讼程序并不影响当事人自愿协商的基本原则，他们仍可自主决定是否达成相关和解协议。

为推进转介调解的发展，德里高等法院还制定了相应的调解规范（Mediation and Conciliation Rules，2004，简称"2004《德里调解规则》"）指导法官及调解员进行转介调解。2004《德里调解规则》适用于德里高等法院及德

---

[1] The Mediation and Conciliation Project Committee, Supreme Court of India, Mediation Training Manual of India Z. Delhi, 2012.

里地区所有地方及地区法院进行的转介调解程序。不仅如此，德里地区之外的法院转介给德里高等法院附设调解中心及地方法院附设调解中心的调解案件也同样适用该调解规则。2004 年《德里调解规则》对调解员的资格、任命、职责、调解程序以及法官转介调解等诸多事项进行了详细规定。

如前所述，2018 年印度商事法院引入事先调解规则，它要求当事人在向商事法院提起诉讼之前先根据规则将案件提交给相应的调解机构进行调解。具体而言，一方当事人根据要求向调解机构提出调解申请之后，调解机构会通知对方当事人参与调解，对方当事人应当在 10 日内作出回应。如果对方当事人拒绝参与调解，那么该调解机构应当按照要求作出相应报告。当事人收到相应报告之后便可向商事法院提起诉讼。如果当事人接受调解并达成调解协议，该协议便具有可执行效力。

2018 年，印度立法在《商事法院法》中引入第 12A 条时，并没有直接表明事先调解程序是强制性的还是非强制性的。实践中，部分高等法院将其解释为强制性的[1]，也有少部分高等法院持相反意见，认为它不具有强制性。最终，印度最高法院通过裁决消除了这种模糊性。在该裁决中，印度最高法院明确指出《商事法院法》第 12A 条是一项强制性条款，当事人违反该条款提起的诉讼将会被驳回。[2] 在 "Nikhil Chawla vs The Coca-Cola Company 案"中，德里高等法院法官同样要求当事人针对商标权使用纠纷进行调解。[3] 最终，双方当事人也都达成多项调解协议。然而，在部分知识产权案件中，法院认为事先调解程序并非强制性的。在 "Bolt Technology Ou V. Ujoy Technology Private Limited & Anr. 案"中，德里高等法院的法官认为，最高法院有关事先调解的决定不涵盖当事人寻求紧急临时救济的案件，并指出法院授予此类救济通常不仅是为了保护法定和普通法权利，也是为了避免市场上出现混淆、欺骗、不公平和欺诈行为进而保护消费者。[4]

---

〔1〕 See Tata Sons Private Limited vs. Bharat Bhushan Udiniya and Others 2021 SCC OnLine Del 5499；Hindalco Industries Ltd. vs. Amit Agrawal 2021 SCC OnLine Del 4601.

〔2〕 See Patil Automation Private Limited and Others vs Rakheja Engineers Private Limited 2022 SCC OnLine SC 1028.

〔3〕 Nikhil Chawla vs. The Coca-Cola Company，CS（COMM）312 of 2022.

〔4〕 "Pre-litigation Mediation Not Compulsory in Intellectual Property Suits Seeking Urgent Interim Reliefs：Delhi High Court"，https://www.barandbench.com/news/litigation/pre-litigation-mediation-not-compulsory-intellectual-pr operty-suits-seeking-urgent-interim-reliefs-delhi-high-court，last visited at 2023-6-23.

四、调解的程序

调解是中立第三方（调解员）协助当事人通过协商谈判解决相关争议的一个动态过程。一般而言，法院附设调解程序可以分为四个主要的阶段，它包括：开场介绍阶段、联席会议阶段、单独会议阶段、结束阶段。

（一）开场介绍阶段（Introduction and Opening Statement）

开场介绍阶段的主要任务就是促进双方当事人对调解程序的认识、营造友好协商调解的氛围以及赢得双方当事人的信任。在调解过程中，各方参与人的座席安排也是有一定讲究的，它应当让各方当事人感觉自在并且便于当事人与调解员之间的沟通和交流。在开场介绍中，调解员会首先介绍自己的基本情况以及自己成功调解的经验。调解员主要从调解概念、调解阶段、调解员的角色、当事人的角色、调解程序的优势以及法院附设调解的程序规则。为促进当事人对调解程序的认识，调解员还会重点强调调解程序的基本属性和特性，例如自愿性、自主性、灵活性、保密性、诚实信用原则、时间限制、当事人参与性、中立性、结果的终局性以及相关争议共同处理的可能性。

（二）联席会议阶段

联席会议阶段的主要任务就是调解员通过了解双方的诉求获取争议事项的相关信息，充分认识案件的争议焦点、调解的困难及可能性，当事人充分认识其他人的诉求及观点等。在正式开始之前，调解员需要双方当事人及代理人能够参与调解。在联席会议中，调解员首先会邀请双方当事人陈述案件和己方观点，释放自己对案件情绪和表达己方感情。一般而言，案件的原告首先陈述案件事实和观点，随后原告代理律师就相关法律问题陈述意见，然后被告陈述相关事实及观点，最后被告代理律师再针对案件的相关问题陈述自己的法律意见。其中，当事人及代理人在陈述案件及观点过程中其他程序参与人应给予充分的尊重，他们不得无故打断或干扰对方发言。

不过，当事人可以针对对方当事人提出的观点和事实提出回应，以及在对方许可的情况下提出相关问题。在该阶段，调解员还应当鼓励和促进双方友好交流并及时、有效地控制并化解交流过程中的障碍。一方当事人如果未能清楚明白地陈述案件事实和观点，调解员可以就疑问提出相关问题进而获取更全面的信息。最后，调解员还需要根据各方陈述的案件信息及诉求归纳案件基本事实并告知当事人，以便当事人清楚调解员已经充分了解各方立场，并及时总结各方在沟通过程中双方存在异议的地方和无异议的地方。

（三）单独会议阶段

联席会议阶段之后，调解程序会进入单独会议阶段，调解员会分别与当事人及其代理人进行单独会议，进一步了解案情和促进当事人认识案件的实际情况。在单独会议阶段，当事人可以进一步释放他们的情绪。不仅如此，当事人还可以在该阶段向调解员披露部分不愿意对方当事人获取的保密信息。调解员通过单独会议可以了解当事人的核心利益并协助当事人充分认识到案件的现实状况。在此期间，调解员还会努力鼓励当事人寻找或发现双方共同接受的条件。这些都是单独会议阶段的主要任务。

在单独会议阶段，调解员会首先确认单独会议的保密性。随后，调解员则通过单独会议进一步获取案件的相关信息，并进一步释放当事人的情绪。获取相关信息之后，调解员会根据情况判断是否对当事人的观点和意见进行评估，或者引导当事人换个角度来考虑案件的争议问题。在现实评估程序中，调解员主要是针对以下几个方面进行评估：①争议诉求及抗辩意见等相关细节；②诉求及抗辩意见的法律基础；③争议进入诉讼程序之后相关情况；④诉讼程序的费用及其他开支或成本；⑤案件诉讼败诉的风险以及调解不成功的后果。评估之后，调解员可能会针对争议处理方式引导当事人进行头脑风暴，提出解决争议的方案。在头脑风暴之中，调解员首先促使当事人尽可能多地提出解决方案，然后再对各种不同方案进行评估。

一般而言，单独会议是邀请一方当事人的所有成员参加，它包括当事人及其代理人或其他成员。但是，在该阶段，调解员还可以根据需要召开仅邀请当事人或者仅邀请当事人的代理律师参加单独会议。不仅如此，在征得双方当事人的同意后还可以邀请双方当事人的律师进行单独会议。在此类单独会议中，代理律师提供的解决方案可以更加开放和有成效，讨论的事项也可以更广泛些。在单独会议之后，调解员会根据情况将各方提供的方案及意见转达给对方当事人，当事人还可以与调解员进一步讨论对方当事人提供的解决方案。

（四）结束阶段

结束阶段是指调解员根据不同情况终结调解程序。双方当事人达成和解协议之后，调解员则负责确认调解协议并形成书面最终调解协议。其间，调解员会口头确认调解协议的内容，然后将口头协议的内容转换成书面调解协议。与此同时，书面调解协议需要各方当事人或代理人签字，调解员也需要签字确认最终调解协议。各方签字确认之后，正式调解协议文本还须及时送达当事人。不仅如此，该调解协议的副本还须抄送给转介调解的法院。双方签订的书面调解协议还须符合一定形式要件和内容要件。首先，最终调解协议的条款应当清晰明确；其次，调解协议的语言应当准确、无歧义；最后，调解协议达成的协议内容应当是可以执行的。双方当事人未达成和解协议，案件则重新回转到转介法院，且附录未解决报告。该报告仅说明案件未解决，并不说明未达成调解协议的原因以及当事人的责任。在调解程序中，当事人的任何陈述都须严格保密，任何参与调解的当事人都不得向法院披露相关信息。

五、调解员的选任、资格及职责

2004 年《德里调解规则》明确规定了调解员的选任、资格及职责。在印度，法院转介调解基本上都是转介给法院附设调解中心的司法调解员（judicial mediator）进行调解。其中，2004 年《德里调解规则》对法院附设调解中心的司法调解员成员的选任、资格及职责进行了详细的列举。

（一）调解员的选任

2004 年《德里调解规则》明确规定当事人可以协商确定调解员。当事人可以选择任何符合条件的调解员，当事人可以选择法院调解员名录之外的调解员。如果多名当事人无法就调解员达成一致意见，法院可以要求当事人各自指定一名调解员，或者法院直接指定一名调解员。在这种情况下，法院也可以指定任何符合条件的调解员，他们无须是法院调解员名录中的调解员。

在调解员名录中指定调解员的过程中，法院应当根据案件的具体情况选择合适的调解员。其中，法院应当优先考虑具有成功调解经验或者具有专业调解技能和经验的调解员。为了更好地在转介调解中实现指定调解员的任务，高等法院及地方法院都需要根据实际情况制定调解员名录，供当事人及法官选择。

（二）调解员的资格

不仅如此，2004 年《德里调解规则》对调解员名录中调解员的资格进行了详细的规定。各级法院附设调解员名录中的调解员主要有三大类：法官、法律工作者及专家。该规则规定的法官既可以是在职法官也可以是退休法官，但是不同层级的法官要求也不一样。在通常情况下，他们都是退休法官：最高法院退休法官、高等法院退休法官及退休司法行政官员、德里地区地方法院退休法官。2004年《德里调解规则》还允许地方法院在职法官及司法行政官作为调解员。不过，2004年《德里调解规则》对律师作为调解员的职业年限有要求，它明确规定在最高法院、高等法院或地方法院有10年实务经验的律师才可以被列入调解员名录。2004年《德里调解规则》要求专家须符合一定条件才能被列入调解员名录。一般专家或者专业人员须具有15年工作经验才可以作为调解员，具有调解专业知识的专家则无执业年限的要求。上述调解员资格都属于法院名录调解员的积极要件。

此外，2004年《德里调解规则》还规定了调解员的消极要件，它是指调解员不得违反法律的相关规定。首先，已经破产的相关人员不得作为调解员；其次，任何人遭受刑事案件（通常都是故意犯罪案件）追诉或者案件正在审理以及刑事案件被定案，都不得作为调解员。任何人正遭受纪律检查或者已经遭受纪律处分，也都不得作为调解员。另外，任何与本案存在利害关系或利益冲突的调解员都不得负责该案的调解，除非所有当事人书面同意。

（三）调解员的披露义务与撤销

2004年《德里调解规则》明确要求调解员在接受任命之前披露可能影响自己独立性或中立性的相关事项。另外，该规则还要求调解员在接受任命之后有义务向相关人员披露自己中立性及独立性事项。根据调解员披露的信息或者当事人及其他人收集的相关信息，法院认为有充分证据证明调解员的独立性与公正性存疑，他们可以撤销调解员的任命。

（四）调解员的职责

在2004年《德里调解规则》中，调解员的职责被规定为：促进调解程序的进行以及协助当事人评估和解方案。在调解过程中，调解员仅协助当事人达成和解协议并不为当事人提供相关和解方案。一般而言，调解员可以通过以下几个方面促进调解程序的进行：①为调解过程营造有利的环境；②解释调解过程及基本规则；③利用各种沟通技巧促进双方的沟通；④确定并消除双方沟通上的障碍；⑤收集有关争议的信息；⑥控制调解程序的进程并引导当事人集中讨论；⑦规范双方当事人的交流；⑧协助当事人形成和解意见；⑨激励双方达成双方均可接受的解决方案。

另外，调解员在促进当事人达成和解协议的过程中并不受印度《民事诉讼程序》及《证据法》的约束。但是，调解员必须根据公平正义原则促进当事人达成调解协议。其中，调解员需要综合考虑当事人之间的权利义务关系、交易习惯以及争议背景等内容。

（五）调解员的培训

虽然 2004 年《德里调解规则》没有直接规定调解员培训的相关内容，但是它对调解员职业伦理规范作出了详细规定。具体而言，调解员应当：①严格遵守调解规则、尽职尽责；②禁止从事任何有违调解员行为规范的活动；③公平、公正地进行调解；④确保当事人充分了解调解程序及相关信息；⑤符合调解员执业的资格要求；⑥披露任何影响个人中立性的事项；⑦避免与当事人沟通的不当言行；⑧履行相应的忠实义务及保密义务；⑨依法调解相关案件等。另外，印度最高法院还发布了相关的调解员培训手册，对调解的相关内容进行详细的培训。

六、调解程序的其他重要问题

（一）当事人的权利与义务

第一，当事人可以选择由代理人协助参加调解会议。在通常情况下，当事人可以选择亲自参加调解会议或者通过律师参加调解会议。但是，当事人选择律师代表参加调解会议须事先征得调解员的同意。第二，当事人未及时参加调解会议可能会承担不利后果。在调解过程中，当事人未按要求及时参加调解会议，对方当事人及调解员可以请求法院根据具体情况作出相应的指示。第三，为促进调解程序的顺利进行，调解员及当事人在协商一致的情况下可以任命合适的人员及机构协助处理相关程序性事项。第四，在调解过程中，当事人必须认识到调解员仅仅负责促进调解程序的进行以及努力促成和解协议，调解员不得强迫当事人达成和解协议。由当事人最终须自主决定是否达成和解协议。另外，2004 年《德里调解规则》还要求当事人尽可能有诚意地（本着诚实信用原则）参加调解。

（二）调解的期限

2004 年《德里调解规则》明确指出，法院附设调解程序须在一定期限内完成。具体而言，法院附设调解程序的期限为自双方当事人与调解员会面进行调解之日起 90 天。调解期限届满之后，调解员应当终止调解程序。除非法院指令延长调解期限或者一方当事人提出延长调解期限，且双方当事人协商一致延长调解期限确有必要,该调解期限可以延长。但是,调解期限延长最多不得超过 30 天。

(三)调解过程中的信息披露与保密义务

在调解过程中,调解员从一方当事人处获知的相关争议信息,须及时告知对方当事人,以便对方当事人根据情况作出相应的回应。但是,一方当事人告知调解员的信息并要求保密,调解员则不得将该信息告知对方当事人。调解员在调解过程中获知的任何信息都不得在日后的诉讼过程中披露。当事人在调解过程中获知的相关信息也不得在其他任何程序中披露和使用。在调解过程中,各方都不得录音录像,且各方当事人及证人的陈述内容也不得被记录。不仅如此,2004 年《德里调解规则》还规定了调解员(mediator/conciliator)具有作证的豁免权。

(四)法院与调解员的关系

为了保证调解的中立性,调解员一般不得与在审案件的法院及法官进行任何形式的交流。在特定情况下,调解员还是可以与法院进行必要的沟通。2004 年《德里调解规则》仅规定调解员可以就下列事项与法院进行沟通:①当事人未按指令参与调解;②双方当事人同意的内容;③案件不适合进行调解;④双方当事人达成和解协议案件。另外,为了保障调解最终协议能够得到很好的执行,2004 年《德里调解规则》还规定了法院应当在规定的期限内对相关和解协议进行审查并根据不同情况发布相关指令。一般而言,法院应在收到相关和解协议 7 天内确定审查听证的日期,最迟不得超过 14 天。根据听证审查的情况,法院决定发布相应的指令。如果当事人仅就部分事项达成和解协议,法院可以针对部分和解协议进行审查并发布相应指令,法院可以针对其他未处理的事项继续审理。

第三节　印度知识产权局(CGPDTM)的调解

一、印度知识产权局(CGPDTM)调解程序概述

为了应对日益增多的商标异议及撤销等案件,印度知识产权局(The Office of Controller General of Patents, Designs & Trademarks, CGPDTM)与国家法律事务管理局合作在德里知识产权(商标)行政部门(Delhi, CGPDTM)引

入调解程序解决相应争议。具体而言，德里知识产权（商标）行政部门（Delhi，CGPDTM）与德里法律事务管理局合作为当事人提供有关商标异议、撤销等争议的调解服务。这些调解服务都是根据 1987 年《法律服务局法》以及相关的调解规则来进行的。该计划的初期，德里知识产权（商标）行政部门（Delhi，CGPDTM）预计向 500 宗在审商标异议或撤销案件提供调解服务。目前，该行政部门已经决定所有在审商标异议及撤销案件未审结前当事人都可以通过协商一致选择调解程序解决相关争议。

二、德里法律事务管理局与德里知识产权（商标）行政部门（Delhi，CGPDTM）的合作与职责

德里法律事务管理局也是根据 1987 年《法律服务局法》成立的行政机构。德里法律事务管理局与德里高等法院的关系密切，德里高等法院首席法官都出任该机构的执行主席。德里法律事务管理局主要负责法律相关事务，例如组织人民法庭（Lok Adalats）事务以及法律援助事务。与国家法律事务管理局一样，德里法律事务管理局还负责推动本地区调解制度的发展。

起初，德里法律事务管理局与印度知识产权局（CGPDTM）协商通过训练有素的调解员（mediator/conciliator）来处理德里知识产权（商标）行政部门（Delhi，CGPDTM）在审的商标异议及撤销等争议案件。随后，印度知识产权局（CGPDTM）决定采纳德里法律事务局的提议，在德里商标登记处（Trade Marks Registry，TMR）引入调解程序解决商标异议及撤销争议案件。德里法律事务管理局会针对商标异议或撤销争议案件进行初步评估，判断该争议案件是否适合进行调解。德里法律事务管理局作出初步评估意见之后，当事人须协商确认将案件转到调解程序。德里法律事务管理局在收到双方当事人正式提交的调解合意书之后，相关争议事项才会被正式交由该法律事务管理局处理。

德里法律事务管理局负责在调解程序过程中促进当事人进行沟通协商，最终达成和解协议。如果双方当事人就争议事项达成和解协议，德里法律事务管理局还须将相关记录及和解协议转交给德里商标登记处（TMR）。收到双方当事人和解协议之后，德里商标登记处（TMR）的争议处理部门的听证人员应当依据印度《商标法》及相关规则确认当事人之间的和解协议并记录在案。

德里知识产权（商标）行政部门（Delhi, CGPDTM）主要负责调解过程中的协调工作。根据协议，商标与地理标志长官负责该调解计划的实施，商标与地理标志行政部门的审裁处具体负责调解程序的协调工作。其中，德里商标登记处庭审办公室（the Hearing Officer）为调解程序提供场地等其他必要设施。通过一系列行政令，印度知识产权局（CGPDTM）将适用调解程序案件的范围扩展到所有德里商标登记处（TMR）未审结的商标异议或撤销案件。2016 年 3 月 31 日印度知识产权局（CGPDTM）发布行政令允许相关当事人向德里商标登记处（TMR）提交书面同意书将案件转介调解。

三、德里知识产权（商标）行政部门（Delhi, CGPDTM）商标争议案件调解程序的制度化

（一）德里知识产权（商标）行政部门（Delhi, CGPDTM）转介调解的时间

在德里商标登记处（TMR）审理的异议与撤销案件中，当事人可以在最终听审程序结束前向行政机关申请将案件转介调解。一般而言，双方当事人应基于协商一致而将争议案件提交调解程序处理。目前，新规定可以适用于任何一方当事人提交将案件转介调解的书面申请，德里商标登记处（TMR）及其他行政机构可以根据申请将案件转介给德里法律事务管理局进行调解。

（二）商标异议/撤销争议案件转介调解的请求

任何一方当事人都可以向德里商标登记处（TMR）自愿提交将争议案件转介调解的同意书。随后，德里商标登记处（TMR）及其他授权机构可以将案件转介给德里法律事务局进行调解。双方当事人可以亲自或者委托授权其他人向德里商标登记处（TMR）及其他有权机构提交转介调解的申请。当事人不仅可以在自行协商之后提交转介调解书，而且可以在商标登记处行政官员处与对方当事人或代理人签订转介调解同意书。另外，德里商标登记处（TMR）的行政官员可以依职权决定将本处在审商标异议/撤销案件转介给德里法律事务局进行调解。前提条件是，该行政官员认为该案件存在达成和解的可能性。与此同时，该行政官员会呼吁当事人将相关争议转介调解。

（三）商标异议/撤销争议案件转介调解的程序

收到商标登记处转介调解案件之后，德里法律事务管理局应当告知所有当事人参加调解的具体时间，他们可以自己参加也可委托代理人参加调解。一旦双方当事人或代理人同意参加调解，争议案件则会被分配到具体的调解

员。正式开始之前，德里法律事务管理局会通知当事人提交自愿参加调解的同意书，他们可以通过 E-mail、传真或者其他途径将同意书提交给德里法律事务管理局。当事人及其代理人参加调解时还需要向调解员提交自愿参加调解同意书的原件，该同意书原件属于调解记录的一部分。

在处理商标异议/撤销争议案件过程中，德里法律事务管理局工作的调解员需遵守印度调解项目委员会（MCPC）及最高法院发布的调解规范。不仅如此，德里法律事务管理局工作的调解员还需要遵守德里高等法院发布的 2004 年《德里调解规则》以及印度《民事诉讼法》第 89 条 的相关规范。另外，调解员还需要根据印度 1999 年《商标法》及其相应规则进行调解。

一般而言，调解程序是在中心办公室（the Central Office）进行，德里法律事务管理局会根据律师或者调解员以及当事人的实际情况选择将调解程序安排在 3 个专用的工作日内。调解程序也可能被安排在其他办公地点，例如德里商标登记处（TMR）、德里调解中心或者德里纠纷解决协会（the Delhi Dispute Resolution Society）。

（四）商标异议/撤销争议案件转介调解的调解员

为了推动友好型纠纷解决机制的发展，德里法律事务管理局根据相关规则培训了 17 名律师作为调解员。该调解员的培训内容及形式都严格遵循印度调解项目委员会（MCPC）及印度最高法院发布的调解员培训指南。不仅如此，德里法律事务管理局培训的调解员得到了印度调解项目委员会（MCPC）认证并已经注册登记。

德里法律事务管理局的调解员为当事人提供商标异议/撤销争议案件的调解服务可以按照标准收取一定调解费。具体而言，德里法律事务管理局律师调解员是根据德里高等法院法律事务委员会制定的费用标准收取固定的调解费，即调解员会见当事人 1500 卢比/次（1 卢比≈0.105 人民币）及调解员成功结案 2000 卢比/宗。在通常情况下，调解员从第一次会见开始按次数收费，每次 1500 卢比；在案件得到圆满解决的情况下，当事人还须向调解员支付 2000 卢比结案费。

（五）商标异议/撤销争议案件转介调解的行政事项

德里法律事务管理局的行政长官、人民法庭成员（The Lok Adalat Wing）及其他行政人员负责德里商标登记处（TMR）转介调解案件的行政性及辅助性事项，例如日常行政事务、调解员记录、调解费用收取等等。通过特定的沟通渠道（邮件及电话），人民法庭成员（The Lok Adalat Wing）为商标异议/撤销争议案件转介调解案件建立一个独立的程序。

人民法庭成员（The Lok Adalat Wing）设立的独立程序是在德里法律事务管理局行政长官的监管之下进行的。作为辅助部门，它负责案件受理的记录、程序的安排、调解员的安排等其他辅助性事项。它还须将案件转介信息、调解员信息、案件处理信息等都记录在案。其中，所有转介调解案件的处理结果信息都必须被抄送给德里商标登记处（TMR）。根据案件性质、当事人的地址及住址以及其他利益相关者的不同情况，调解过程中的所有沟通及信息传递均可以通过邮件、邮寄或其他送达方式通知参与调解程序的各方，它包括德里法律事务管理局、德里商标登记处（TMR）及当事人。

第四节　印度其他调解机构的调解

在法院附设调解中心之外，印度存在另外两大类调解机构：社会调解机构及私人调解机构。社会调解中心主要是指由某些行业协会设立的调解中心，它们往往会得到部分官方的支持，且通常为当事人提供免费的调解服务；私人调解机构则属于商业调解机构，它们通常具有自己独立的体系和规则，且通常是为当事人提供有偿的调解服务。

一、印度纠纷解决协会设立的调解中心

印度纠纷解决协会是根据 1860 年《社会组织登记法》注册成立的独立法人组织。该协会的主要宗旨之一就是在德里地区建立不同类型的 ADR 中心，帮助当事人友好、经济、快速地解决纠纷，为政府和法院减少司法运行成本以及案件积压。其中，印度纠纷解决协会的成立得到了新德里政府及德里高等法院的大力支持。因此，印度纠纷解决协会的理事会成员很多都是来自政府及法院系统：德里首席部长兼任了协会的主席，德里高等法院法官及德里地方法院法官及司法行政官员都在印度纠纷解决协会的理事会及执行委员会担任要职。

为践行协会的宗旨，印度纠纷解决协会在德里地区已经设立了相当数量的调解中心：国家消费者委员会设立调解中心、德里地方法院消费者法庭等。这类调解中心都属于社会调解机构。这些社会调解机构主要针对诉前调解案

件，为当事人在启动诉讼程序之前提供相应的调解服务。当然，这类调解中心也可以受理当事人在起诉之后将案件提交调解的案件。另外，印度纠纷解决协会建立的调解中心提供的调解服务都是免费的，他们并不收取任何调解费用，相关的调解费用都是由国家来承担的。虽然这些调解中心处理的案件并不是由法院转介的，但是当事人达成的和解协议也会得到法院的认可。在诉前调解案件中，当事人也可以申请执行双方当事人达成和解协议。在一方当事人为政府机关的案件中，当事人更容易申请执行相关和解协议。印度纠纷解决协会在推动社会调解机构发展中发挥了重要贡献，为当事人提供了一种除法院附设调解之外的纠纷解决途径。随着社会调解机构的发展，政府机关、公共部门及企业等越来越多地选择这类调解机构进行调解。

二、印度商业调解机构的调解服务

双方当事人还可以通过协商将案件提交给商业调解机构进行调解。在印度，能够提供高质量调解服务的商业调解机构非常少。其中，2009 年伦敦国际仲裁庭（LCIA）在印度开设分支机构，被称为伦敦国际仲裁庭印度分庭（LCIA India），它也是伦敦国际仲裁庭在海外开设的第一个分支机构。伦敦国际仲裁庭印度分庭可以为当事人提供专业的调解服务。为此，伦敦国际仲裁庭印度分庭还制定了专门的调解规则，它对调解员的任命、调解程序的启动、调解行为及调解的保密性进行了详细的规定。其中，伦敦国际仲裁庭印度分庭提供的调解服务主要是针对诉前调解案件。当然，该机构也受理当事人起诉之后提交调解的案件。不过，伦敦国际仲裁庭印度分庭主要还是提供仲裁服务的机构。

伦敦国际仲裁庭印度分庭的调解服务属于商业调解，他们提供的是有偿的调解服务。并且，伦敦国际仲裁庭印度分庭提供专业化调解服务的费用还比较高，它对当事人为个人及小企业的一方来说更是相当昂贵。相比而言，他们更愿意选择私人临时性的调解服务或者社会调解机构或法院附设调解机构，因为它们往往得到政府或法院的资质，并且调解费用非常低甚至不收取调解费用。不过，大型企业仍愿意选择包括伦敦国际仲裁庭印度分庭在内的专业化调解机构进行调解。这主要是因为这些大型企业更愿意选择专业化程度更高的调解机构进行调解。另外，在印度，国际替代性纠纷解决中心（ICADR）、WIPO AMC 也会为印度境内的当事人提供相应的调解服务。

第四章

东南亚及南亚国家知识产权纠纷调解

第一节 马来西亚与印度尼西亚知识产权纠纷调解

一、马来西亚知识产权纠纷调解

为处理知识产权案件，2007 年马来西亚还专门成立了多个知识产权法院。其中，马来西亚共有 15 个知识产权地方法院（Sessions Courts）（每个州都设立一个）和 6 个知识产权高等法院（High Courts）：在吉隆坡、柔佛、霹雳、雪兰莪、沙巴和砂拉越 6 个州设立知识产权高等法院受理相关知识产权案件。实践中，部分知识产权案件因案件量较少等原因仅在吉隆坡高等法院和地方法院受理。针对知识产权侵权等纠纷，当事人通常有刑事诉讼和民事诉讼两个方面的路径进行维权。在马来西亚，知识产权地方法院（Sessions Courts）受理知识产权侵害的刑事案件，他们可以针对知识产权侵害行为判处罚款，并且罚款没有数额限制。知识产权高等法院则负责知识产权民事案件，这主要是因为知识产权案件的损失数额通常无法事先确定，高等法可以实施禁令，也可以判决赔偿且赔偿金额没有任何限制。

自 20 世纪 90 年代以来，马来西亚调解程序取得了较为长足的发展。调解程序已经成为马来西亚司法制度的核心组成部分，它可以向当事人提供非诉讼程序解决纠纷。在马来西亚，与法院有关的调解程序主要包括法院协助调解（court-assisted mediation）和法院转介调解（court-referred mediation），它们都属于较为正式的调解程序。1999 年，马来西亚调解中心（The Malaysian Mediation Centre，MMC）正式成立，它有自己的调解规则。这为法院转介调解提供了有利条件。不过，马来西亚调解中心（MMC）在实践中并不是法院转介调解的主要对象。2010 年，马来西亚司法系统开始全面引入法院附设调解程序（court-annexed mediation）。实际上，马来西亚高等法院和下级法院（Subordinate Courts）（地区法院和地方法院，the Magistrates' and Sessions Courts）都适用法院附设调解等司法性纠纷解决程序（JDR）。不仅如此，马来西亚每个州都设立了法院附属调解中心，每个中心将至少安排一名调解员对提交给该中心的案件进行调解。[1]

在马来西亚，与法院相关的调解还有一种是法院调解，它是由法官和司法人员直接负责处理案件的调解工作，也被称为法院主导调解（court-leading mediation）。2012 年，马来西亚《调解法》正式生效。不过，马来西亚《调解法》并不适用于法院调解。[2] 但是，所有法官及司法人员在调解过程中均应当遵守 2010 年《调解指示》（2010 Practice Direction）以及 2011 年《调解规则》（the 2011 Rules）。在法院调解程序中，法官及司法人员将在案件受理之后作为调解员直接处理相关案件。在马来西亚，立法并没有明确规定诉讼各方通过法院附设调解解决纠纷，也没有明确规定法院以调解作为替代性纠纷解决方式处理纠纷。然而，最新修订的 2012 年《法院规则》第 34 号命令第 2（2）（a）条则明确要求法院积极推进调解等替代性解决方式处理案件。具体而言，2012 年《法院规则》明确规定："在审前案件管理中，法院可考虑案件整体或部分和解的可能性，还可以要求各方向法院提供其认为适当的信息，以及为确保公正、迅速和经济地处理诉讼或程序而作出的适当命令和指示，包括作出调解的指示。"可见，法院在推进案件选择调解程序的过程中扮演着较为重要的角色。

2022 年《马来西亚首席大法官实践指引》（the Practice Directions of the Chief Justice of Malaysia No. 2/2022，PD 2/2022）明确指出，调解程序几乎可以在诉讼的任何阶段适用。它包括：①审判前的案件管理期间；②中间申请期间；③开庭审判之前；④开庭审理期间；⑤作出判决之前；⑥上诉阶段等其他合适的阶段。根据 2022 年《马来西亚首席大法官实践指引》（PD 2/2022），交通案件在诉讼之前会被强制调解，其他民事案件适用调解程序则并不具有强制性。可见，包括知识产权纠纷在内的其他民事案件适用法院附设调解的前

---

〔1〕　See https://www.kehakiman.gov.my/ms/hubungi-kami/senarai-pusat-mediasi-mahkamah, last visited at 2024-6-23.

〔2〕　See Choong Yeow Choy, Tie Fatt Hee & Christina Ooi Su Sian, "Court-Annexed Mediation Practice in Malaysia: What the Future Holds", *University of Bologna Law Review*, Volume 1, 2016, pp. 271~308.

提仍然是当事人自愿参与。其他民事案件适用调解程序主要有两种方式：其一，法院认为案件适合调解并推荐当事人调解且双方当事人同意；其二，双方当事人自愿选择调解程序。实际上，法院还可以推荐当事人选择适用法官主导的调解程序（Judge-led mediation），也就是法院附设调解。

二、印度尼西亚知识产权纠纷调解

在印度尼西亚，调解、仲裁等非诉讼程序在知识产权纠纷解决中扮演着较为重要的角色。1999年《仲裁与替代性纠纷解决法》（the Act Number 30 of 1999 concerning Arbitration and Alternative Dispute）颁行之后，印度尼西亚仲裁及替代性纠纷解决程序在纠纷解决中扮演着越来越重要的角色。1994年印度尼西亚加入TRIPs，它需要遵守TRIPs中有关知识产权附件的内容。为此，印度尼西亚修改了相关国内法，2000年《集成电路布局设计法》、2000年《工业设计法》、2000年《商业秘密法》、2000年《植物品种保护法》相继颁行以及2014年《著作权法》、2016年《商标和地理标志法》、2016年《专利法》相继修订。上述实体法已经明确规定，知识产权纠纷可以选择仲裁及调解等替代性纠纷解决程序进行处理。

在印度尼西亚，调解可以被分为法院内调解及法院外调解。其中，法院外调解源于1999年《仲裁与替代性纠纷解决法》的规定，法院内调解源于法院调解程序规则（the PERMA no. 1 of 2008 on the procedure for mediation in court）以及2009年司法机关第48号法律相关规范（the law No. 48 of 2009 on the judicial authority）。为促进法院调解程序的适用，2016年印度尼西亚最高法院发布调解程序指令，要求法官促进调解，上述规定确定法官有义务首先调解相关争议。换言之，所有提交给法院的民事纠纷都必须通过调解程序寻求解决；调解不成功，法院则继续审理。不过，根据规则，该规定并不适用于商事法院受理的案件，这就包括知识产权案件。概言之，知识产权案件并不受强制调解规则的约束。可见，印度尼西亚知识产权调解以自愿调解为核心。

在印度尼西亚，版权、专利、商标和地理标志等知识产权法中的刑事条款明确规定在刑事起诉程序进行之前须先进行调解。印度尼西亚知识产权法规定的调解不仅针对民事纠纷而且针对刑事犯罪的违法案件。在此类案件中，警察作为调解人进行调解，调解受害者和犯罪者之间的知识产权侵权案件。

此类调解被称为刑事调解。刑事调解适用于轻微刑事犯罪和与投诉有关的案件，如知识产权领域的侵权案件。在印度尼西亚，刑事调解最初是警察根据自由裁量权进行的，它在2009年关于通过替代争议解决方案处理案件的第3022号通函（Pol：B/3022/XXII/2009/SDEOPS）中得到了确认。该通函强调，只要双方同意，就可以通过替代性争端解决程序解决刑事案件。[1]实际上，通过刑事和解的方式解决知识产权纠纷体现了恢复性司法理念。在这种情况下，被侵犯的知识产权所有权人将有权得到赔偿。

印度尼西亚知识产权局在知识产权纠纷解决中同样扮演着重要角色。为有效处理知识产权投诉及争议，印度尼西亚知识产权局专门成立了知识产权调查与纠纷处理部门。知识产权局授权一名公务调查员（Civil Servant Investigator，PPNS）担任知识产权刑事案件的调查员。该公务调查员（PPNS）具有与国家警察调查员同等的职权。该公务调查员的具体职权包括：①接收有关知识产权违法行为的报告或投诉；②在案发地点采取搜查等即时行动；③命令嫌疑人接受身份检查；④进行逮捕、拘留、搜查和扣押；⑤检查和扣押文件；⑥采集嫌疑人指纹和照片；⑦传唤嫌疑人或证人，接受聆讯或讯问；⑧召集与案件审查有关的专家；⑨终止调查；⑩依法采取其他可能的行为。

在印度尼西亚，针对侵害专利、商标、版权等知识产权的行为，当事人可以根据不同情形提起刑事诉讼和民事诉讼。在刑事案件中，专利权、版权所有人可以向警察局或者知识产权局调查与纠纷处理部门进行投诉。受理投诉案件之后，上述部门的调查人员可以根据当事人的意见提供替代性纠纷解决方式或者直接进行案件调查。当事人如果未能通过调解等替代性纠纷解决方式处理争议，警察或知识产权的公务调查员（PPNS）会启动调查程序。在调查员调查阶段，当事人还可以选择调解等替代性解决方式处理案件，双方达成和解，案件则终结。调查之后，调查员发现权利人投诉案件证据充分则将启动刑事诉讼程序，权利人投诉案件证据不充分则终止案件。

目前，法院外知识产权纠纷解决机构主要有两个：印度尼西亚国家仲裁委员会（BANI）以及知识产权仲裁和知识产权调解委员会（BAM HKI）。1977年12月3日，印度尼西亚工商会发起成立印度尼西亚国家仲裁委员会

---

[1] Sabela Gayo, "The Use of Mediation as an Dispute Resolution in the Resolution of Intellectual Property Rights Disputes", *International Asia Of Law and Money Laundering*, Volume 1, No. 2, 2022, pp. 101～106.

（BANI）。为进一步促进知识产权纠纷仲裁与调解等替代性纠纷解决方式的发展，2012 年印度尼西亚专门成立了知识产权仲裁和调解委员会（BAM HKI）。前印度尼西亚知识产权局局长艾哈迈德·真·奥马尔·普尔巴（Ahmad Zen Umar Purba）教授被任命为知识产权仲裁和调解委员会（BAM HKI）首任主席。知识产权仲裁和调解委员会（BAM HKI）的主要目标是提升印度尼西亚知识产权的执行情况。通过知识产权仲裁和调解委员会（BAM HKI）相关程序解决知识产权纠纷的前提是双方当事人达成书面协议。

根据印度尼西亚《专利法》《版权法》等实体法及 1999 年《仲裁与替代性纠纷解决法》，知识产权仲裁和调解委员会（BAM HKI）可以接受、审查和裁决与以下领域有关的争议：①专利；②商标；③地理标志；④版权；⑤工业设计；⑥集成电路布图设计；⑦商业秘密；⑧植物品种和⑨其他与知识产权有关的领域。在处理知识产权纠纷的过程中，知识产权仲裁和调解委员会（BAM HKI）适用的程序与印度尼西亚国家仲裁委员会（BANI）适用的程序并没有区别，他们都适用 1999 年《仲裁与替代性纠纷解决法》的相关规定。

尽管知识产权纠纷可以通过调解与仲裁等非诉讼程序解决，但在现实中庭外解决知识产权纠纷的比例仍然很低。在过去 10 年中，印尼国家仲裁委员会（BANI）只解决了 10 起知识产权纠纷。知识产权仲裁和调解委员会（BAM HKI）。当事人更倾向于通过诉讼解决知识产权纠纷有以下方面原因：①仲裁和调解缺乏社会基础；②了解印度尼西亚国家仲裁委员会（BANI）和知识产权仲裁和调解委员会（BAM HKI）解决知识产权纠纷的企业家并不多；③通过印度尼西亚国家仲裁委员会（BANI）和知识产权仲裁和调解委员会（BAM HKI）解决知识产权纠纷需要事先达成协议；④印度尼西亚缺乏庭外解决纠纷的文化。[1]

1999 年《仲裁与替代性纠纷解决法》规定当事人可以将民事纠纷通过替代性纠纷解决方式解决。当事人决定通过替代性纠纷解决方式解决相关纠纷，他们首先可以双方自行协商；在最长 14 天内双方无法协商解决纠纷，可以委托专家或调解员协助处理相关纠纷；如果在 14 天内双方仍无法通过调解处理

---

〔1〕 See Dewi Sulistianingsih & Muhammad Shidqon Prabowo, "Out of Court Intellectual Property Right Dispute Resolution", *Advances in Social Science*, Education and Humanities Research, Volume 436, 1st Borobudur International Symposium on Humanities, Economics and Social Sciences（BIS-HESS 2019）, pp. 112~116.

纠纷，双方还可以协商将纠纷提交仲裁机构或其他替代性纠纷解决机构处理。仲裁机构或其他争议解决机构任命调解员后，调解业务必须能够在最长 7 天内开始启动。为保障调解人通过保密方式解决争议，调解协议必须在最长 30 天内达成并由所有相关方签署。双方达成的书面调解协议具有终局性效力，它对各方都具有约束力，各方必须本着诚信原则执行，并且该协议必须在签署后 30 天内在地区法院登记。调解协议的内容必须在登记后 30 天内执行完成。[1]

第二节　泰国与越南知识产权纠纷调解

一、泰国知识产权纠纷调解

（一）知识产权纠纷的法院调解程序

在泰国，调解程序拥有较为悠久的历史。泰国法院体系在引入调解程序方面发挥着重要作用。泰国法院调解（court-annexed mediation）的历史源远流长。早在 1896 年，泰国《民事诉讼法》（the Civil Procedure Act B. E. 2478）就明确规定法官有义务通过调解处理当事人之间的争议。1912 年泰国《民事诉讼法》修改之后，立法删除了法官促进调解的义务，但仍保留法官进行调解的权力。1934 年，泰国《民事诉讼法典》（the Civil Procedure Code B. E. 2478）再次明确规定法院有权指令双方当事人亲自到法院协商处理纠纷。不过，法院调解往往会受司法政策影响。

1987 年，泰国司法部设立了替代纠纷解决办公室，通过仲裁办公室和调解中心提供庭外纠纷解决程序。该调解中心为倾向于友好解决纠纷的各方提供专家调解员，它可以是在向法院提起诉讼之前或之后。[2] 1997 年，替代纠纷解决办公室被划归司法办公室管理，所属的调解中心正式更名为泰国调解中心（Thai Meditation Center），它在提供调解服务方面发挥着重要作用。1992 年，为应对法院案件积压，法院调解再次成为首要的司法政策。1994 年《民

---

〔1〕 See Cita Citrawinda Noerhadi, "Cybercrimes and Alternative Settlement of Intellectual Property (IPR) Disputes in Indonesia", *International Journal of Cyber Criminology*, Volume 16, Issue 1, 2022, pp. 89~94.

〔2〕 See Institute of Developing Economies, "Alternative Dispute Resolution in Thailand", IDE Asian Law Series, No. 19, 8 (2019), https://www. ide. go. jp/English /Publish /Download/Als/19. html.

事法院调解条例》(Civil Court Regulation on Mediation for Leading to Dispute Settlement B. E. 2537) 颁行之后，法院调解程序与有效的案件管理程序相互配合，它们在处理案件过程中发挥着越来越重要的作用。

1996 年，泰国最高法院发布《法院附设调解和仲裁实务指南》，进一步指引法官在诉讼案件过程中转介调解以及转介仲裁。1999 年泰国《民事诉讼法》修订之后，立法正式明确法官可以委任法院之外的调解员进行调解。为促进法庭内调解，立法还规定法院可以举行闭门会议进行调解，无论当事人的律师是否在场。2001 年，泰国所有的法院体系都适用调解程序。2019 年 5 月，泰国首部《调解法》(B. E. 2562) 开始正式生效。该法旨在规范泰国国家机构和公共组织提供的民事和刑事纠纷调解服务。

不仅如此，2020 年泰国《民事诉讼法》[Act Amending the Civil Procedure Code (No. 32) B. E. 2563 (2020)] 修改之后在民事诉讼程序中引入了调解程序。立法规定当事人无需就调解向法院支付任何诉讼费用。详言之，泰国《民事诉讼法》允许当事人在起诉前向法院申请调解。如果法院同意了当事人的调解申请并且对方当事人同样同意接受调解，那么法院会组织双方当事人会见并任命调解员。如果双方当事人达成和解协议，那么法院便可以考虑根据该调解协议制作调解协议。当事人还可以请求法院根据调解协议作出相应判决，法院认为调解协议符合法律规定还可以据此作出相应判决。该判决具有终局性效力，当事人不得就此提出上诉，除非存在徇私枉法的情形。如果调解不成功，案件诉讼时效将自申请调解之日起延长 60 天。另外，泰国《民事诉讼法》及最高法院规则确定的调解员职责仍然有效，调解员及当事人不得披露任何与调解相关的信息。

为有效处理知识产权纠纷，泰国还专门成立了中央知识产权与国际贸易法院 (Central Intellectual Property and International Trade Court)。在泰国，中央知识产权与国际贸易法院处理与知识产权有关的民事和刑事案件，它适用 1996 年《知识产权和贸易法院设立及程序法》(BE2539/1996) 和 1997 年《知识产权与国际贸易案件规则》(BE 2540/1997) 审理相关案件。该法院同样为当事人提供调解程序。如果案件涉及外国当事人，中央知识产权与国际贸易法院还可以提供英语调解服务。

(二) 泰国知识产权局 (DIP) 的调解程序

在泰国，调解、仲裁等非诉讼程序在知识产权纠纷解决中扮演着重要角色。2002 年，泰国成立知识产权局，专门设立知识产权调解和仲裁机构"知识产权纠纷防止解决办公室"。该办公室设有仲裁委员会，由具有知识产权专业知识的专家解决有关纠纷。[1] 可见，泰国知识产权局知识产权纠纷防止解决办公室在知识产权非诉讼纠纷解决中扮演着重要角色。泰国知识产权局纠纷防止解决办公室向当事人提供调解服务。

　　与诉讼不同，调解的技巧因人而异并且富有经验性。泰国知识产权局纠纷防止解决办公室所提供的调解服务主要有：①倾听当事人的意见。调解不同于诉讼，一般不能片面追求效率，因此调解员尽量不会限制当事人的陈述与诉说，从而使调解员能够更深入地了解当事人的心态、观点、主张和理由，并从中发现争点所在和可能达成妥协之处。②化解冲突。在调解过程中，调解员营造和解的气氛，引导双方沟通意见。消除分歧和对立，尤其要注意及时制止冲突的激化，从而促使当事人求同存异，达成互谅互利的和解。③提出建议和提案。在适宜的时机，调解员应综合各方当事人的意见、诉求和提案，提出符合当事人各方共同利益的公正的调解方案，并向当事人作出详细的解释和说明，以使当事人自愿接受调解方案。

　　2020 年 12 月 7 日，泰国知识产权局（DIP）和泰国仲裁中心（THAC）签署了合作并发在线争议解决程序的谅解备忘录。2021 年 1 月，泰国知识产权局（DIP）正式推出知识产权案件在线争议解决服务平台（ODR），该平台是由泰国知识产权局（DIP）和泰国仲裁中心（THAC）合作开发。其中，在线争议解决服务平台（ODR）由泰国仲裁中心（THAC）提供技术支持，该平台又被称为"Talk DD"。[2] 该在线平台可以适用于版权、专利和商标侵权案件。ODR/Talk DD 旨在促进和支持庭外纠纷解决，并减少向知识产权和国际贸易法院提起的案件数量。在线争议解决服务平台（ODR）的系统允许当事人在线立案。当事人可以通过在线聊天和视频会议进行和解。在线争议解决服务平台（ODR）还可以更快地实现完全在线的正式解决程序，以更低的成本促进双方达成协议，减少双方之间的对抗。泰国知识产权局在线争议解决服务平台（ODR）旨在利用技术提高服务质量与效率，从而实现更方便、更快的流程。它将减少差旅费用和管理费用，完全以电子方式进行操作。

---

　　〔1〕　陶建国、时阳：《泰国知识产权侵权纠纷解决制度及启示》，载《保定学院学报》2013 年第 3 期。

　　〔2〕　See https：//odr.thac.or.th/auth/login，last visited at 2024-10-14.

2021年1月8日，泰国知识产权局（DIP）的在线争议解决服务平台（ODR）受理了第一件案件。各方当事人同意网上解决之后，泰国知识产权局（DIP）以Talk DD作为双方谈判的中间人。2021年1月11日，双方当事人通过协商解决了相关争议并签署了调解协议书。按照传统调解程序，双方当事人通常大约需要45天才能完成会面、讨论和解决争议。与此不同，Talk DD仅用了2个工作日就促成双方达成了合意。这与泰国知识产权局（DIP）以往的调解程序相比具有明显优势。它可以省去向泰国知识产权局（DIP）提交书面申请书、送达谈判邀请函和安排调解会议的时间。[1]

在使用Talk DD之前，当事人必须在平台上注册一个账户。注册账户之后，当事人就可以在Talk DD上免费提交在线调解请求。首先，索赔人需要在Talk DD填写有关争议的基本信息，它包括邀请对方参加在线调解程序的电子邮件地址。双方同意适用在线程序并签署网上解决保密协议之后调解程序将开始启动。其中，当事人可以完全通过在线系统进行预约谈判、通过聊天室谈判、视频会议以及起草和签署和解协议。目前，尽管有英语，但它并不能完全反映泰语规定的信息，因此Talk DD的用户目前似乎仅限于泰国国民。

二、越南知识产权调解

在越南，民事和刑事知识产权案件通常由地方人民法院审理（The District People's Courts of Vietnam），涉外知识产权民事一审案件由省人民法院民事庭（The civil division of the Provincial People's Courts）审理，涉外知识产权纠纷一审案件则由省人民法院经济庭（The Economic Courts of the Provincial People's Court）审理；知识产权二审案件则分别由省人民法院和高等人民法院（High People's Courts）审理。在越南，知识产权侵权纠纷通常通过行政解决来处理，它包括针对知识产权侵权行为的行政处罚，如警告、罚款、扣押、销毁假冒商品、吊销营业执照等。

近年来，越南调解制度得到快速发展，知识产权纠纷调解也得到了各方当事人的认可。越南知识产权调解主要包括法院附设调解和商事调解。2017

---

[1] See "Thailand's Online Dispute Resolution Platform for Intellectual Property", https://www.nishimura.com/en/knowledge/publications/20210701-33486, last visited at 2024-3-14.

年，越南颁布了《商事调解法》；2020 年，越南颁布了《法院调解与对话法》。上述有关调解的立法对促进越南调解制度的发展发挥着重要作用。实际上，2004 年越南《民事诉讼法》已经引入法院附设调解制度，法院附设调解达成的协议具有强制执行效力。根据越南《民事诉讼法》第 10 条，法院附设调解程序是正式审理前的一个强制性程序，法院有责任进行调解，它要求法院推进调解程序。不仅如此，越南《民事诉讼法》第 180 条同样要求法院组织当事人进行调解。另外，该法第 184 条还明确指出，受委任的法官负责附设调解的所有程序，调解法官主持调解会议。[1]

根据 2017 年越南《商事调解法》，当事人还可以选择将争议提交给商事调解机构进行调解。双方当事人达成的和解协议对双方均有约束力，当事人可以根据民事诉讼程序的规定向法院申请司法确认。越南《民事诉讼法》明确规定，经法院确认后的商事和解协议由此具有法律效力，当事人可依据越南《民事判决执行法》的规定向法院申请强制执行。[2] 具体而言，2015 年越南《民事诉讼法》第 416 条明确规定，法院可以确认当事人达成的调解协议。不过，立法要求法院确认的调解协议必须是相关调解机构或调解员根据《商事调解法》促成的调解协议。其中，对在调解过程中提交的信息进行保密是《商事调解法》的基本原则之一。近年来，越南成立了许多商事调解组织，它包括越南调解中心（the Vietnam Mediation Centre，VMC）、越南国际商事调解中心（the Vietnam International Commercial Mediation Center）、中国西贡商事调解中心（the China Saigon Commercial Mediation Center）以及东南亚商事调解中心（the Southeast Asia Commercial Mediation Center），这些调解组织都可以提供相关调解服务。当事人通过商事调解的方式解决相关知识产权纠纷必须先签订启动调解的协议。该协议可以签订在纠纷发生之前或之后，也可以签订在纠纷解决过程中。实际上，双方当事人可以在签订知识产权相关协议的过程中就通过商事调解方式解决相关纠纷。目前，越南知识产权纠纷调解的效果还有待进一步观察。

---

〔1〕 参见齐树洁主编：《域外调解制度研究》，厦门大学出版社 2022 年版，第 385 页。

〔2〕 参见齐树洁：《越南调解制度》，载《人民调解》2021 年第 5 期。

第三节　缅甸与巴基斯坦知识产权纠纷调解

一、缅甸知识产权纠纷调解

2019 年，缅甸《商标法》第 66 条首次明确授权最高法院成立知识产权法院。为促进知识产权纠纷解决，2023 年 3 月 24 日缅甸最高法院（SCU）将知识产权案件的管辖权专属授予给特定的几个法院，上述法院被称为知识产权法院。可见，缅甸最高法院通过授权特定法院专属管辖知识产权案件的方式成立了相应的知识产权法院。具体而言，皎德加（Kyauktada）地区法院（District Court）对缅甸《商标法》第 67（a）条规定的侵犯知识产权民事案件和 2019 年缅甸《商标法》第 77（a）节规定的临时措施具有一审管辖权（SCU 第 238/2023 号通知）；仰光地区高等法院对知识产权法院根据缅甸《商标法》第 67（四）条规定作出判决、命令和决定的上诉案件具有管辖权（SCU 第 239/2023 号通知）；仰光地区高等法院对知识产权局根据缅甸《商标法》第 66 条规定作出命令和决定的上诉案件，以及海关总署署长根据缅甸《商标法》第 72 条规定作出禁止令的上诉案件具有管辖权（SCU 第 235/2023 号通知）。[1] 概言之，皎德加（Kyauktada）地区法院受理一审商标等知识产权侵权诉讼，仰光地区高等法院受理皎德加（Kyauktada）地区法院的知识产权上诉案件。

2019 年缅甸《商标法》正式颁行之后，相关的商标注册规则相继颁布。2023 年 4 月 26 日，缅甸商标注册系统开始正式运行。缅甸《商标法》加强了对相关权利的保护并简化了商标的申请程序。不仅如此，缅甸《商标法》还引入了部分新的制度。针对商标申请过程中的争议，缅甸知识产权行政机关是否引入调解程序仍不是十分明确。不过，如果一方或多方在同一天或在同一优先权日期申请注册相同或相似的商标，行政机关将先引导各方申请人相互协商，以确定商标申请人的姓名，并在指定期限内重新提交。可见，行政机关鼓励申请人通过协商的方式解决各方在商标申请过程中的争议。

---

〔1〕　See Khin Khin Zaw, "Courts in Myanmar Are Granted Jurisdiction as Intellectual Property Courts", https://www.lexology.com/library/detail.aspx? g=f18871c8-8bbb-4038-8844-ff886cf898d7, last visited at 2024-3-15.

另外，2019 年缅甸《专利法》于 2024 年 6 月 1 日开始正式实施。2024 年 6 月 3 日，缅甸最高法院通过指令确定专利案件的管辖法院及审理程序。具体而言，缅甸最高法院还授权仰光地区高等法院受理知识产权局作出的有关专利等知识产权许可申请决定（强制许可申请决定）的异议案件以及知识产权局上诉决定的异议案件。与此同时，缅甸最高法院授予了知识产权法院审理相关专利案件的权力，仰光地区高等法院受理知识产权法院受理的上述专利案件的上诉案件。[1] 如前所述，缅甸最高法院授权皎德加（Kyauktada）地区法院成为专门的知识产权法院，它集中受理专利、商标等知识产权案件。其中，皎德加（Kyauktada）地区法院还受理专利侵权民事案件，对知识产权局的赔偿决定不服的上诉案件以及针对专利侵权案件的临时救济措施申请（如临时禁令）。[2]

2020 年，缅甸立法机构修正《民事诉讼法》[the Act on Amendment of Civil Procedure Code（No. 32）B. E. 2563（A. D. 2020）]，引入了诉前调解程序。根据立法，在提起民事诉讼之前，一方当事人可以向有管辖权的法院提交申请书，要求法院任命一名调解员调解纠纷。其中，申请人应当包含对方的姓名、地址以及争议的相关信息。如果法院确认了当事人的调解申请，法院将询问对方当事人是否愿意参与调解，对方当事人如果愿意参与调解，法院将指定一名调解员处理相关争议。如果双方当事人在调解员的协助下达成和解协议，那么调解员可以将该协议提交给法院审查。法院会审查调解协议是否公平、意思表示是否真实、是否符合法律规范等内容。法院认为调解协议符合法律规定之后将通知当事人签署协议。另外，当事人还可以请求法院根据和解协议作出相应判决，确认和解协议的内容。当事人必须在申请书中详细记载请求法院作出相应判决的理由。如果法院认为理由成立，那么法院将根据调解协议作出和解判决。上述调解不收取任何诉讼费用。法院作出的相关判决或命令都是终局性的。如果调解失败，且争议理由的法定时效在请愿书提交之日后已经到期，或将在调解失败之日起 60 天内到期，则法定时效将从调解终止之日起延长 60 天。换言之，启动诉前调解程序可以有条件地延长诉讼时效。

---

〔1〕 See Notification No. 689/2024 and Notification No.（693/2024）.
〔2〕 See Notification No.（692/2024）.

2021年，缅甸立法机构修正《民事诉讼法》，引入调解程序作为民事纠纷解决的一种方式。根据《民事诉讼法》，法院可以将符合条件的案件转介调解。2022年，缅甸最高法院宣布在民事案件中全面引入法院调解（Court-Led Mediation），缅甸法院调解主要表现为转介调解。自2022年8月1日起，缅甸地区高等法院、州高等法院、自治区法院、自治地区法院、地区法院和全国乡镇法院都在民事案件中引入转介调解程序。[1] 实际上，早在2019年缅甸最高法院就启动了法院转介调解试点项目。一般而言，立法明确规定法院可以将法律授权转介或者最高法院推荐转介的案件转介调解，对于双方当事人自愿接受转介调解的案件，法院同样可以转介调解。从形式来看，转介调解的显著特征表现为主持调解的调解员是由法院指定或推荐的。与此同时，缅甸《民事诉讼法》同样规定转介调解过程中的所有信息都应当严格保密，相关材料也不能被用于其他任何诉讼程序。当事人达成调解协议之后可以申请法院进行确认，法院应当根据《民事诉讼法》的相关规定作出相应指令。具体而言，双方当事人签署和解协议之后，调解员将向转介调解的法院提交报告。双方当事人应当向转介法院提交调解协议的原始文件，法院将根据调解协议作出相应的和解判决。如果双方未能通过调解程序达成和解，案件将按照原法院的常规程序继续审理。

缅甸法院调解程序与其他地区调解程序有所不同，它不要求当事人在调解之前提交陈述，仅要求各方提交诉状及书面答辩的副本以及相关支撑材料。调解会议期间，双方当事人提交的所有文件、通信和意见书都不得被用于诉讼等其他程序。换言之，任何一方获取以及利用上述文件及材料都不得损害对方利益。在法院调解程序中，当事人无法自主选择调解员。调解中心根据案件情况任命相关司法人员作为调解员，上述调解员都已经接受专门的调解培训。此类调解员能够较好地了解相关案件可能涉及的法律问题，他们还可以针对案件诉讼结果作出评价。当然，此类调解员可能会对各方造成一定的压力，会要求各方当事人根据调解人认定的案件结果达成和解。在缅甸仰光地区，相关案件都是在仰光地区高等法院设立的调解中心进行。整个调解过程通常会被安排在2个~3个单独的会议上进行，每个会议通常持续1个小

---

[1] See "Launch of Court-Led Mediation in Civil Suits", https://myanmar.gov.mm/news-media/announcements /- asset_ publisher /idasset291/content/launch-of- court -led-mediation-in-civil-suits, last visited at 2024-3-15.

时~2 个小时。总体而言，调解过程将在调解开始后 1 个月内完成。如果调解员认为双方可以达成和解，则可以在征得调解员同意的情况下延长调解时间表。[1]

二、巴基斯坦知识产权调解

2005 年，巴基斯坦正式设立知识产权局（IPO），归国务院直接领导。2016 年，巴基斯坦知识产权局被划归商务部主管。巴基斯坦知识产权局在伊斯兰堡、卡拉奇、白沙瓦和拉合尔设立了多个办事处，解决专利、商标等知识产权的注册或登记事项，以及负责处理相关知识产权纠纷。2012 年，巴基斯坦立法通过《知识产权组织法》，授权设立知识产权法庭（Intellectual Property Tribunal）。2015 年，巴基斯坦在伊斯兰堡（Islamabad）、拉合尔（Lahore）和卡拉奇（Karachi）设立了相应的知识产权法庭。[2] 近年来，巴基斯坦在拉瓦尔品第（Rawalpindi）和奎达（Quetta）两地新设了知识产权法庭。上述知识产权庭对知识产权案件拥有专属管辖权。当事人对知识产权庭判决不服可以上诉至相应的高等法院乃至最高法院。不过，在信德省（Sindh），知识产权金钱索赔案件仍由信德省高等法院管辖。[3] 在巴基斯坦，知识产权侵权案件和有效性案件在单独的诉讼程序中进行处理。侵权诉讼通常都是由知识产权庭负责审理。如果被告在专利侵权诉讼之中提出撤销专利的反诉，那么该侵权诉讼及有效性诉讼都将被移送至高等法院审理。在专利侵权案件或无效案件审理过程中，当事人提起无效抗辩或者侵权之诉须获得相关法院或知识产权庭的许可。在巴基斯坦，专利有效性争议或撤销争议可以由专利局、高等法院或者联邦政府受理。[4]

受伊斯兰法传统的影响，巴基斯坦具有良好的调解文化基础。近年来，

---

[1] See U Min Thein, Lester Chua & Khin Zaw, "Court-led Mediation in Myanmar: Practical Tips for Favourable Outcomes", https://www.lexology.com/library/detail.aspx? g = 09ece35b – 03cb – 4995 – a850 – 03992c08dbb8, last visited at 2024-3-15.

[2] See "Intellectual Property Tribunal", https://molaw.gov.pk/Detail/MDI2NWFjYWYtOTY3OS00ZG RjLWE3 MWEtMjE2YzNhYTk2ODk3, last visited at 2024-3- 15.

[3] See Ali Kabir Shah & Hanya Haroon, "Snapshot: Trademark Enforcement in Pakistan", https://www.lexology.com/library/detail.aspx? g=066e1176-92fb-42d2-9f33-170accc22712, last visited at 2024-3-15 .

[4] See Naeema Sadaf, "Patent Enforcement Through the Courts in Pakistan", https://www.lexology.com/library/ detail.aspx? g=f592cb58-bf52-450c-8824-b0f09c492497, last visited at 2024-3- 15 .

巴基斯坦通过立法鼓励通过仲裁、调解等替代性纠纷解决方式解决纠纷。[1] 2017 年，巴基斯坦颁布《替代性纠纷解决法》（ADR act），引入了法院附属替代性纠纷解决制度（court-annexed ADR）。根据巴基斯坦《替代性纠纷解决法》，ADR 包括仲裁、调解、中立评估等替代性纠纷解决程序。[2]为促进 ADR 的发展，巴基斯坦最高法院成立了替代性纠纷解决委员会（Alternate Dispute Resolution Committee）监督全国替代性纠纷解决法律制度的实施情况，协调各方有效执行替代性纠纷解决法律制度。

2017 年，巴基斯坦伊斯兰堡颁布了《替代争议解决法》。与此同时，巴基斯坦还对伊斯兰堡适用的《民事诉讼法》进行了修正。根据立法，如果法院确信相关争议可以通过 ADR 解决，且不涉及复杂的法律问题，那么法院可以将争议提交给 ADR。在伊斯兰堡，法院需要获得各方同意才能将纠纷提交给 ADR 程序解决。2020 年，巴基斯坦开伯尔-普赫图赫瓦同样颁布了《替代争端解决法案》。该法案的适用方式与 2017 年伊斯兰堡《替代争议解决法》相同，法院转介调解的前提是双方当事人事先同意。

2018 年《民事诉讼法（信德省修正案）》对 1908 年《民事诉讼法》在信德省（Sindh）的适用问题作出了部分调整。根据上述修正，信德省法院有权要求各方当事人选择 ADR 程序解决争议，法院 ADR 要求具有一定的强制性。2019 年，旁遮普省通过了《替代争议解决法》（Punjab Alternate Dispute Resolution Act）。与此同时，拉合尔高等法院修订相关民事诉讼规则。根据旁遮普省《替代争议解决法》，法院有权要求当事人选择 ADR 程序。如果 ADR 程序失败，法院应当继续诉讼。根据修订后的《民事诉讼法》，法院必须将争议提交调解，除非法院确信案件涉及复杂的法律或事实问题，或者不可能成功调解。在转介调解过程中，法院可以明确通过调解确定的相关事项，当事人将被引导进入拉合尔高等法院设立的调解中心。另外，在转介调解过程中，案件在法庭上的诉讼程序将被搁置不超过 30 天。[3]

---

[1] See Muhammad Mumtaz Ali Khan, "Justice Delayed is Justice Denied: Access to Speedy Justice and Alternative Dispute Resolution System in Pakistan", *Journal of Law and Social Policy*, Volume 2, 2020, p. 80.

[2] See Ramsha Iftekhar, Dua Wajid Khan & Fatima Wattoo, "Critical Analysis of Mediation Law of Islamabad", *Islamabad Law Review*, Volume 6, Issue 1, 2022, p. 40.

[3] See Mayhar Mustafa Kazi et al., "Dispute Resolution in Pakistan", https://www.lexology.com/library/detail.aspx? g=b9085fac-4003-421d-9fe9-51694e93c1c1, last visited at 2024-3-15.

在巴基斯坦，法院转介调解过程中，调解结束之后法院不会要求提交任何有关调解过程的细节报告。调解失败之后，调解员仅需向法院提交一份案件未能调解成功的简单声明即可。双方达成和解协议并向法院提交相关协议，法院可以根据协议作出相应判决，进而具有可执行效力。在此情况下，双方协议的内容因法院强制执行需要将不受保密协议的约束。在巴基斯坦，调解期间并不中止诉讼时效。换言之，在诉前调解中，案件很可能因为调解而导致诉讼时效到期。在协议调解过程中，双方当事人达成的和解协议并不具有执行效力而仅具有合同效力。与此不同，在诉中转介调解或者诉前转介调解过程中达成的和解协议经法院确认具有可执行效力。双方当事人一旦签署相关和解协议，将不得对协议提出异议，除非达成协议的过程存在欺诈、胁迫、虚假陈述等情形。[1]

2019 年，巴基斯坦的 X-Gen Technologies 软件公司与美国的 Y-Corp 软件公司发生版权纠纷。[2] 该案件纠纷起因于 Y-Corp 软件公司在其软件产品中使用 X-Gen 软件公司的版权软件。双方同意将争议提交巴基斯坦知识产权局（IPO）进行调解。最终调解员帮助双方达成和解协议，根据该协议，Y-Corp 软件公司同意向 X-Gen 软件公司支付使用其软件的许可费。[3]

---

〔1〕 See "Mediation Law in Pakistan", https://joshandmakinternational.com/mediation-law-in-pakistan, last visited at 2024-3-15.

〔2〕 See Intellectual Property Organization of Pakistan（IPO）, 2020, Mediation Case Studies, Retrieved from https://www.ipo.gov.pk/resources_tribunals, last visited at 2024-3-15.

〔3〕 See World Intellectual Property Organization, "WIPO Caseload Summary", https://www.wipo.int/amc/ en/center/caseload.html, last visited at 2024-3-15 .

第五章

中亚及西亚国家知识产权纠纷调解

第一节 埃及、阿联酋与约旦知识产权纠纷调解

一、埃及知识产权纠纷调解

埃及法院系统与德国等大陆法国家的法院系统较为类似。埃及普通法院主要分为三级：最高上诉法院（the Court of Cassation）、上诉法院（courts of appeal）、一审法院（courts of first instance）。埃及有 8 个上诉法院：开罗、亚历山大、坦塔、曼苏拉、伊斯梅利亚、贝尼苏夫、基纳和阿西乌。上诉法院又设多个巡回法庭，包括经济、商业、刑事、恐怖主义和其他巡回法庭。在涉及小额索赔的民事案件中，由一名法官组成的简易法庭（summary courts）负责审理。与此同时，埃及还设立了相关的专门法院：紧急案件法院（Courts for Urgent Matters）、家事法院、行政法院、经济法院等等。2008 年，埃及颁布了《经济法院法》（the Economic Courts Law，Law No. 120 of 2008）。根据《经济法院法》，埃及经济法院对涉及经济领域的民事及刑事案件具有管辖权，它包括股票、银行、垄断以及知识产权等纠纷。在埃及，专利、商标侵权等知识产权一审案件都是由各地的经济法院管辖；不服经济法院的判决可以上诉至其对应的上诉法院。

在埃及，调解在司法体系中扮演着重要角色。不过，埃及并没有单独制定调解法。埃及立法并没有严格区分调解（mediation）、调解（conciliation）、和解会议（settlement conferences）。实际上，埃及法院在调解实践中往往调解（mediation）、调解（conciliation）、和解会议（settlement conferences）混同使用，它们被视为相同的程序。根据埃及《民商事诉讼法》第 64 条的规定，当事人应当出席适用调解规则的和解会议。双方当事人达成和解协议，该协议

通常都具有执行效力；双方当事人未达成和解协议，该案件将继续由法院审理。另外，2008 年埃及《经济法院法》第 8 条规定在每个经济法院都内设一个委员会，该委员会负责为当事人提供诉前调解（conciliation）。如果双方当事人达成和解，该委员会会将和解协议提交给主管法院并由法院根据民事诉讼法作出相应裁决；双方未达成和解协议，法院将对案件进行审查。在经济法院，调解与诉讼实现了较为深度的融合，案件的调解员由法官担任，他们实际上会负责案件的诉讼程序。法官调解员会在 30 天内听取双方的意见并促进双方进行和解，双方当事人要求上述调解期间还可以延长 30 日。如果双方当事人未能达成调解协议，案件相关的所有文件、报告以及诉讼材料都将被提交给法官继续审理。上述法官调解程序主要适用于经济法院受理的经济相关案件，它包括商标、专利等知识产权纠纷案件。

二、约旦知识产权纠纷调解

约旦法院体系深受法国等大陆法系以及英国法的影响，同时也深受伊斯兰法的影响，其法院体系既包括普通法院体系也包括宗教法院体系。约旦普通法院由四级法院组成，它们主要受理普通的民事和刑事案件。治安法院（Magistrate's Courts），主要受理判刑 2 年或 2 年以下的轻罪的刑事案件和涉及金额不超过 750 第纳尔的民事诉讼案件。一审法院（Courts of First Instance），主要受理治安法院未受理的其他刑事案件和民事案件；重罪法院（Major Felonies Court），主要受理特定严重刑事犯罪，如过失杀人/谋杀案、强奸和其他性犯罪，约旦只有一个主要重罪法庭，它位于安曼。每个案件由 3 名法官审理。对重大重罪法院判决的上诉直接向最高上诉法院提出。上诉法院（Courts of Appeal）主要受理一审法院的上诉案件。最高法院（Courts of Cassation, Supreme Court），主要审理刑事重罪的上诉案件和民事案件中超过 500 第纳尔的所有判决的上诉案件，其他案件的上诉可在法院院长给予特别许可的情况下受理。[1] 约旦并没有专门成立知识产权法院或其他专门法院审理专利及商标等知识产权案件，相关知识产权案件都是由普通法院根据标的情况分别受理。

---

〔1〕　See "Jordanian Legal System", https://jo. usembassy. gov/u-s-citizen-services/local-resources-of-u-s-citizens/attorneys/jordanian-legal-system, last visited at 2024-2-26.

约旦的调解制度主要以法院为基础。早在 2003 年，约旦法院系统就已经引入调解程序解决相关民事纠纷。2006 年《民事纠纷调解法》（the Mediation Law for Settling Civil Disputes）开始正式生效，商事案件同样都可以进行调解。根据 2006 年《民事纠纷调解法》，一审法院设立了一个"司法管理中心"（Judicial Management Centre），也被称为调解管理中心（Mediation Management Centre，Mediation Directorate），这些调解机构主要由一审法院和治安法院的法官组成，这些法官被称为"调解法官"。目前，调解管理中心仅附属于安曼地区法院。安曼地区初审法院或治安法院受理民事案件之后，法院书记官会询问各方当事人是否愿意将案件提交调解管理中心进行处理。不仅如此，司法部还可以任命特别调解员（Special Mediators）和社会调解员（private mediators），法院可以将案件推荐给上述调解员进行处理。其中，特别调解员往往都是资深专家和退休法官。根据 2006 年《民事纠纷调解法》，初审法院案件管理的法官和治安法院法官在与各方当事人会面之后可以根据各方当事人的请求将案件提交给法官调解员或特别调解员，以友好的方式解决纠纷。在任何情况下，法院在指定调解员的过程中都应当考虑各方当事人的意见。[1] 2006 年《民事纠纷调解法》并没有完全否定当事人直接参与任命其他社会调解员的作用。换言之，当事人可以协助确定委任其他社会调解员来进行调解。

在调解过程中，法官调解员可以要求双方当事人提交有关案件索赔及答辩的简报。通常而言，受让人应当在 15 日内提交上述案件简报。根据 2006 年《民事纠纷调解法》，各方当事人及其法律代表人应当参加调解会议。调解员应当将调解会议的听证日期和地点及时通知各方当事人及其代理人，调解员还应当在调解会议上与当事人及其代表讨论案件的具体情况，包括各方的请求和辩解。另外，调解员还可以就案件的具体情况发表意见、评估证据、提供法律建议和相关判例。根据立法，调解员应当在 3 个月以内完成相关调解程序。如果调解员促成双方当事人达成和解或部分达成和解，调解员应当向案件管理法官或治安法官提交一份案件和解报告，并附上双方签署的和解协议。该和解协议被法院确认之后将具有最终法律效力。双方当事人确认之后的协议内容将被视为最终结果。详言之，法官调解结果即为最终结果，它

---

〔1〕 See Bashar H. Malkawi, "Using Alternative Dispute Resolution Methods to Resolve Intellectual Dispute in Jordan", *California Western International Law Journal*, Volume 43, No. 1, 2012, pp. 141~151.

并不能被撤销。非法院调解达成的调解结果并不具有上述效力，当事人如果反悔仍可以将案件提交法院。

如果双方当事人未能达成和解协议，调解员同样应当向案件管理法官或治安法官提交一份报告，表明双方未能达成和解协议、明确记录双方当事人及其代表参加调解听证会的情况以及双方的请求事项和抗辩事项等。另外，立法还明确规定，调解因一方当事人或代表人未按照要求出席调解会议而未能成功的，案件管理法官或治安法官可以给予该方当事人罚款。在调解结束之后，调解员需要将各方提交的所有简报和文件退回给当事人，并且调解员不得保留任何文件副本，调解员违反上述规定将承担法律责任。不仅如此，立法还明确调解过程及内容都应当保密，调解员对当事人负有保密义务，在一般情况下不得将其诉讼程序透露给未经授权的人或公共机构。立法还明确调解法官也无权对双方确认的协议进行审查，法律另有规定的除外。[1]

三、阿拉伯联合酋长国（阿联酋）知识产权纠纷调解

阿联酋的司法系统被分为联邦和地方法院两个层面。总体而言，阿联酋法院体系主要包含三级法院：一审法院（地方和联邦）、上诉法院（地方和联邦）和最高法院。其中，一审法院可以受理所有类型的民事、商业、行政、劳工和个人身份案件。在阿联酋，知识产权案件诉讼的管辖问题较为复杂。这主要是因为阿联酋并未设立专门的知识产权法院。针对知识产权案件，阿联酋地方法院就具有管辖权：迪拜（Dubai）、阿布扎比（Abu Dhabi）和哈伊马角（Ras Al Khaimah）。阿联酋部分地区没有地方法院，该地区的知识产权案件将由联邦法院管辖。另外，阿联酋部分自由区拥有自己的法院体系：DIFC 法院和 ADGM 法院，他们同样具有相应的管辖权。阿联酋一审法院并不在审理知识产权侵权案件的同时审查知识产权有效性问题。根据规定，知识产权有效性问题必须由阿布扎比（Abu Dhabi）联邦法院管辖。通常而言，知识产权侵权案件在有效性争议审查期间会中止审理，有效性争议有结果之后相关侵权争议才会继续审理。

---

〔1〕 See "Mediation in Jordan", https://www.tamimi.com/law-update-articles/mediation-in-jordan, last visited at 2024-2-26.

调解在阿联酋等阿拉伯国家中具有较深的文化基础。虽然阿联酋《民事诉讼法》没有直接规定调解程序的内容，但是法院系统在《民商事纠纷调解法》颁行之前已经引入了相关调解实践。其中，阿联酋《民事诉讼法》第101条要求各方当事人同意在6个月的期限内达成和解。不仅如此，法院还可以通过其他措施鼓励各方进行和解。1999年，阿联酋通过立法在联邦法院设立调解和和解委员会，促进当事人通过调解解决相关争议。具体而言，法院鼓励当事人在诉前调解中解决相关民事、商业和劳动纠纷。不仅如此，阿联酋同样非常重视法院外调解的发展，还指出各地和特定行业应成立专业调解机构。根据立法，2012年迪拜友好解决争端委员会（Dubai Centre for Amicable Settlement of Disputes，DCASD）正式成立。实践中，迪拜友好解决争端委员会（DCASD）与迪拜法院密切合作。迪拜法院允许当事人通过迪拜友好解决争端委员会（DCASD）的调解员进行调解，达成调解协议后还可以将案件提交回迪拜法院，达成友好和解方案。该和解方案具有与法院调解同等的效力。2016年，阿联酋颁布了《成立民商事纠纷调解中心法》（Federal Law No. 17/2016 Establishing the Centers for Mediation and Conciliation in Civil and Commercial Disputes），促进调解机构的发展。根据《成立民商事纠纷调解中心法》第2、3条的规定，司法部部长和地方司法机关负责人可以在法院管辖范围内成立相应的调解中心。当事人可以将金额不超过500 000迪拉姆的民商事纠纷案件提交相应调解中心处理。根据立法，此类调解中心不得受理临时救济或紧急命令的案件、一方为政府机关的案件、劳动诉讼案件和身份关系诉讼案件。

2021年4月29日，阿联酋立法通过了《民商事纠纷调解法》（Federal Law No. 6 of 2021）。该调解法为阿联酋民商事纠纷调解实践提供了一个整体框架。为进一步促进调解程序发展，阿联酋于2023年颁布《民商事纠纷调解法》（the Federal Decree Law No. 40 of 2023 on Mediation and Conciliation in Civil and Commercial Disputes）对2016年《成立民商事纠纷调解中心法》及2021年《民商事纠纷调解法》进行了修正和补充，它对调解中心成立、调解员和当事人的责任和义务进行了相应规范。[1]

---

〔1〕 See "Mediation", https://u. ae/en/information-and-services/justice-safety-and-the-law/litigation-procedures/mediation, last visited at 2024-2-26.

2023 年《民商事纠纷调解法》对司法调解和非司法调解都有相关规范，它规定司法调解和非司法调解各自适用不同的程序。其中，司法调解就是法院转介调解，法院根据当事人申请或协议将案件转介给相应的调解机构进行处理；非司法调解就是指私人调解。根据立法，阿联酋法院可以在诉讼的任何阶段将包括知识产权纠纷在内的民事纠纷转介给调解机构进行调解。该转介调解通常具有一定的期限，法院往往是根据双方当事人的申请和相关启动调解的协议转介调解。在司法调解中，调解员通常是双方通过协议确认的人选或者是法官根据调解员名录指定的人选。根据立法，调解员应当严格遵守中立性规则以确保相关程序的公正。双方当事人达成调解协议，或双方同意终止调解程序，或一方当事人决定退出调解程序，或调解期限已经届满，调解员的任命及职责也终止。

如果双方当事人没有在规定期限内达成调解协议，调解员应当向法院提交一份调解失败及其原因的报告。双方当事人达成和解协议，调解员应当向法院提交一份争议解决的报告并附上双方达成的和解协议给法院进行确认。法院可以根据报告确认调解协议和争议解决情况并终止相关争议的诉讼程序。该和解协议经法院确认之后，不可撤销，具有执行效力。一旦案件被法院终止，当事人不得对裁决提出上诉，除非通过相关撤销程序。双方当事人也被禁止以与调解纠纷相同的主题和理由向法院再次提起诉讼。实践中，能够针对和解协议有效性提出异议的情形非常有限。[1] 在非法院调解中，双方当事人可以直接根据相关协议将纠纷提交给调解机构进行处理。在通常情况下，当事人必须向调解机构提交启动调解程序的协议以及争议事项的相关文件等材料，调解申请还需载明相关调解员任命等材料。根据立法，双方当事人启动非法院调解程序应当到专门的调解机构，否则双方达成的调解协议将无法获得执行效力。有专家认为，在阿联酋法院调解可能会更受当事人的关注。[2]

另外，2023 年《民商事纠纷调解法》通过保密义务来解决先前的特权问题。各方当事人在调解期间提交的任何材料、协议或作出让步不得在任何法庭上使用，双方当事人另有约定的除外。不过，双方当事人达成的调解协议

---

〔1〕 See "Federal Law No 6 Heralds New Dawn for Mediation in the UAE", https://www.hfw.com/Federal-Law-No-6-heralds-new-dawn-for-mediation-in-the-UAE, last visited at 2024-3-9.

〔2〕 See "A New Mediation Regime in the UAE", https://dwfgroup.com/en/news-and-insights/insights/2021/7/a-new-mediation-regime-in-the-uae, last visited at 2024-3-9.

并不受该保密条款限制。换言之，当事人达成的调解协议是可以公开。这主要是因为该协议需要由法院强制执行。2023 年《民商事纠纷调解法》鼓励成立独立的调解机构，外国调解机构同样可以在阿联酋获得从业资格。根据《民商事纠纷调解法》，在司法调解和非司法调解中，当事人都应当支付给调解机构相应的调解费用。各个调解机构的调解费用标准可能都有所不同。其中，特别调解员可以与争端各方自行确定费用，但费用不得超过争端价值的5%，各方有权与特别调解员协商费用。

第二节　沙特与以色列知识产权纠纷调解

一、沙特知识产权纠纷调解

近年来，沙特阿拉伯（以下简称"沙特"）法院体系进行了一系列改革。改革之后，沙特法院系统主要包括最高法院、上诉法院以及初审法院。沙特在每个省都设立了一个或多个上诉法院，它包括劳工、商业、刑事、个人身份和民事巡回法庭。沙特的每个市都设有初审法院，特别小的市，一级法院在其所在的省。初审法院被分为普通法院、刑事法院、商业法院、劳工法院、个人身份法院、执行法院。其中，商业法院可以受理任何与商业有关的案件，它包括商标侵权及其他争议案件。2020 年 1 月，沙特最高司法委员会宣布商事法院和普通法院商事部门（部分仍未设立商事法院的省市）将处理所有版权和专利相关纠纷。商事法院由 3 名法官组成，它可以审理商标、专利等知识产权侵权及无效争议案件。针对商标权案件，商标权所有人可以向商事法院提起诉讼，还可以向商务部反商业欺诈司（the Anti-Commercial Fraud Department at the Ministry of Commerce）进行投诉。根据报道，上述投诉处理职责将会从商务部反商业欺诈司移交给知识产权局（the Saudi Authority for Intellectual Property，SAIP）。根据海湾合作委员会的相关协议，商标权人在沙特提起商标侵权的民事诉讼应当不受任何前置性条件限制。不过，在沙特的司法实践中，商标权人不能证明其曾向商务部反商业欺诈司进行过相关投诉以及穷尽其他相关行政救济措施，商事法院可能并不会受理相关商标侵权纠纷案件。

调解等替代性纠纷解决方式与伊斯兰法理念高度契合。沙特鼓励当事人之间通过调解等方式解决纠纷。2020 年 4 月 5 日，沙特颁布《商事法院法》，它鼓励商事纠纷通过调解等程序进行处理。2020 年 5 月 5 日，沙特正式批准加入《新加坡调解公约》，2020 年 11 月 5 日正式生效。2020 年 5 月 7 日，沙特商业仲裁中心（the Saudi Centre for Commercial Arbitration，SCCA）启动了一项调解方案，它也被称为紧急调解方案（The Emergency Mediation Program，EMP），该调解方案可以提供具有可执行效力的调解协议。根据紧急调解方案（EMP），当事人可以将双方的和解协议转换为可执行协议（"Sak Tanfizi"）。为鼓励调解程序，沙特司法部还建立了专门的调解中心，该中心由受过培训和认证的调解员组成，他们可以提供专业的调解服务。2023 年 3 月，沙特发布了《调解法草案》，调解程序主要涉及商事纠纷的解决。根据《调解法草案》，调解必须保密，它包括当事人面对面进行和通过在线的方式进行。调解员应当对调解过程中的信息和资料进行保密，除非双方当事人同意。如果一方当事人决定终止调解，那么调解过程中的任何信息都不得在之后的诉讼中被使用。如果当事人同意调解但未按照要求出席调解会议，那么调解程序也将终止，并且与调解相关的费用将由未出席调解会议一方承担。双方达成调解协议之后必须以书面形式记录并由双方签字确认。根据《调解法草案》，调解协议将可以依据法律程序申请强制执行。根据沙特司法部的备忘录，2023 年 9 月沙特知识产权局开始提供知识产权纠纷调解服务，该纠纷解决服务通过 Taradhi 平台提供，官方不收取任何费用。通过 Taradhi 平台，沙特知识产权认证的专家可以在专利、商标、版权、工业设计等知识产权领域提供相应服务。不仅如此，沙特知识产权局还与 WIPO 达成备忘录，WIPO 将为沙特知识产权纠纷提供调解与仲裁服务。

二、以色列知识产权调解

以色列法院体系相对比较简单，它主要包括三级法院：地方法院（Magistrate's Courts）、地区法院（District Courts）以及最高法院（The Supreme Court）。其中，地方法院主要受理不高于 100 万新谢克尔（约 30 万美元）的民事、部分刑事以及家事和劳动争议一审案件，共设有 29 个地方法院；地区法院受理高于 100 万新谢克尔的民事及部分重罪刑事等地方法院不能受理的一审案件和地方法院的上诉案件，共设有 6 个地区法院；最高法院承担了上诉法院的职责。[1] 以色列设立了劳动法院等专门法院，它并没有设立专门的知识产权法院。知识产权民事纠纷一审案件主要是根据标的不同分别由地方法院和地区法院管辖。其中，涉及专利和注册商标图案的知识产权纠纷以及侵犯刑事法的知识产权案件一审由地区法院专属管辖。可见，专利及注册商标侵权以及相关纠纷的一审民事案件都是由地区法院管辖。其他知识产权相关民事案件则可以根据标的额分别由地方法院和地区法院管辖。另外，地区法院还管辖由专利局决定的行政案件。详言之，以色列专利的异议和撤销争议是先由专利局负责管辖，不服专利局行政决定可以向地区法院提起行政诉讼。当事人不服地区法院作出的判决可以向以色列最高法院（Supreme court）提起二审，最高法院作出的判决为终审判决。当事人不服地方法院作出的判决可向地区法院提起二审。在处理专利侵权案件的过程中，地区法院可以一并处理专利有效性争议。

调解程序在以色列司法体系中扮演着重要角色。实际上，1992 年以色列就在司法体系内引入了替代性纠纷解决程序。1997 年，以色列司法体系引入了特别程序，将案件转介给调解等 ADR 程序处理。[2] 一般而言，ADR 在商事纠纷中比在知识产权纠纷中使用得更为广泛。近年来，当事人在专利等诉讼中使用调解等 ADR 程序的意识有显著提高，这主要是因为法院普遍鼓励当事人选择调解程序解决争议。为促进调解程序的应用，2006 年以色列根据鲁宾斯坦委员会（Rubinstein Committee）建议在部分案件中引入强制性调解的试点。该试点要求在民事诉讼中当事人必须参加一个免费的调解前会议，了解调解的相关信息并评估案件是否适格调解。在调解前会议结束之后，当事人可以选择调解或继续诉讼。

目前，地方法院受理的大多数案件都需要接受强制性调解。地区法院受理的专利侵权纠纷并未被引入强制性调解程序。在预审阶段，法院认为案件可以通过调解等有效方式解决，他们可以建议各方当事人选择调解程序。虽然当事人没有义务接受法官的建议，但是当事人在没有充分理由的情况下都不会拒绝。在转介调解中，案件调解期间诉讼程序将中止。在自愿调解中，

---

〔1〕 See "Israel Judicial Branch: History & Overview", https://www.jewishvirtuallibrary.org/history-and-overview-of-israel-s-judicial-branch, last visited at 2024-3-9.

〔2〕 See Omer Shapira, "Israeli Perspectives on Alternative Dispute Resolution and Justice", *Pepperdine Dispute Resolution Law Journal*, Volume 19, Issue 3, 2019, pp. 273~279.

当事人可以自主决定是否同意调解，它并不能直接中止诉讼程序。当然，当事人在调解过程中可以向法院申请中止诉讼程序。实践中，法院通常是不会批准中止诉讼程序的，除非当事人的调解请求得到了法院认可。即便是在批准中止诉讼程序之后，当事人如果未能在合理时间内达成协议法院同样可以撤销该中止诉讼程序。

以色列并没有直接制定专门的调解法。实践中，以色列更加注重法院转介调解，法院转介调解程序的相关规范也更为完善。[1] 法院在获得各方当事人同意之后可以将案件转介调解。如前所述，转介调解之后诉讼程序将中止。一旦双方同意调解，法院将从调解员名录中任命一名调解员。如果双方当事人没有在规定期限内达成调解协议，案件将被退回法院继续审理。如果一方当事人在调解过程中决定退出调解，那么其须向法院和调解员提出申请并请求继续诉讼。当事人在转介调解之后改变主意的，应当提前通知法院并提供正当理由。如果当事人未提前通知法院且未按照要求参加调解会议或无正当理由不参加调解会议，那么法院可以要求该方当事人承担相关费用。

以色列明确了调解协议的法律效力和执行效力。当事人达成调解协议后，调解员必须通知法院，经当事人同意，法院可以将调解协议视为法院裁决。以色列还对调解员的任命以及调解程序的保密性等问题作出了明确规定。当事人不得在之后的任何法律程序中使用调解程序中披露的任何信息或者文件。具体而言，没有任何法律规范要求调解员及当事人向法院报告调解过程。如果当事人达成调解协议，那么他们应当向法院提交调解成功报告以便案件结案，它并不要求披露任何调解协议的具体细节。为促进调解程序的发展，以色列司法部还专门成立了调解部门（The Mediation Department）。[2] 司法部调解部门的主要职责是制定相关调解政策。具体而言，司法部调解部门为法院系统制定调解程序以及其他纠纷解决程序适用的相关政策，还负责包括法院转介调解在内所有调解服务的监管业务。此外，司法部调解部门还负责发布法院转介调解员名录，负责管理调解员及对其专业工作进行监督、评估和培训。

---

〔1〕　See "Courts（Mediation）Regulations, 5753-1993", https：//www. nevo. co. il/law_ html/Law01/055_ 287. htm, last visited at 2024-2-16.

〔2〕　See "The Mediation Department", https：//www. gov. il/en/Departments/General/mediation_ department, last visited at 2024-2-16.

第三节　俄罗斯与土耳其知识产权纠纷调解

一、俄罗斯知识产权纠纷调解

俄罗斯的法院体系较为复杂，它包括宪法法院、最高法院、普通法院[1]和仲裁法院[2]。2013年7月，俄罗斯联邦知识产权法院正式成立，它对知识产权事务拥有专属管辖权。在俄罗斯，知识产权法院一审主要受理以下案件：①对涉及申请人知识产权成果保护的行政机关的规范性/非规范性法律文件、决定与作为/不作为的争议；②对知识产权成果提供或中止法律保护的争议；③关于认定与赋予法人、商品、工作、服务和企业商标权相联系的不正当竞争行为的联邦反垄断机关决定的异议；④对专利权拥有者的确定；⑤有关发明、实用新型、外观设计或者育种成果专利的无效认定，赋予商标、商品产地名称和赋予这个名称特权的决定，如果它们的无效认定没有被联邦法的其他规定所规定；⑥因不使用商标而提前终止法律保护的争议。[3]可见，俄罗斯知识产权法院受理的案件主要是涉及专利等知识产权权利人的行政争议案件。

根据俄罗斯《民法典》第1406条的规定，涉及专利的侵权、合同等民事案件由普通法院管辖。其中，专利侵权、合同等民事一审案件由区域法院管辖。另外，俄罗斯《民法典》第1248条第2款明确规定"争议庭可以对申请人或者利害关系人提起的知识产权局拒绝颁发发明、实用新型或者工业品外观设计专利的决定；颁发发明、实用新型或者工业品外观设计专利的决定或者确认发明、实用新型或者工业品外观设计专利申请被撤回的决定的异议；利害关系人对发明、实用新型或者工业品外观设计专利提出的异议；对有权

---

[1] 俄罗斯联邦普通法院由俄罗斯联邦最高法院，共和国、边疆区、州最高法院，联邦直辖市法院，自治州法院，自治区法院，区域法院，军事法院和专业法院组成。俄罗斯审理民事、刑事和行政案件，实行三审终审。

[2] 其中，仲裁法院体系包含10个联邦区域仲裁法院、21个二审上诉仲裁法院、84个联邦主体仲裁法院和1个专门仲裁法院（俄罗斯联邦知识产权法院）。俄罗斯联邦的仲裁法院并非中国人所理解的商事仲裁机构，它实质上就是国家法院。俄罗斯仲裁法院主要审理经济争议和行政处罚争议案件。

[3] 参见刘佳奥：《韩国、俄罗斯知识产权法院的设置与运行模式》，载《人民法院报》2023年9月29日。

机关按照秘密发明申请作出的决定的异议以及对颁发秘密发明的决定的异议"向知识产权局专利争议庭申请处理。可见，专利有效性等知识产权权属争议由俄罗斯知识产权局专利庭管辖。不过，知识产权局专利庭所作的决定不具有终局意义，任何一方对处理决定不服，均可以依照法定程序向法院提起诉讼。从形式上来看，这与中国知识产权无效案件的处理方式较为类似。

为促进调解制度的发展，2010 年俄罗斯制定了《调解人员参加的争议解决程序（调解程序）法》〔以下简称"调解程序法"，the Federal Law on Alternative Procedure of Dispute Resolution with Participation of a Mediator（Mediation Procedure）〕，该调解程序法于 2011 年 1 月 1 日正式生效，它借鉴了 2008 年欧盟《调解指令》的相关内容。在俄罗斯，知识产权调解主要包括法院附设调解、法院调解和社会调解。法院附设调解是指调解组织设立在法院的一种制度。目前，圣彼得堡、叶卡捷琳堡等地区法院已经引入了上述调解程序。实践中，仲裁法院和普通法院都会告知当事人可以选择附设调解。法院调解是指法官直接负责主持的调解。在部分案件中，法院调解具有一定的强制效力。如果当事人签订了相关调解条款，那么当事人应当根据约定进行诉前调解。为促进当事人选择调解，俄罗斯还通过费用制裁与激励等方式引导当事人选择调解。[1] 目前，俄罗斯调解工作发展相对较慢。

二、土耳其知识产权纠纷调解

土耳其法院体系与欧洲大陆法系国家德国、奥地利等较为类似。土耳其法院系统主要由初级法院、地区上诉法院及最高法院三级法院构成。此外，土耳其还设立了部分专门法院：知识产权法院、劳动法院等。目前，土耳其仅在伊斯坦布尔、安卡拉和伊兹密尔等大城市设立知识产权法院。如果所在城市没有设立专门的知识产权法院，那么专利等知识产权一审民事案件便由当地普通法院管辖。具体而言，知识产权侵权案件由被告住所地、侵权行为发生地以及侵权行为结果地基层法院管辖。与德国专利法院不同，土耳其知识产权法院可以同时处理专利侵权和无效争议。不过，土耳其法院不会在专利侵权诉讼中主动审查专利有效性问题。如果当事人在专利侵权案件中提出无效抗辩，那么法院将通常会一并审理上述问题。这与日本法院的处理方式

---

〔1〕 参见齐树洁主编：《域外调解制度研究》，厦门大学出版社 2022 年版，第 323～325 页。

较为类似。

近年来,受欧盟成员国的影响,土耳其大力促进调解程序的发展。2012年,土耳其正式颁布《民事争议调解法》(the Code on Mediation in Civil Disputes)。2013年年初,土耳其颁布了《关于〈民事争议调解法〉的实施条例》。为适应调解程序的发展,土耳其《民事争议调解法》历经多次修订。为促进调解程序进一步发展,2018年6月2日土耳其颁布了第二个《关于〈民事争议调解法〉的实施条例》。根据土耳其《民事争议调解法》,争议各方以及调解员应当履行对调解程序中涉及的任何信息及文件的保密义务,除非另有约定。在土耳其,任何一方违反上述保密义务均将构成犯罪。在民事诉讼及仲裁程序中,任何一方都被禁止使用调解程序中提交的文件。双方当事人达成调解协议之后可以申请法院确认调解协议的效力并颁发可执行令。如果达成的调解协议由当事人及各方律师和调解员共同签署,那么该调解协议将直接具有可执行效力,无需再经法院确认。各方当事人可以亲自或通过其代表出席调解会议。当事人委任律师作为代表出席调解会议的,应当在授权书中明确律师代表的具体权限。在各方当事人明确同意的情况下,商标或专利专家也可以参加调解会议,但是他们并不代表当事人参与调解程序。双方当事人达成调解协议之后,双方当事人不得就达成协议的内容提起诉讼。根据《民事争议调解法》,当事人可以根据实际情况自由申请调解、继续调解或终止调解,当事人既可以在起诉前申请调解也可以在起诉后申请调解。法院不会强迫当事人申请调解,他们可以邀请当事人申请调解。一方当事人在收到调解请求之后30天内未接受调解提议将被视为拒绝对方当事人的调解申请。提起诉讼的调解程序自一方递交调解申请之日起正式开始。提起诉讼后的调解程序自当事人向法院通知其同意申请调解之日起正式开始。法院可以将诉讼案件延期最多6个月。

2018年12月19日,土耳其《商法典》(Turkish Commercial Code No 6102)引入了新的规则,规定所有商业纠纷的调解程序均成为强制性调解程序。在土耳其,涉及一定金额的商业纠纷都必须接受强制性调解。根据土耳其《商法典》(Turkish Commercial Code),《知识产权法》引起的纠纷属于商业纠纷案件。所谓强制性调解,是指启动调解程序是强制性的而不是强制当事人达成任何协议。具体而言,涉及商业纠纷的当事人在向法院提起诉讼程序之前必须接受法院参与调解程序的指示。2019年1月1日起,针对未经调解程序提起的商事纠纷案件法院不会进一步审查而是直接驳回。具体而言，调解程序从当事人向案件管辖法院的调解办公室提出申请开始。自申请调解之日起至调解结束，有关争议标的的诉讼时效将中止。为保障案件最终能得到有效执行，当事人可以在启动调解程序之前向法院申请相关禁令。调解的期限是从任命调解员之日起 6 周，在双方当事人都同意的情况下调解程序可以再延长 2 周。当事人收到法院调解指示之后应当积极参与调解程序。如果双方未能达成调解协议，当事人应当在提交诉讼文书的同时提交双方调解过程中最后的调解方案。未提交上述调解提案，法院会要求当事人在 1 周内补充上述资料。如果当事人仍未按要求提交，法院可以直接驳回当事人的诉讼申请。无论双方当事人是否达成调解协议，相关费用都是由双方平均分摊，除非另有约定。如果双方当事人未达成任何调解协议继续诉讼，调解员的费用以及调解过程中的其他费用都将被视为诉讼费用。如果当事人未按照要求积极参与调解程序，法院可以根据具体情况在诉讼费用等方面进行差别处理。无正当理由未参加调解会议，在之后的诉讼程序中即便该方胜诉也将承担所有的诉讼费用。

　　土耳其不仅在专利及商标侵权和合同等商事争议中引入了调解程序，还在商标异议争议中引入了调解程序。2017 年 1 月 10 日，土耳其《工业产权法》引入调解程序解决商标异议争议。根据《工业产权法》，在异议审查期间，专利与商标局可以要求各方当事人通过调解程序解决争议。在收到调解邀请之后，各方必须在 1 个月以内通知专利与商标局是否愿意选择调解解决争议。如果一方未在规定期限内作出回应，那么专利与商标局将认为调解邀请被拒绝，相关程序继续进行。如果商标申请人由商标代理人代理，那么代理人应当在收到调解邀请后立即告知商标申请人相关信息。如果双方同意调解，专利与商标局将把商标异议审查延期 3 个月，双方当事人共同请求该审查期限还可以再延长 3 个月。双方当事人应当在调解程序结束 1 个月以内通知专利与商标局并提交相关会议记录。如果双方当事人未能在规定期限内提交解决方案或者会议记录，专利与商标局将继续审查异议争议。双方达成协议，专利与商标局可以根据双方调解协议的内容处理相关争议。如果双方通过调解解决争议并得到法院的确认，那么该调解协议将被视为具有判决效力、具有可执行力。

第六章

欧盟及西欧国家知识产权纠纷调解

第一节　欧盟知识产权纠纷调解

一、欧洲统一专利法院（UPC）的专利调解与仲裁中心

2023 年 6 月 1 日，欧洲统一专利法院（UPC）开始正式运行。欧洲统一专利法院（UPC）是欧盟框架下新设立的、专门审理欧洲专利和欧洲统一专利侵权及无效案件的超国家层面的法院。[1] 实际上，欧洲统一专利法院（UPC）并不是单独一家法院而是一个法院系统，它包括初审法院和上诉法院。除了初审法院和上诉法院之外，欧洲统一专利法院（UPC）还在里斯本和卢布雅娜设置了专利调解与仲裁中心（The Patent Mediation and Arbitration Centre，PMAC）。有专家指出，欧洲国家有注重通过调解、仲裁等 ADR 程序解决知识产权纠纷的趋势。[2] 专利调解与仲裁中心是欧洲统一专利法院（UPC）的一部分，它与欧洲统一专利法院（UPC）保持密切联系和合作，但是它独立运行。该调解与仲裁中心的调解和仲裁程序既可以在里斯本和卢布雅娜两个中心进行也可以在其他地方进行。该专利调解与仲裁中心的目标是促进欧洲统一法院受理的案件通过调解和仲裁程序解决纠纷。当然，该调解与仲裁中心并不是要取代其他调解和仲裁机构，它是对其他调解和仲裁机构的补充。

---

〔1〕　See Gary B. Born & Sonya Ebermann, "A New Patent Mediation and Arbitration Centre for Europe", *Journal of International Arbitration*, Volume 40, Issue 3, 2023, p. 231.

〔2〕　See Pierfrancesco C. Fasano, "The Patent Mediation and Arbitration Centre (PMAC) of the Unified Patent Court (UPC): A Game Changer for European Patent Disputes", *Dispute Resolution Journal*, Volume 76, Issue 3, 2023, p. 71.

为促进案件得到有效处理，欧洲统一专利法院（UPC）要求所有案件都能够考虑通过适当的方式解决，包括考虑调解和仲裁等替代性纠纷解决程序。这主要是因为欧洲统一专利法院（UPC）的基本原则要求以与其重要性和复杂性相称的方式处理所有诉讼。其中，《联合专利法院协议》（UPCA）和《诉讼规则》（RoP）对 ADR 作出了具体规定。为了确保相称性，欧洲统一专利法院（UPC）有权进行积极的案件管理。具体而言，欧洲统一专利法院（UPC）可以在案件管理过程中，鼓励当事人在诉讼过程中保持合作，明确案件的具体问题，鼓励当事人通过专利调解与仲裁中心解决纠纷，协助当事人处理相关纠纷。不仅如此，欧洲统一专利法院（UPC）还可以要求各方当事人参加临时听证会讨论达成和解的可能性，还可以推迟听证会以促进双方和解。为鼓励各方选择该中心，《诉讼规则》（RoP）还规定案件在调解过程中诉讼时效将中止。不过，上述规则明确规定案件在调解或仲裁过程中任何专利的有效性不得在调解或仲裁程序中被撤销或者限制。

当事人在欧洲统一专利法院（UPC）诉讼程序的任何阶段都可以通过和解的方式解决纠纷。欧洲统一专利法院（UPC）可以根据双方当事人的请求确认并执行基于双方合意达成的和解协议和仲裁裁决。欧洲统一专利法院（UPC）可以将合意协议决定登记在执行文件之中，但是欧洲统一专利法院（UPC）可以要求双方对和解协议的细节内容进行保密。当然，仲裁庭直接作出的裁决可以依据《纽约公约》申请执行。不仅如此，各方当事人还可以请求欧洲统一专利法院（UPC）确定调解费或仲裁费问题。详言之，《诉讼规则》（RoP）规定统一专利法院（UPC）可以确认在调解或仲裁程序中双方当事人合意达成的协议条款，这些条款的内容包括要求专利所有人限制、放弃或者同意撤销专利，或者不针对另一方或第三方主张权利。不过，《联合专利法院协议》（UPCA）和《诉讼规则》（RoP）明确规定在调解或仲裁过程中任何专利的有效性不得在调解或仲裁程序中被撤销或者限制。为此，该规则未来如何适用还有待进一步观察。有专家就提出，撤销或限制专利的条款仅对协议双方当事人具有效力，撤销或限制专利的条款在得到统一专利法确认之后将对其他主体产生效力。[1]

---

〔1〕　See Sanjeet Plaha, "Alternative Dispute Resolution and the Unified Patent Court", https://www. hlk-ip. com/alte rnative-dispute-resolution-and-the-unified-patent-court, last visited at 2024-2-1.

二、欧盟知识产权局的 ADR 程序

欧盟知识产权局的 ADR 程序服务主要包括，欧盟知识产权局为中小企业针对商标、工业设计等知识产权异议、撤销等纠纷的一审案件提供的 ADR 程序服务和欧盟知识产权局上诉委员会（EUIPO BoA）提供的 ADR 程序服务。其中，ADR 程序服务主要包括调解、调解（conciliation）、专家决定等程序。上述调解等 ADR 程序主要为线上远程为当事人提供服务。欧盟知识产权局提供 ADR 服务已经有超过 10 年的经验。2017 年，欧盟商标立法改革为欧盟知识产权局调解中心的成立奠定了基础。2020 年，欧盟知识产权局上诉委员会（EUIPO BoA）与中国上海经贸调解中心（SCMC）建立了知识产权联合调解机制。该机制的主要内容包括《国际商事知识产权联合调解规则》《申请联合调解协议书》《联合调解协议附件-保密声明》与《联合调解员声明》等一系列配套文件。[1] 2023 年 11 月欧盟知识产权局专门成立了调解中心。该调解中心将免费为当事人提供知识产权调解等 ADR 程序服务。

与以往较为类似，该调解中心同样为当事人提供调解、调解（conciliation）和专家决定程序。目前，中小企业可以在一审程序中针对商标、工业设计等知识产权异议、撤销等案件提起 ADR 程序请求。该项 ADR 程序服务将在 2024 年至 2025 年逐步扩展到所有当事人。另外，该调解中心的 ADR 服务可以向二审程序中所有当事人提供。实践中，欧盟知识产权局上诉委员会（EUIPO BoA）每年受理超过 2600 件上诉案件，它们都可以申请调解程序。[2] 上述调解程序服务都会由具有多国语言能力的调解员和案件管理人员提供。当然，该调解中心提供的所有服务都必须遵循以下基本原则，即：程序的中立性和公正性、程序的保密性以及当事人自愿参与。

2023 年，调解中心还专门引入了一个在线 ADR 平台，它可以有效支持调解中心的纠纷解决过程。该平台允许调解员和各方当事人在调解会议之前和期间在安全、保密的环境中进行在线互动。各方当事人还可以通过在线 ADR 平台查询其 ADR 案件的状态，访问和上传相关文件，安排会议并与调解中心沟通。如果当事人希望线下进行调解，欧盟知识产权局调解中心在阿利坎特

---

［1］ See http://www.scmc.org.cn/page148.html, last visited at 2024-2-1.

［2］ See https://gemmeeurope.org/en/euipo-mediation-centre, last visited at 2024-2-1.

总部和布鲁塞尔的联络处都可以为当事人提供调解会议室。该调解中心还专门成立了案件管理小组负责处理 ADR 申请。案件管理小组主要负责 ADR 程序相关的行政及辅助事务，它主要包括就各种 ADR 服务向各方当事人提供指导和信息，协助当事人选择最合适的方式解决纠纷。

总体而言，调解（mediation）与调解（conciliation）程序较为类似，它们主要的区别就是：在调解（conciliation）程序中，报告员或检查员始终都是调解员（conciliator），它不需要其他特别协议。调解程序通常包括 5 个不同的阶段：①申请调解（开始）；②中止诉讼；③任命调解员；④调解阶段；⑤结束。其中，调解阶段又主要包括三个步骤：开场介绍、具体谈判和谈判结果。根据规则，调解员（mediator）的职责不是提供法律咨询、提出解决方案、代表任何一方或就案件的是非曲直作出裁决，而是主持调解程序，协助各方自愿达成和解协议。换言之，和解是双方自愿的，条款必须得到双方的同意。另外，该调解中心的调解服务不仅适用于与欧盟商标和注册的共同体外观设计有关的争议，而且还可以适用于版权、域名、专利等其他知识产权纠纷。

在调解程序（conciliation）中，第三方调解员（conciliator）主要是协助各方当事人达成和解协议。在该程序之中，调解员不仅负责推进程序，还可以为当事人提供解决方案，上述解决方案应与当事人充分讨论并根据需要及时调整。与调解（mediation）程序类似，调解（conciliation）程序同样要求调解员（conciliator）保持中立和公正，双方当事人基于自愿达成调解协议。欧盟知识产权局调解中心的调解员（conciliator）通常都是该局审判机构的审查员或调查员。即便调解（conciliation）程序未达成任何协议，他们仍然可以继续发挥作用。双方当事人选择调解（conciliation）程序，他们还将同意该调解员（conciliator）继续处理相关争议事项。这点可能与调解（mediation）程序存在差异，在调解（mediation）程序中，调解员（mediator）通常不继续参与后续诉讼的处理。

专家决定程序主要是双方当事人任命一名专家就法律、商业或技术问题提供意见。在调解程序中，双方当事人可能面临阻碍其谈判取得进展的障碍。在这种情况下，当事方可就所涉具体事项征求专家意见，这可能有助于解决问题。欧盟知识产权局调解中心为当事人提供合格专家及其名录，他们可以在调解程序中为当事人就专业问题提出相应的专家决定。当然，双方当事人还可以合意选择任命其他相关领域的专家。

第二节　英国知识产权纠纷调解

一、英国知识产权纠纷调解概述

在英国，调解程序在处理包括知识产权纠纷在内的民事纠纷中扮演着重要角色。实际上，调解等 ADR 程序在英国民事司法制度中发挥着重要作用。20 世纪 90 年代中期，英国民事司法改革重点推进调解等 ADR 制度的发展。英国致力于构建多样化和专业化的知识产权纠纷调解制度，积极鼓励当事人选择调解等 ADR 程序处理知识产权纠纷。近年来，英国在知识产权替代性纠纷解决机制发展问题上进展较快。其中，英国政府在司法机关（法院）、社会机构及知识产权行政部门中都推动了一系列非诉讼纠纷解决机制化解知识产权争议。不仅如此，英国替代性纠纷解决程序非常多元化，它主要有谈判、调解、仲裁、专家裁决、中立评估、调解-仲裁（仲裁-调解）等程序。上述非诉讼程序在知识产权纠纷解决过程中都发挥着重要的作用。在英国，司法部门主要通过法院附设调解（the court annexed mediation）向当事人提供调解服务。2013 年，英国知识产权局（IPO）还专门成立了纠纷解决部门提供调解服务。

根据性质不同，知识产权争议可以被分为侵权纠纷、合同纠纷以及权属纠纷等。在新加坡，商标、专利、工业设计等知识产权的撤销、异议、无效及权属争议的诉讼案件由新加坡知识产权局（IPOs）管辖。在英国，调解不仅可以被用于解决商标、专利、工业设计、实用新型、地理标志、植物品种名称、域名和著作权侵权及合同争议，还可以用于解决商标异议案件、商标无效案件、商标撤销案件以及专利授权及权属案件、专利撤销案件。实践中，知识产权纠纷管辖较为繁杂。一般而言，知识产权的侵权纠纷都属于高等法院及郡法院管辖。在注册后或授权后的知识产权争议中，英国知识产权局（IPO）负责审理撤销商标和注册外观设计诉讼以及宣布商标无效诉讼。高等法院受理针对由知识产权局审理的案件的上诉案件。

二、英国知识产权纠纷的法院调解

（一）英国知识产权民事诉讼的基本情况

为满足中小企业在专利、商标和著作权方面的诉讼要求，1993 年英国专门设立了专利郡法院（Patents County Court），它鼓励有关当事人在诉讼中运用 ADR 方式公平、快捷、合理地解决知识产权纠纷。2013 年 10 月 1 日，英国专利郡法院更名为英国知识产权企业法庭（IPEC），它位于伦敦罗尔斯大厦，属于伦敦高等法院的一部分，并与高等法院的专利法庭分工负责，专职审理一定标的额以下的知识产权案件。在英国，知识产权诉讼案件实行三审终审制度，它分别由高等法院的知识产权企业法庭和专利法庭（一审）、民事上诉法院（二审）以及最高法院（三审）审理。[1]

英国知识产权企业法庭（IPEC）既可以受理专利、注册外观设计、植物新品种、集成电路布图设计等技术类知识产权案件也可以受理注册商标、共同体商标（Community Trademark）、假冒、商业秘密和版权等非技术类知识产权案件。从分工来看，英国知识产权企业法庭主要为中小企业和个人的专利、商标、假冒、外观设计和版权等纠纷提供司法救济，它负责处理用时较短、案情较简单、案值较低的诉讼请求，受理 50 万英镑以内的知识产权诉讼案件。英国知识产权企业法庭（IPEC）提供多轨程序和小额索赔程序。小额索赔程序主要适用于 1 万英镑以内的诉讼案件，多轨程序适用于 1 万英镑至 50 万英镑之间的诉讼案件。英国高等法院专利法院负责审理知识产权企业法庭（IPEC）不予受理的所有涉及专利、注册外观设计和植物品种权的案件，大部分与侵犯或撤销英国专利和欧洲专利有关。另外，英国高等法院法官庭也可以审理注册商标、共同体商标（Community Trademark）、假冒、商业秘密和版权等非技术性知识产权案件，它主要审理案件标的超过 50 万英镑的非技术性案件。[2] 上述法院都是受理知识产权一审案件，二审案件由民事上诉法院

---

〔1〕 英国有四级法院系统，分别为郡法院（County court）、高等法院、上诉法院民事庭和英国最高法院。每级上诉均需获得上诉对象法院或本级审理法院的同意（permission）。高等法院分为王座庭、家事庭和大法官庭，大法官庭又下设知识产权企业法庭和专利法庭。

〔2〕 在英国，设有大法官庭地区登记处（Chancery District Registry）的郡法院听证中心（County Court hearing centre）同样可以受理部分此类知识产权案件。具体而言，在伦敦以外的 6 个商业和财产法院中心（伯明翰、布里斯托尔、卡迪夫、利兹、曼彻斯特和纽卡斯尔）都安排有郡法院法官审理适用 IPEC 小额索赔程序的案件。

审理，三审案件由最高法院审理。在英国，法院调解等 ADR 程序主要适用于一审案件。

（二）英国法院附设调解程序

在英国，法院提供的调解服务主要体现为转介调解，法院并不直接提供调解服务，法官也不直接参与调解工作。1999 年，英国《民事诉讼规则》正式实施，明确要求法官协助当事人推进纠纷解决目标的事项，并规定当事人参与 ADR 的义务。不仅如此，该规则第 1.4 条还明确提出，法院在认为合适时可以鼓励当事人使用 ADR，辅助当事人就纠纷的全部或部分达成解决的方案。[1]根据英国《民事诉讼规则》的规定，郡法院和高等法院以及上诉法院（上诉法院民事审判庭）都应当遵守强化法院对案件的管理，实现提高诉讼效率、节省诉讼费用和公正合理地解决纠纷这一司法公正与程序经济的基本目标。可见，郡法院和高等法院以及上诉法院民事审判庭都应当积极鼓励当事人选择调解等 ADR 程序处理相关纠纷。在英国，知识产权民事诉讼案件主要由高等法院专利法庭、英国知识产权企业法庭（IPEC）、大法官庭以及部分郡法院受理一审案件；上诉法院民事审判庭负责审理前述法院的上诉案件。可见，英国高等法院专利法庭、英国知识产权企业法庭（IPEC）、大法官庭以及部分郡法院在审理知识产权案件的过程中应当鼓励当事人选择调解等 ADR 程序处理纠纷，理论上，上诉法院民事审判庭同样可以在审理上诉案件过程中鼓励当事人选择 ADR 处理纠纷。

如前所述，英国高等法院专利法庭与英国知识产权企业法庭（IPEC）在不同标的额的知识产权案件审理上进行了分工，专利法庭受理标的额较大的案件，知识产权企业法庭受理标的额较低的案件（50 万英镑以内）。不仅如此，英国知识产权企业法庭（IPEC）同样针对不同标的额的知识产权案件设有两套诉讼程序，分别为多轨制程序和小额索赔程序。多轨制程序适用于标的额较高（50 万英镑以内 1 万英镑以上）、案情相对复杂的案件，而小额索赔程序适用于标的额小、案情简单的案件。其中，小额索赔程序通常限定原告索赔金额不超过 1 万英镑的案件，且不适用于专利、注册外观设计、集成电路布图设计、植物品种等案件。在多轨制程序中，法院通常会根据案件的具体情况对案件管理进行指示以及设定案件审理的时间表，法院也可以组织

---

[1] 齐树洁主编：《域外调解制度研究》，厦门大学出版社 2022 年版，第 236 页。

案件管理会议或庭前会议并作出他们认为合适的案件管理指示。其中，法官根据案件情况作出的案件管理指示主要是鼓励当事人选择调解等 ADR 程序解决纠纷。实际上，知识产权企业法庭的多轨制程序的重要价值之一就是促进当事人通过调解等 ADR 程序解决纠纷。在小额诉讼程序中，法院更加注重鼓励当事人通过调解等 ADR 程序解决纠纷。

实际上，英国《民事诉讼规则》在鼓励和扩大调解在纠纷解决中的适用方面收获了明显的成效。根据《民事诉讼规则》，各方当事人在案件管理会议上应当考虑案件通过 ADR 程序解决的可能性。任何一方当事人都可以在诉讼进一步进行之前向法院申请通过 ADR 解决纠纷的机会。一般而言，法院都会尊重当事人的意愿并给予双方当事人展开 ADR 的机会和时间，除非法院认为该案适用 ADR 可能是徒劳的。如果英国高等法院专利法庭或英国知识产权企业法庭（IPEC）在案件管理过程中建议当事人通过调解解决纠纷，那么双方当事人都应当积极参加调解。不仅如此，各方当事人的代理律师还应当建议其委托人积极考虑通过 ADR 解决纠纷的可能性。上述信息将被记载在案件管理会议记录之中。如果英国知识产权企业法庭（IPEC）认为合适，其可以将案件延期一段特定的时间，以鼓励并促使各方使用 ADR。

具体而言，英国知识产权企业法庭（IPEC）可以要求诉讼代理人考虑并建议其客户寻求通过 ADR 解决争端的可能性；英国知识产权企业法庭（IPEC）法官还会将案件延期一段时间，鼓励当事人使用 ADR。详言之，ADR 的形式有以下几方面的内容：①知识产权局的调解。英国知识产权局（IPO）根据当事人申请提供专业的知识产权调解服务。②知识产权局的意见。英国知识产权局（IPO）在申请人提供的书面文件基础上，就专利侵权和专利有效性提供不具约束力的意见，各方可以选择是否同意接受此类意见的约束。③仲裁。仲裁员可以就当事人之间的纠纷对该案作出有约束力的裁决，但不能撤销知识产权。④第三方调解。第三方调解机构提供的调解服务，其为争议双方提供的意见不具约束力。⑤早期中立评估。经当事人申请，英国知识产权企业法庭（IPEC）还可以任命一位专家，就争议中的问题提供不具约束力的意见，从而帮助当事人达成和解。⑥具有约束力的专家裁定。当事人可以同意适用特别的专家审裁机制，指定一名专家，就争议问题作出具有法律约束力的裁定。

如前所述，英国《民事诉讼规则》通过强化法院对案件的管理，实现提高诉讼效率、节省诉讼费用和公正合理地解决纠纷这一司法公正与程序经济的基本目标。为达到上述基本目标，英国《民事诉讼规则》鼓励当事人在诉讼程序中相互合作，并鼓励当事人根据案件的具体性质和复杂程度采用 ADR 来处理相互之间的纠纷。英国《民事诉讼规则》具体通过三种措施促进调解方式的选用：其一，英国《民事诉讼规则》强制当事人在某些案件中遵循诉前议定书制度。其二，英国《民事诉讼规则》要求律师在介入诉讼前获得更多的关于其当事人案件的信息。其三，英国《民事诉讼规则》赋予了法院对当事人诉讼费用的自由裁量权，且要求法院在作出诉讼费用判决时应当考虑当事人在纠纷解决中所付出的努力，这便为实践中当事人因拒绝进行调解而被法院课以诉讼费用惩罚奠定了基础。[1]

三、英国知识产权局（IPO）提供的调解

2007 年 4 月 2 日，英国知识产权局（IPO）正式成立。英国知识产权局（IPO）具有在英国审查和发布或拒绝专利以及维护知识产权登记（包括专利、外观设计和商标）的直接行政责任。2013 年，英国知识产权局（IPO）增设的调解服务，它可以被普遍适用于专利权、商标权、著作权等知识产权领域的民事纠纷。

（一）英国知识产权局（IPO）调解程序的适用范围

知识产权种类较多，各自规范的目的亦不尽相同，部分知识产权纠纷有可能涉及行政主管机关的审查或者核准权限，涉及对公共利益的考量，它们可能并不适合进行调解。因此，英国知识产权局（IPO）建议当事人从积极因素和消极因素两个方面来考虑相关纠纷是否适用调解程序。为了便于当事人进行选择，英国知识产权局（IPO）在调解服务指南中对适合调解的知识产权纠纷类型进行了具体列举。

1. 适合调解的知识产权纠纷

英国知识产权局（IPO）建议，当出现下列积极因素的时候，调解可能具有优势：①进行诉讼所耗费的金钱可能会大于基于诉讼所获得的补偿；②纠纷涉及的法律、事实或者关系比较复杂，当事人很可能会上诉从而导致长期

---

〔1〕 张海燕：《英国〈民事诉讼规则〉中的调解制度研究》，载《环球法律评论》2009 年第 2 期。

的诉讼程序；③问题高度复杂或者涉及多方当事人；④当事人涉及多个诉讼；⑤双方当事人在现有的谈判中已面临僵局；⑥双方当事人在纠纷解决后仍希望继续维持其原有的合作关系；⑦纠纷涉及对敏感资讯的披露；⑧双方当事人不希望在诉讼过程中公开隐私与争议。在考虑上述因素的基础上，下列知识产权纠纷可能适合调解：①知识产权许可合同纠纷；②知识产权侵权纠纷；③商标异议和无效程序中涉及相对条件审查的商标争议；④共同发明涉及的专利权权属纠纷；⑤职务发明涉及的专利权归属纠纷；⑥版权集体管理组织许可协议中涉及许可期限和许可条件的纠纷。

2. 可能不适合调解的情形

当出现下列消极因素时，可能不适合进行调解：①纠纷通过诉讼程序可以迅速得以判决；②当事人迫切需要禁止令或者其他保护性救济；③有必要使该案例成为判例；④进行调解对于双方当事人皆无益处；⑤双方当事人希望获得社会公众的关注。在考虑上述因素的前提下，以下知识产权争议可能不适合调解：①涉及商标显著性的争议；②商标异议和无效程序中涉及绝对条件审查的商标争议；③单方申请调解的纠纷；④纠纷的协商解决需要花费太多的时间。

此外，针对专利纠纷的调解，英国知识产权局（IPO）更是明确指出，关于授权许可问题、侵权问题、专利归属问题等，都可通过调解程序来解决，但是涉及专利的有效性问题，则不允许通过调解来解决。因为专利权的取得需要通过英国知识产权局（IPO）的审查核准。同时，对其有效性的认定涉及第三人和公众的利益。因此，这一方面的纠纷不宜交由当事人以私人间协商谈判的方式来解决。

（二）调解员的选用

为鼓励当事人进行调解，英国知识产权局（IPO）有一支处理知识产权纠纷经验丰富的调解员团队。当事人可以任意选任协助其解决纠纷的调解员，既可以从英国知识产权局（IPO）内部附属的调解员中选任，也可以选任英国知识产权局（IPO）之外的其他调解员。双方当事人将需要签署一份调解协议，以确认双方愿意通过调解程序来解决其纠纷，同意双方所选任的调解员、调解地点和调解费用。英国知识产权局（IPO）除了可以提供经核准认证的调解员供当事人选择外，还可以将伦敦办公室及新港办公室作为当事人纠纷调解的场所。在英国，对于调解员是否应具有律师身份、是否应具有专业背景、是否应为调解特定领域的专家等问题尚存在不同看法。英国知识产权局（IPO）认为，虽然许多调解员都具有律师资格，但调解员选任的重点仍在于选择一个"适合的"调解员。也就是说，调解员是否具有律师身份、专业背景等特质并不是调解的主要因素，当事人应当考量自身的情况，强调选择"适合"其案件的调解员。

在选择调解员过程中，英国知识产权局（IPO）建议当事人应重点关注该调解员是否具有能力应对当事人之间紧张僵持的气氛，是否能协助当事人反思问题的症结，以便得出最令双方满意的解决方案。从英国知识产权局（IPO）对调解员身份的认知中我们可以发现，英国知识产权局（IPO）在提供调解服务时对于调解制度的精神有着充分的理解和把握。他们清楚地认识到，调解员的角色不同于法院法官，其意义不在于对争议作出一个公平公正的判断，而是协助双方当事人解决纠纷。调解员应当洞悉双方当事人在该纠纷中所面临的利益需求，能为当事人所信赖，能提供可行的意见供当事人参考。这些特质比起仅具有法律专业知识背景更为重要。因此，调解员的能力不能以其是否具有律师身份或者具有法律知识背景为判断标准。好的调解员可能来自各个领域，尤其是在知识产权领域，具有与纠纷相关的专业技术背景知识，比起仅仅具有法律知识背景的人士，可能对当事人更有帮助。

英国知识产权局（IPO）还认为，选择调解员时，除了考虑其专业背景外，该调解员的调解经验也是当事人应考虑的一个重要因素。当事人可通过查询已了结的调解案件来了解相关调解员的基本情况。由于调解员的确定需要对方当事人的同意，因此在最终确定调解员名单之前，各方当事人可预先选择2名至3名可能适合的调解员，以避免与对方的选任建议相冲突。在英国的调解实务中，当事人大多都会提供3名适合的调解员名单，并附上该调解员的相关背景、重要资讯及所需的花费等信息，供对方当事人选择。

（三）调解的程序

英国知识产权局（IPO）所提供的调解服务将由其内部的"查询与建议服务处"来负责处理。该服务处设置在英国知识产权局（IPO），所提供的服务包括商标检索与建议、新式样设计检索、可专利性信息检索、专利不侵权信息检索、专利权有效性检索以及研究成果授权等相关信息。在英国知识产权局（IPO）决定增加调解这一纠纷解决途径后，服务处便新增了调解服务的内容。若当事人同意进行调解，他们必须将这一选择及时通知英国知识产权局（IPO），并提供调解程序的时间安排表。在此基础上，英国知识产权局（IPO）将及时安排调解程序。调解程序启动后，调解员先用15分钟~20分钟介绍其专业背景及经历。接下来，调解委员会将确认对该争议具有调解的权限，调解委员会也会询问双方当事人在调解程序启动前，是否有事先向调解员表达其需要，以便协调双方利益。

若双方当事人就争议进行交涉谈判有新的进展，也可以在此时提出。如果双方当事人虽然尝试利用调解程序来解决纠纷，却最终无法达成共识，当事人仍可以提出请求并经调解委员会同意后，由调解员制作一份不具有拘束力的调解条款建议书。在以后的诉讼中，该建议书虽然不具有任何效力，仅供法院参考，但是在法官进行判断时，专业调解委员会的意见仍具有很重要的参考价值。在调解员所提供的条件、调解程序中，双方当事人的态度等资讯可以供法官在裁定诉讼费用时进行参考。此外，在诉讼程序开始前或者进行中，若法官认为有必要，都可以建议双方当事人进行调解，但是调解并不是强制性的诉讼前置程序，当事人有权不采取调解程序而径行进入诉讼程序。不过，值得注意的是，英国民事诉讼法规定，若当事人无正当理由拒绝调解，法官将有权在最后决定诉讼费用时，将这一拒绝调解的事实作为考量的因素。法官衡量当事人拒绝调解提议的理由是否正当，将从以下几方面进行考虑：①该争议的性质；②该案件的整体价值；③当事人是否正在采取其他和解方案；④调解程序对于当事人是否造成过高的金钱负担；⑤采用调解程序是否将对当事人造成不利；⑥当事人利用调解程序是否有成功的机会。

（四）调解费用

当调解程序结束时，当事人应当立即将结果通知英国知识产权局（IPO）。即使调解成功，知识产权局也仍将询问当事人是否有导致尴尬的未决事项，并告知当事人相关内容虽然不能达成调解协议，但是可以直接通过诉讼途径获得救济。当然，尽管诉讼是最终的救济手段，在有可能达成调解协议时，还是不要过早贸然提出相关的诉求。调解协议原则上仅具有民事合同效力。不过，由于调解协议书中的字句、条款都是双方当事人合意的结果，因此在履行过程中双方当事人一般都会加以遵守，很少有调解条款无法落实的情形。若当事人认为有必要，也可以通过法院将调解协议的内容制作成同意令（consent order），使其具有强制执行的可能。面对面和电话中介有收费标准。通常面对面的调解持续一天（8小时），平均费用为每方555英镑。这些费用是以争议的总价值为基础的。但价格相比于请律师诉讼则要便宜得多。

四、与调解相关的其他 ADR 服务

(一) 调停与早期中立评估

同调解相似，调停也是一种利用第三方介入来促使争议双方达成一致意见或者针对争议提供无约束力的意见的一种方式。在早期中立评估中，专家会针对纠纷中的一个或者更多问题给出意见。这些意见虽没有约束力，但能帮助双方解决问题。

(二) 有约束力的专家裁决

专家裁决是一种用于解决合同双方争议中技术问题的方式，顾名思义，这种程序中的专家裁决是有约束力的。专家裁决通常被运用于协议（例如《知识产权许可协议》）双方之间，即使该协议只是权宜之计。在一般情况下，专家裁决适用于解决特殊类型的问题，例如技术问题或者财会问题，而并不适用于解决较宽泛一点的争议，例如知识产权（IPRs）的有效性问题或者侵权问题。许多机构都有关于各个领域的专家名录，例如伦敦国际仲裁院。

(三) 专利争议中知识产权组织的无约束力意见

争议双方可以申请知识产权组织针对专利侵权以及专利的有效性发表意见。但其并没有经过听证会程序，该意见仅仅是根据申请人提供的书面材料以及另一方（即使另一方并不是诉讼当事人）提供的报告来作出的。因此，该意见并无约束力，除非争议双方同意受任何意见的结果约束。然而，无约束力意见可以集中双方的注意力并且鼓励他们协商一致以解决问题而无需求助于诉讼程序。如今，也有很多建议希望能够将知识产权组织的无约束力意见这种机制沿用到设计案中，但这还未能实现。

(四) 域名争议中的控诉程序

Nominet 是"英国"国家代码的顶级域名注册处。Nominet 提供了一项争议解决服务来作为一种解决域名注册人以及第三方之间争议的方式。第三方可以主张他们在与域名相似的名称（通常为商标）上的权利，则域名注册人就是在权利上获取不当利益，因此该域名注册即为"恶意注册"。首先，假如答辩人已向控诉人作出答辩，Nominet 会通过派出其经过培训的调解员跟双方协商讨论如何解决争议的方式尝试调解。然而，如果未能调解成功，或者答辩人并未作出答复，将会有一名独立的专家来解决该争议。最后决定的摘要

是免费提供的，但包含详细推理过程的完整决定需要在付费后方能提供。控诉人可以请求救济，该救济通常是域名转移的请求，其他较不常见的救济方式还包括停止使用或者取消涉案域名。答辩人可以上诉，但是这种情况十分少见。

第三节　德国等西欧国家知识产权纠纷调解

一、德国知识产权纠纷调解

在德国，调解在处理包括知识产权纠纷在内的民事纠纷中同样扮演重要角色。近年来，调解在德国知识产权案件中应用得较为广泛。[1]在德国，司法部门主要通过法院相关的调解（转介调解）和法官调解向当事人提供调解服务。在德国，知识产权纠纷领域适用调解程序等非诉讼争议解决方式比较常见的情形包括：专利许可协议的争议；侵犯知识产权的主张；不竞争条款的争议；共同发明人、共同著作权人或者商标共同所有人之间的争议。不过，请求专利权无效、撤销商标权、强制许可等争议则往往不太适用调解等 ADR 程序，此类争议中的各方很难有意愿达成合意并继续合作。在德国，律师也逐渐认识到通过调解促进专利等知识产权纠纷价值。[2]

（一）德国知识产权民事诉讼的基本情况

在德国，知识产权诉讼案件实行三审终审制度，它分别由中级法院（州法院，Landsgericht，LG）（一审）、州高级法院（Oberlandsgericht，OLG）（二审）以及联邦最高法院（Bundesgerichthof，BGH）（三审）审理。[3]上述法院受理的都是知识产权侵权等非专业性争议。根据 1961 年 3 月 23 日颁布的《为修改及过渡工业产权保护领域的法律规定的第六部法》，德国专利局的申诉庭和无效庭从专利局脱离出来，归入了独立的联邦专利法院，以对专利局的行政

---

〔1〕　参见［德］彼得·哥特瓦尔德：《德国调解制度的新发展》，曹志勋译，载《经贸法律评论》2020 年第 3 期。

〔2〕　See Friederike Heckmann, "The Use of Mediation in Settling Patent Disputes", *International In-house Counsel Journal*, Volume 11, No. 45, 2018, p. 1.

〔3〕　德国有四级法院系统，分别为初级法院、中级法院、高级法院以及联邦最高法院。联邦最高法院下设了专利法院。其中，知识产权临时禁令和财产保全程序采用两审终审制。

行为予以审查。[1]德国专利无效争议由联邦专利法院管辖，不服专利法院裁决可以上诉至联邦最高法院。这与英国和我国仍由知识产权局管辖有所不同。概言之，专利、著作权以及商标侵权纠纷以及知识产权协议纠纷都由普通法院管辖，有关专利有效性等专业性纠纷则由专利法院统一管辖。

（二）德国法院的相关调解

如前所述，德国法院调解有两种形式：法院相关的调解和法院内部调解（法官调解）。其中，法院相关的调解主要体现为法院转介调解。根据《民事诉讼法》，德国法院有权将合适的案件转介给调解机构进行诉讼外调解，法院向当事人提议适用诉讼外调解或其他纠纷解决程序。[2]2000年德国《法院外争议解决促进法》开始正式生效，该法授权各州针对争议标的额低于750欧元的财产纠纷、邻里纠纷案件、尚未由媒体报道的个人名誉损害等案件引入强制诉前法院外调停。实践中，不少联邦州制定了相关法律。强制诉前法院外调停在"和解所"内进行，调停人一般由律师、公证员或其他人员担任。[3]然而，知识产权侵权案件并未进入上述需要进行强制调停的范围。大多数知识产权侵权案件特别是数额比较大的知识产权案件仍然需要寻求非强制性的ADR程序。

（三）非强制性的法官调解

在德国，大多数的联邦州都允许庭审与法院内调解并行，独任法官或者合议庭可以将案件移交给法官调解员进行调解，法官调解员不必须依法处理案件，他们只需要建设性地引导双方当事人进行讨论。法官调解的启动是非强制性的，它在启动之前需要获得当事人的同意。根据德国《民事诉讼法》第278条规定，法官应在诉讼的各个阶段努力在当事人之间进行调解，法院通常会试图利用其自身影响力引导当事人合意启动调解程序。可见，诉讼中的调解程序需要以当事人各方的合意为程序启动的先决条件。根据《促进调解及其他非诉讼争议解决程序法》和《民事诉讼法》，主审法官可以指定一位

---

〔1〕 参见伯雨鸿：《德国联邦专利法院的组织架构与程序类型》，载《人民法院报》2023年5月19日。

〔2〕 不过，在德国，在家事案件之外，法院很少将案件移送至诉外纠纷解决机构。参见［德］彼得·哥特瓦尔德：《德国调解制度的新发展》，曹志勋译，载《经贸法律评论》2020年第3期。

〔3〕 参见周翠：《调解在德国的兴起与发展——兼评我国的人民调解与委托调解》，载《北大法律评论》2012年第1期。

"调解法官"（Gueterrichter）对案件进行调解。该调解法官由法官、检察官或者法院工作人员等担任，但审理法官一般不能参与调解。调解法官并不具有判决的权力，他们只能主持调解程序。2012 年 7 月 26 日，德国颁行了《促进调解及其他非诉讼争议解决程序法》（以下简称《调解法》）。根据德国《调解法》，各州法院内调解（法官调解）转变为"和解法官"。自 2013 年 8 月 1 日起，只有法院外纠纷解决中的第三人才能被称为"调解员"。[1] 实际上，上述和解法官在专利案件和商标案件中同样可以适用。

二、意大利知识产权纠纷调解

在意大利，调解在处理包括知识产权纠纷在内的民事纠纷中扮演着重要角色。为促进意大利知识产权纠纷的调解服务，2020 年 7 月米兰仲裁院（CAM）与知识产权组织仲裁和调解中心合作提供联合调解服务，它旨在促进知识产权和技术等国际纠纷的调解，它主要处理至少一方当事人为非意大利国籍的知识产权等相关纠纷。双方共同成立 WIPO-CAM 调解员小组，该小组成员都精通知识产权和技术的相关领域。各方当事人可以协商确定任命调解员，也可以请求 WIPO AMC 和米兰仲裁院（CAM）提供协助，以确定合适的调解员候选人。将案件提交给 WIPO-CAM 调解员小组调解的前提是双方当事人都同意。为促进双方就调解程序达成一致意见，WIPO AMC 和米兰仲裁院（CAM）为当事人提供调解协议条款的建议。双方当事人可以根据实际情况自主调整 WIPO-CAM 调解员小组提供的调解协议条款，WIPO AMC 和米兰仲裁院（CAM）还可以为当事人选择相关调解程序内容提供协助，以确保当事人选择合适的调解程序规则。[2]

三、希腊知识产权纠纷调解

在希腊，调解在处理包括知识产权纠纷在内的民事纠纷中同样扮演着重要角色。受《欧洲议会及欧盟理事会关于民商事调解若干问题的 2008/52/EC 号指令》的影响，希腊于 2010 年制定了《民商事调解法》（以下简称《调解

---

〔1〕 参见［德］彼得·哥特瓦尔德：《德国调解制度的新发展》，曹志勋译，载《经贸法律评论》2020 年第 3 期。

〔2〕 See "WIPO-CAM Collaboration: Mediation for International Disputes in Italy", https://www.wipo.int/amc/en/center/specific-sectors/adrcollaborations/italy/index.html, last visited at 2024-5-26.

法》），它为商事调解提供了一个较为完整的法律框架。2012 年，希腊在《民事诉讼法》中引入了司法调解条款。为此，希腊调解程序分为自主调解和司法调解。2018 年，希腊通过《关于实施经济体制改革调整方案的规定》修订 2010 年《民商事调解法》引入了强制调解程序。[1] 根据规定，商标、专利、外观设计等纠纷案件都必须进行强制调解。针对上述案件，当事人应当先进行调解，调解不成再进行诉讼。具体而言，2018 年修订之后的《调解法》明确规定设立强制初步调解会议，当事人之间的商标、专利、外观设计纠纷案件都必须经过强制初步调解会议，调解失败之后才能提起诉讼。

---

[1] 参见齐树洁主编：《域外调解制度研究》，厦门大学出版社 2022 年版，第 163~168 页。

第七章

中东欧国家知识产权纠纷调解

第一节　波兰知识产权纠纷调解

目前，波兰主要的非诉讼程序有调解、仲裁等程序。根据性质不同，知识产权争议可以被分为侵权纠纷、合同纠纷以及权属纠纷等。在波兰，调解可以被用于解决以下几种知识产权争议：商标、专利、工业设计、实用新型、地理标志、植物品种名称、域名和著作权侵权及合同争议。当然，当事人也可以将上述商标、专利等侵权和合同案件提交仲裁。但是，商标、专利、工业设计等知识产权的无效争议案件由波兰专利局（Polish Patent Office，PPO）专属管辖。目前，波兰专利局并未引入 WIPO 等其他非诉讼程序处理商标、专利无效争议案件。

在波兰，当事人以往非常少选择适用正式的调解程序解决专利争议（主要是指侵权争议）。2016 年 1 月 1 日，波兰《促进友好型纠纷解决法》开始正式实施，上述情况开始出现变化。该法强化了调解在诉讼程序中的地位。总体而言，调解程序的适用仍是以当事人自愿为前提的。但是，法院可以在诉讼程序的任何阶段将案件转介调解。不仅如此，法院还通过其他柔性的措施促进当事人选择调解处理相关争议。另外，当事人还可以通过仲裁程序解决专利侵权争议。在申请仲裁前，当事人须签订仲裁协议。实践中，波兰专利侵权案件很少通过仲裁程序来解决。

波兰调解及仲裁等非诉讼程序也同样可以适用于商标侵权争议。不过，它们也并非处理商标争议案件的通常选择。但是，2016 年民事诉讼程序中的调解制度得到了大大加强。调解给予当事人在程序规则确定上及维持双方互动关系上的自主权较之仲裁程序更大。其中，当事人在纠纷解决过程中扮演着更为重要的角色。调解员并不是争议的裁决者而是居中的调停者，他们为当事人就争议事项达成共识提供合适的环境和条件。另外，调解程序并不公开进行，调解员有义务就其在调解过程中了解的任何信息履行保密义务。

一、波兰调解程序的演进

（一）波兰知识产权纠纷调解概述

波兰调解程序根据性质不同可以被分为：司法调解（和解）、法院外调解（社会调解）及法院附设调解。波兰调解程序可以适用于包括知识产权争议在内的所有民商事争议。和解程序、法院附设调解及法院外调解都必须符合波兰《民事诉讼法》的相关规定。

1. 波兰调解制度发展的背景

（1）诉讼延迟与调解制度。随着商业活动的活跃，波兰民商事案件（包括知识产权案件）开始出现激增的趋势。但是，转型后的波兰司法体系并没能为民众提供有效的司法救济途径。由于程序烦琐，通过诉讼强制履行合同或者解决其他纠纷的时间相当长。从向法院起诉到申请法院强制执行完毕，2005 年波兰强制履行一份合同可能需要大约 2.7 年（1000 天）；2011 年仍然需要 2.2 年（830 天）。可见，波兰诉讼的延迟现象十分严重。事实上，诉讼延迟给法院的公信力造成了较大的负面影响。据调查，波兰仅有 1.8% 的公众认为法院诉讼快速高效，仅有 5% 的公众认为法院有能力执行相关判决。[1]

与此同时，波兰政府也在积极进行司法改革，努力应对以诉讼延迟为主要表现的"司法危机"。随着 ADR 运动的兴起，欧盟已经意识到调解在处理各类纠纷中的优势。早在 2002 年，欧盟一份关于 ADR 的绿皮书就已经开始倡议欧盟各国实践 ADR。2004 年，欧盟委员会就此还发布了一份民商事调解若干问题的倡议性指示，[2]该指示建议在 2007 年之前欧盟成员国（丹麦除外）能够具体实施。之后，波兰调解立法的时候充分考虑了该份调解指示。ADR 尤其是调解制度在部分欧洲国家已成为一种有效的纠纷解决机制，引起了波兰司法改革者的高度重视。

---

〔1〕 See Joanna Wasik, "Court Delays in Poland: Mediation as a Way forward in Commercial Disputes", *Georgetown Journal of International Law*, Volume 43, 2012, p. 960.

〔2〕 2008 年 5 月 21 日，欧盟颁布了《关于民商事调解若干问题的指令》。该指令督促各成员国在 2011 年 5 月 21 日前遵照指令施行必要的法律、规章和行政规定，最迟 2016 年 5 月 21 日欧盟委员会将发布指令实施情况及各国调解制度的发展情况。

（2）调解制度的立法。波兰并没有制定一部单独的调解法，而是在各单行法中分别引入调解制度。调解程序先后在《劳动法》《刑事诉讼法》《行政法》《家事法》中得到确认，之后《民事诉讼法》才引入了一般民商事调解程序。一般民商事纠纷调解程序与其他领域的调解程序也存在一定的差异。1991 年，波兰《劳动法》在解决集体劳动争议纠纷的过程中首次引入调解程序。1997 年，《刑事程序法》开始引入调解程序。波兰先在成人刑事司法程序中引入了调解程序，然后在未成年人刑事司法程序中引入了调解程序。2004年，调解程序也开始成为行政诉讼程序的一部分。

早在 2002 年，司法部民事法律修改委员会就同一批民商事法律专家（法学学者、最高法院大法官、高级检察官）开始着手准备起草调解法。经过 2年的起草和征求意见，波兰调解法于 2004 年 8 月提交议会审议，并最终于2005 年 6 月 28 日审议通过。至此，波兰在民事诉讼程序中引入了新的调解程序。2005 年《民事诉讼法》还通过对诉讼费用条款的修订鼓励当事人使用调解程序，并对调解员收费作出明确规定，鼓励更多的专业人士参与提供调解服务。2005 年《民事诉讼法》修正后，波兰首次明确规定一般民商事案件都可以适用调解程序。调解程序不再仅限于某几种特定纠纷类型，除特别程序之外，所有民商事案件（包括知识产权）都可以适用调解程序。其中，《民事诉讼法》规定了两类调解形式（包括法院外调解与法院附设调解）。该法主要从基本原则、程序、费用、效力与执行等方面对调解程序进行规范。

（3）2015 年调解制度的修正。2015 年《促进友好型纠纷解决法》（以下简称"2015 年新法"）则旨在提升商事案件通过调解程序解决纠纷的数量，强化商事企业（及其他从业人员）对调解、仲裁等友好型纠纷解决方式的认识。该法还试图改善调解等非诉讼解决方式的质量，使它们在处理纠纷过程中更加经济、高效和非正式化。2015 新法主要从加强程序规范、组织规范以及财政刺激三个方面提升当事人使用友好型纠纷解决方式化解纠纷的意愿。立法的主要目的就是促使当事人更多地选择调解等友好型纠纷解决方式解决纠纷而不是诉诸诉讼解决纷争。

2015 年新法还规定当事人有义务告知法院他们是否已经尝试通过调解或其他非诉讼程序解决争议。另外，法院也有义务对案件进行评估，判断案件是否可以通过调解程序来解决。法官认为有必要时可以通过指令要求当事人参加调解咨询会议，还可以在诉讼的任何阶段将案件转介调解。该法还首次规定了常设调解员的任职资格。2015年新法还延长了转介调解的期限，从1个月延长到3个月。为了吸引企业采用调解程序解决纠纷，新法甚至引入了税收优惠政策，提出调解费用可以抵减税费。2015年新法还在民事诉讼程序中引入了大量细化调解程序的内容，还规定法院及法官可以将调解费用在诉讼费用中一并考虑。这些措施都旨在促进当事人尽可能地选择通过调解程序解决争议。

2. 波兰调解制度的基本原则

（1）自愿性。波兰《民事诉讼法》明确规定当事人应自愿参加调解。就法院外调解而言，调解开始之前当事人应当达成启动调解程序的协议。调解启动协议可以由当事人在纠纷发生之前签订，也可以在纠纷发生之后达成。就附设调解而言，调解程序启动之前当事人双方也必须同意接受法院的调解提议。2005年《民事诉讼法》明确规定，一方当事人在收到调解提议之后的7天之内可以通过拒绝参加调解停止调解程序。波兰采用辅助型调解模式，即由一名中立调解员协助各方进行协商，通过谈判解决纠纷。立法者认为，目前波兰缺乏相应的调解实践经验，所以2005年《民事诉讼法》采用辅助型调解模式是合理的。

（2）保密性。波兰调解制度注重调解的保密性。调解员不得披露调解过程中了解到的有关案件的所有事实，除非各方当事人同意。当事人在调解程序中提到的调解方案、妥协陈述等声明都不能在日后的诉讼程序中被使用。另外，2005年《民事诉讼法》还明确规定调解员享有就相关事实出庭作证的豁免权。虽然2005《民事诉讼法》并没有对当事人的保密义务作出规定，但是《民法》规定当事人也必须遵守相应的保密义务，任何有违保密义务的行为都可能承担民事责任。2015年新法则将保密义务的范围扩张到了参与调解的其他人员以及当事人。换言之，参与调解程序的各方当事人、调解员及其他人员都须对其在调解过程中了解到的事项履行相应的保密义务。

（3）中立性。2005年《民事诉讼法》同样注重调解程序的中立性。该法明确规定调解员在调解过程中必须保持中立。但是，2005年《民事诉讼法》并未指出如何确保调解员在调解过程中保持中立性。由于信息的不对称性，这种结果监管或事后追责的立法模式可能并不利于保障当事人的程序利益。因此，2015年新法明确规定调解员在调解过程中有义务告知当事人任何影响其自身中立性的因素。

3. 调解的类型

（1）司法调解（和解）。早在 2005 年《民事诉讼法》修改之前，立法就授权法官主持和解程序，也有学者将其视为司法调解。[1]案件正式审理之前，一方当事人申请法官主持和解程序解决纠纷，另一方可自愿选择参与这一程序。如果当事人达成和解协议，其效力将等同于法院的判决效力。如果未能达成和解协议，法律并未限制主持该程序的法官继续审理争诉案件。2005 年《民事诉讼法》还明确规定：如果案件有可能达成和解，法官可以在诉讼程序的任何阶段促使当事人达成和解。无论案件标的额多大，法院主持该和解程序均只收取 50 兹罗提（1 兹罗提大约相当于 2 元人民币）。根据最高法院的判例，启动该和解程序将中断争诉案件的诉讼时效。2005 年《民事诉讼法》并未就该和解程序的保密性作出明确规定。实践中，法官很少使用该程序促使当事人达成和解。一方面是因为法官缺少相关的职业训练，另一方面是因为法官对该程序的功能仍有顾虑。[2]可见，这一程序的效果并不十分理想。因此，2015 年新法授权法官在这种情况下优先促使当事人进行调解。

（2）法院外调解（社会调解）。波兰《民事诉讼法》规定了两种调解类型：法院外调解与法院附设调解。早在《民事诉讼法》新增法院外调解程序之前，波兰《民法》就从合同法角度对和解作出了规范。法院外调解就是指当事人基于调解启动协议自主聘请调解员组织当事人就争诉案件进行协商解决纠纷的过程。法院外调解程序的启动基于当事人之间的协议。当事人可以自主决定是否参加、决定调解员人选，甚至可以协商调解的形式和内容。

（3）法院附设调解程序。法院附设调解程序是民事诉讼中新增的一种调解类型，与法院外调解适用基本相同的程序规范，仅有部分例外情形。在法院附设调解程序中，法院上承担部分职责。法院不直接雇用调解员主持调解，而是确认并提供调解员名册让当事人选择。法院不对附设调解进行任何形式的资助。法院仅负责提议转介调解及审核调解协议。2005 年《民事诉讼法》

---

〔1〕 See Klaus J. Hopt & Felix teffek（ed.），*Mediation：Principles and Regulation in Comparative Perspective*，Oxford University Press，2012，p. 781.

〔2〕 具体内容详见 2012 年 2 月 3 日塔德乌什·埃雷钦斯基（Tadeusz Ereciński）大法官在意大利举行的"调解与审判之间的适当平衡：欧盟调解指令实施前后"（The Right Balance Between Trial and Mediation：Before and After the European Directive）会议上的发言，see http://www. adrcenter. com/international/doc/judge/Tadeusz_ Erecinski _ Poland. pdf，last visited at 2024-6-23.

规定，法院可以指示转介调解时确定一个最多不超过 1 个月的调解期限，双方当事人可以共同要求调解期限超过 1 个月。为了促进当事人有效地进行调解，2015 年《促进友好型纠纷解决法》则将法院指示转介调解的期限延长到 3 个月。在调解过程中，双方当事人也可以共同要求延长调解期限。任何一方当事人在调解期限内不同意继续调解，法院应当及时排期审理案件。

二、波兰调解的程序规范

2005 年波兰《民事诉讼法》并没有明确规定调解程序如何进行，仅对调解的启动、调解会议、调解报告、调解协议效力及确认等问题作出较为粗略的规定。2015 年新法则对调解程序进行了较大程度的充实。

（一）程序的启动

启动调解源于当事人之间的协议或法院的转介调解指示。调解启动协议的签订时间没有严格限制，调解启动协议可以是在纠纷发生之前签订也可以是在纠纷发生之后达成。《民事诉讼法》并没有规定任何强制启动调解的情形。

一方当事人向另一方提出调解申请时调解程序正式启动，相关证据也须一并提交。如果存在以下几种情形，调解程序则不会启动：①专任（permanent）及非专任调解员在收到调解申请之日起 7 天内拒绝调解；②新任调解员人选收到调解申请之后 1 周内拒绝调解或当事人 1 周内未同意调解员人选；③未达成调解启动协议或拒绝调解申请。调解申请应包括当事人的详细情况、具体争议事项及有关材料。

在附设调解程序中，法院可根据一方当事人的申请或自主决定发布指令将案件转介调解。提起诉讼之前当事人已签订调解启动协议，法院受理案件之后则应当根据被告答辩内容指示双方进行调解。[1]法院仅提议当事人参加调解，不强制要求当事人参加调解。2005 年《民事诉讼法》明确规定法院须在首次听审结束之前作出调解指示。首次听审结束之后，法院可在双方当事人共同要求下作出调解指示。但是，家事调解中法院可在诉讼程序的任何阶段提议当事人调解。法院可在闭门会议期间向当事人发出调解指示。2015 年新法吸收了家事调解程序的经验，明确规定法院可以在诉讼的任何阶段指示

---

〔1〕 Wojciech Dajczak, Andrzej J. Szwarc & Paweł Wiliński (ed.), *Handbook of Polish Law*, Wydawnictwo Szkolne PWN. Park Prawo, 2011, p. 658.

当事人进行调解。

2005 年《民事诉讼法》规定法院仅可以在诉讼过程中向当事人发出一次调解指示令。如果当事人拒绝参加调解,法院则不得就此案件再发出调解指示令。2015 年新法则将该条限制条款删除。换言之,法院及法官在合理的情况下可以再次发出调解指示令。法院也可在未通知当事人的前提下作出调解指示。最终是否接受法院调解指示由双方当事人自主决定。

(二)调解咨询会议与法院协助义务

2015 年新法还新增加了一个调解咨询会议制度。立法的主要目的是增加当事人对调解程序的认识,进而提升当事人通过调解程序解决纠纷的可能性。2015 年新法明确规定,审判长可以邀请当事人参加一场友好型纠纷解决方式咨询会议,该会议的主要目的是对调解程序相关问题进行咨询。该会议邀请双方当事人的律师代表、调解员、司法机构人员等参加。如果当事人没有正当理由未参加上述调解咨询会议,法院可能会要求未参与该会议的一方当事人负担参与该会议一方所产生的相关费用。新制度实施不久,其效果还有待进一步观察。

为了促进调解程序的顺利进行,2015 年新法则明确规定调解人有权查阅相关卷宗了解案情,法院应当为此提供便利。该法还要求法院及法官在确定向当事人发出调解指示令之后就应当及时将双方当事人的相关信息告知指定的调解员。例如,法官应当告知调解员当事人及其他代理人的联系方式信息(电话、E-mail 及地址等)。另外,2015 年新法还规定法官须根据具体案情告知当事人进行调解的可能性。

(三)调解会议及调解报告

调解员应确定适当的调解会议时间和地点。双方当事人共同认为无需专门召开调解会议进行调解,调解员则不必安排调解会议直接调解。为了控制调解会议的费用、减轻当事人的负担,法律还明确规定调解会议的开销不得超过 50 兹罗提。2005 年《民事诉讼法》规定调解员应就相关调解事项向争诉案件的管辖法院提交调解报告并署名。该报告应当载明调解的具体时间和地点及当事人姓名、地址、调解员等相关信息。当事人最终达成调解协议,调解员则须将调解协议内容一并附上,并且当事人也须署名。未就争诉案件达成调解协议,调解员应在调解报告中记录当事人拒绝达成调解协议的原因。在附设调解程序中,调解员则须将相应调解报告提交给转介调解的法院。

2015 年新法则要求当事人提交起诉状时须告知：其是否考虑过通过调解等其他友好型纠纷解决方式解决纠纷。如果没有，当事人还须说明相关理由。立法的主要目的还是促使当事人认识到通过调解程序解决纠纷的可能性。但是，该条规定是否存在妨碍当事人进行诉讼的风险则是一个值得关注的问题。不过，新法的内容实施不久，其效果还有待于进一步观察。

（四）调解协议的确认与效力

当事人可要求法院对其达成的调解协议进行确认。根据审查结果，法院可以对调解协议的部分甚至全部内容予以确认。法院审查的重点在于调解协议是否存在违背法律强制性规定、公序良俗以及内容前后冲突的情况。

2005 年《民事诉讼法》明确规定当事人在调解程序中达成的调解协议与在诉讼程序中达成的和解协议具有同等效力。也就是说，调解协议不仅具有实体法意义上的合同效力，还具有程序法意义上的执行效力。调解协议在程序上最重要的效力就是强制执行效力。一旦当事人之间达成的调解协议得到了法院的确认，该调解协议将获得与法院执行令同等的效力。根据相关实体法的要求，部分案件的调解协议还须符合一定形式要求，比如附有公证书。这样严格的形式要求可能会增加当事人的调解成本，最终可能影响当事人参加调解的积极性。

三、调解员的任命、职责及培训

（一）调解员的任命

2005 年《民事诉讼法》并未就调解员任命作出强制性程序规定，而仅对调解员资格作出初步规定。具有完全民事行为能力的自然人可成为调解员人选。但是，现任法官不能作为调解员人选，退休法官仍可成为调解员人选。收到调解申请之后，专任调解员在一般情况下不能拒绝当事人的调解申请，仅在利益冲突等特殊情况下才能拒绝调解。为了提高调解程序的质量，提升当事人对调解程序的信心，2015 年新法对调解员的任职条件进行了细化。具体而言，该法要求专任调解员须符合下列要求：①具备调解的相关知识和技能；②26 周岁及以上；③掌握波兰语；④未受任何刑事处罚。

无论是法院外调解还是附设调解程序，当事人都有权选择调解员人选。这充分体现了波兰调解制度十分强调当事人的自主权。然而，为保障附设调解程序的效率，在闭门会议期间作出转介调解指示或调解员人选协商未果的情况下，法院可提出调解员人选。2015 年新法规定，法院须根据案情指定具有相关专业知识的调解员。一般而言，法院会优先考虑专任调解员。当然，当事人可根据法院提供的调解员名册选择调解员人选，人选范围并不受法院限制。如果不满意法院拟提出的调解员人选，当事人可共同再选择其他调解员人选。为提高调解员遴选的效率，在任命调解员之前法院都会询问当事人的意见。如果调解启动协议特别规定了调解员人选，法院应当尊重当事人的意见。

为方便当事人参加调解，2005 年《民事诉讼法》并没有对调解员的受教育程度作出明确规定。因为立法者认为调解员的业务能力不取决于专业知识而是取决于良好品行。[1]但是，2005 年《民事诉讼法》对家事纠纷调解员的任职资格提出了进一步要求，一般都需具有教育学、心理学、社会学或法学方面的教育背景。刑事案件或未成年人案件调解员的任命也有类似的教育背景要求，但调解员并不要求获得相应的学位。2005 年《民事诉讼法》仅规定社会组织或专业机构可以设立调解员名册等规定，该调解员名册应被提交给地区法院院长备案。一般而言，上述组织或机构与政府机构存在一定联系。不过，2015 年新法则将设立调解员名册或调解中心的机构扩展到了非政府组织或机构。

（二）调解员的基本职责

虽然波兰民事诉讼法没有对一般民商案件调解员的基本职责及职业规范提出具体要求，但是司法部为推动调解制度发展专门设立了一个委员会专门负责推广替代性解决机制。该委员会还负责制定相关的调解行为规范与标准，起草有关法律条文。

波兰司法部 ADR 公民委员会（the Civic Council for Alternative Methods of Conflict and Dispute Resolution）通过发布调解员行为标准（Standards for Conducting Mediation）及道德守则（Code of Ethics of Polish Mediators）[2]对调解员的职责作出了较为具体的指示。这些规范在很大程度上弥补了民事诉讼法在调解立法方面的局限。

---

〔1〕 See Sylwester Pieckowski, "Using Mediation in Poland to Resolve Civil Disputes: A Short Assessment of Mediation Usage From 2005-2008", *Disputes Resolution Journal*, Volume 61, No. 85, 2009, pp. 82~87.

〔2〕 See http://ms. gov. pl/en/mediation/adr-civic-council, last visited at 2024-6-23.

2006 年 6 月 26 日，波兰司法部 ADR 公民委员发布调解员行为规范。该行为规范要求：调解员应当确保当事人能够自主地参加调解及达成调解协议；必须保持中立与公正；应当确保调解的保密性；准确告知当事人调解的性质及进程；恰当辅助当事人、合理晓谕当事人自己的调解服务等。与此同时，该委员会还向司法部提交了一份修改调解立法的提议，其中就包括调解员的资格、选任与认证。

2008 年 5 月 19 日，波兰司法部 ADR 公民委员会发布了调解员道德规范。该道德规范提出了如下要求：①主持调解程序时，调解员必须遵守独立、自主的基本原则；②调解员应该基于各方当事人的利益进行调解；③调解员应当保证当事人自由参与调解；④在调解过程当中，调解员应当确保当事人了解调解程序的基本步骤、最终目标、调解员角色及调解协议的性质；⑤调解员应当仅在一定业务能力范围内提供适当的调解服务，避免提供超出自己能力范围的调解服务；⑥在无法确认自身是否能够在某一具体案件的调解过程中保持中立时，调解员应当提出回避；⑦调解员应当保证调解程序的绝对保密性；⑧调解员应该确保自身与涉案当事人不存在任何利益冲突；⑨调解员不能收取除调解费之外当事人馈赠的任何直接或间接利益；⑩调解员应当合理宣传自己的调解服务，避免误导当事人对其资历、调解能力、实践经验、服务范围及服务费用作出错误评估；⑪调解员应当就调解程序设计的服务费用及其他相关费用问题向当事人作出明确的说明；⑫为了更好地提供调解服务，调解员应当提高、扩展自己的调解专业技能。

根据波兰司法部 ADR 公民委员会发布的调解员行为规范及道德规范，调解员主要应承担注意义务、保密义务、忠实义务、告知与晓谕义务等。调解员的保密义务主要是指禁止调解员未经允许向他人披露调解的相关信息。忠实义务主要是指调解员应当基于当事人的利益履行职责，不偏不倚地提供公正的调解服务。告知与晓谕义务主要是指调解员应当向当事人披露自身调解服务的相关信息以及调解程序的相关信息。

（三）调解员的教育与培训

1. 调解员培训的要求

调解程序能否高效、顺利地进行在很大程度上取决于调解员的专业水平。波兰调解制度的发展起步较晚，调解员的职业培训并没有统一的准则与规范。各类调解培训机构都可以根据内部规范对调解员进行培训认证，对此也没有相关的监管体系来确保其培训质量。因此，2007年10月29日波兰司法部ADR公民委员会发布了"调解员职业培训标准"（Standards for Mediators' Training）[1]，以保证调解员具有一定的专业水准。该标准设定了调解员从业的基本职业技能与学识要求，对调解员培训的机构、内容作出了详细的规定。因此，这一培训标准不仅可以帮助调解组织及机构合理培训调解员，而且可以帮助调解员选择恰当的调解技能培训方式。另外，其也可以通过确保调解制度的专业化来提高公众对调解程序化解纠纷的信心。一般而言，一名合格的调解员应当接受不少于40小时的调解理论与实践培训，并且应当获得相应的培训认证。

2. 调解员培训的内容

波兰司法部ADR公民委员会发布的调解员培训标准主要从调解基础理论知识及调解实际技能两个方面规定了调解员培训的内容。其中，调解基础理论知识方面主要涉及：调解的基本原则及形式，纠纷形成的过程、解决方式及相关心理学知识，调解程序的相关法律知识。

就基础理论知识而言：①调解员应当了解调解过程及形式；调解的基本原则（自愿、公正、中立、保密）调解员的角色、权利及义务；调解的优势与局限；调解员的职业道德；调解员的行为规范。②调解员应当了解纠纷的形成过程及化解纠纷的方法；调解程序与谈判、仲裁、判决之间的异同；谈判理论知识。③调解员应当具备一定的法律知识。包括调解程序的法律依据；与调解程序相关的实践知识、与司法行政部门合作的原则、信息记录、各国调解程序的相关规范、各类纠纷的调解实践情况。

就实践技能知识而言，调解员必须掌握以下几个方面的技能：①主持前期会议引导当事人达成调解启动协议；②在遵守规则的同时能够采用恰当的调解技巧驾驭调解会议；③善于运用良好的沟通技巧（尤其是积极倾听与提问的技巧）的同时能注意保持自身的言辞中立；④善于分析判断，能够正确评估调解程序的价值；⑤辅助当事人提出化解纠纷方案；⑥协助起草调解协议的能力；⑦同其他专业人士协作。

---

[1] 具体内容参见波兰司法官方网站：http://ms.gov.pl/en/mediation/adr-civic-council, last visited at 2024-6-23.

3. 培训机构及人员的要求

该调解员培训标准还对从事调解培训的机构及人员作出了相应规定。①从培训人员的从业资格来看，培训人员应当具有高等学历或同等学力文凭；不低于 2 年调解服务经验；与调解相关的培训或教学经验；具备从事调解服务的专业知识、调解相关法律知识、调解员行为规范知识。②培训机构设置的培训计划也须符合一定标准：合理设置相关的培训方案（不少于 40 课时）；规范培训费用；严格考核调解员培训成绩；依据培训的内容、时间、机构及人员严格培训认证。③从培训的形式来看，相关的知识与技能主要通过互动式教学模式传授，比如模拟调解、案例分析、调解演示、角色扮演等等。

四、调解费用及诉讼时效

（一）调解的费用

调解费用问题是影响当事人调解积极性的一个重要因素。调解也因费用低廉甚至免费而具有优势。波兰调解制度并没有采用免费调解形式。2005 年《民事诉讼法》规定，调解员有获得调解服务报酬的权利，除非调解员同意免费调解。当事人应当承担调解的相关费用。即便已获得法院诉讼费豁免权或相关机构法律援助，当事人也应承担相应费用。法院外调解费用由当事人与调解员协商决定。2015 年新法还明确规定法院可以将调解费用在整个诉讼费用中一并考量。

2005 年 11 月 30 日，波兰司法部颁布的诉讼费用条例明确规定了附设调解程序的费用。争诉案件标的额确定，调解费用则根据案件的标的额来确定。一般调解费是案件标的额的 1%。但是，调解费总额应最低不低于 30 兹罗提，最高不高于 1000 兹罗提。标的额难以确定，调解费则根据实际调解会议的次数计算。首次调解会议调解员可以收取 60 兹罗提，此后每次可收取 25 兹罗提。法律规定的调解员费用比较低，这时常受到业界的批评。[1]为此，2015 年新法授权司法部根据案件的标的及程序效率确定合适的调解费用。

调解费用问题不仅涉及调解员费用的分担，而且涉及诉讼费用的承担。如果当事人之间最终达成调解协议，法院会向当事人退还 3/4 的诉讼费用。

---

〔1〕 See Klaus J. Hopt & Felix teffek（ed.），*Mediation：Principles and Regulation in Comparative Perspective*，Oxford University Press，2012，p. 786.

如果未能达成调解协议，法院在之后的诉讼程序中则需考量调解程序的相关费用。[1]若当事人存在不当行为，则可能需要在最终诉讼费用中承担部分额外调解费用。2015年新法还明确指出：如果因不合理地拒绝调解而导致诉讼费用增加，那么该部分诉讼费用则由拒绝参加调解的一方当事人承担。这一措施可以进一步通过降低诉讼费用引导当事人选择调解程序化解纠纷。

（二）诉讼时效

波兰《民法》对当事人参加调解之后纠纷的诉讼时效作出了明确规定："当事人启动调解程序将中断争诉案件的诉讼时效。"在附设调解程序中，争诉案件的诉讼时效在法院转介调解的同时就已经重新计算。

《民事诉讼法》并未对与调解有关的诉讼时效作出具体规定。但是，法院外调解及附设调解程序中调解员都有义务向当事人提交参加调解程序的相关报告，其必须载明调解的具体起止时间。调解程序启动会中断争议案件的诉讼时效，所以启动调解程序的时间必须明确。为保障当事人的诉权，波兰《民法》还明确规定，调解启动协议中排除当事人诉讼权利的条款无效。调解启动协议并不能成为当事人提起诉讼的障碍。

第二节　捷克知识产权纠纷调解

目前，捷克主要的非诉讼程序有调解、仲裁等程序。根据性质不同，知识产权争议可以被分为侵权纠纷、合同纠纷以及权属纠纷等。在捷克，调解可以被用于解决以下几种知识产权争议：商标、专利、工业设计、实用新型、地理标志、植物品种名称、域名和著作权侵权及合同争议。当然，当事人也可以将上述商标及专利等侵权和合同案件提交仲裁。但是，商标、专利、工业设计等知识产权的无效争议案件由捷克知识产权局（Industrial Property Office）专属管辖。目前，捷克知识产权局并未引入WIPO等其他非诉讼程序处理商标、专利无效争议案件。

在捷克，当事人以往非常少选择适用正式的调解程序解决专利争议（主要是指侵权争议）。在实践中，捷克专利侵权案件很少通过仲裁程序来解决。

---

〔1〕　See Pablo Cortés1，"A Comparative Review of Offers to Settle-Would an Emerging Settlement Culture Pave the Way for their Adoption in Continental Europe?"，*Civil Justice Quarterly*，Volume 32，No. 42，2013.

捷克调解及仲裁等非诉讼程序也同样可以被适用于商标侵权争议。不过，它们也并非处理商标争议案件的通常选择。根据捷克《著作权法》，调解程序可以被适用于集体著作权协议的相关争议。

一、捷克知识产权纠纷调解概述

（一）捷克调解立法的背景

捷克《调解法》是基于两个方面的原因：首先，该法颁布的直接动因就是欧盟的区域性协议必须转化为捷克国内法的要求；其次，该法旨在通过正式的调解立法形式鼓励民众更多地利用调解程序解决纠纷。《欧洲议会及欧盟理事会关于民商事调解若干问题的 2008/52/EC 指令》（以下简称《指令》）第 1 条第 1 款明确指出："本指令之目的在于便利当事人利用替代性纠纷解决机制，并通过鼓励使用调解以及确保调解与司法程序之间的平衡关系促成纠纷的妥善解决。"[1]《指令》明确要求各国将《指令》内化为本国法律或规章，且使调解可以构成具有绝对强制效力的指令性依据。[2]其中，欧盟《指令》第 12 条第 1 款规定各成员国最迟须在 2011 年 5 月 21 日前完成国内的立法，可见《指令》在捷克的实施被严重拖延了。不过，捷克新颁布实施的《调解法》则属于欧洲最全面、最详细的调解法之一。

（二）捷克调解立法的基本内容

2012 年 9 月 1 日，捷克《调解法》开始正式实施。从内容上来看，《调解法》主要包括两大部分：一是调解程序及调解组织的内容；二是根据调解内容对《民事诉讼法》《民法》《商法》《公证法》《法律职业法》《工商登记法》《司法费用法》及《行政收费法》中的个别条款进行了微调。从内容上看，《调解法》除对其他部门法的微调之外主要包括以下几个部分：①调解的定义；②调解程序与调解员的任务；③调解员的保密义务；④调解员的收费；⑤调解员的签名；⑥调解文件的送达；⑦调解员的监管；⑧调解员的注册；⑨调解员的考试；⑩调解员的民事责任。

---

〔1〕 指令全文可参见《欧洲议会及欧盟理事会关于民商事调解若干问题的 2008/52/EC 指令》（Directive 2008/52/Ecof the European Parliament and of the Council of 21 May 2008 on certain aspects of mediation in civil and commercial matters）。

〔2〕 参见陈洪杰、齐树洁：《欧盟关于民商事调解的 2008/52/EC 指令述评》，载《法学评论》2009 年第 2 期。

（三）调解制度的基本内涵及适用范围

捷克《调解法》开篇即明确规定："本法仅适用于司法部注册登记的调解员进行的调解。"换言之，注册调解员主持的调解须符合新《调解法》所规定的调解程序。非注册调解员的调解活动并不适用《调解法》。法院转介调解也仅能指定给注册调解员。捷克《调解法》认为，调解就是中立之调解员协助当事人进行有效沟通并促成其最终达成调解协议解决纠纷的一种程序。家事调解即是关注解决家事纠纷之调解程序。调解前，当事人须达成书面启动调解协议（mediation contract），协议内容须至少列明一名注册调解员。调解后，当事人达成的最终调解协议（mediation agreement）应以书面形式列明各方当事人之权利与义务。该书面调解协议即属于调解程序的一部分。与此同时，在调解过程中，双方当事人达成的调解协议具有《调解法》所规定的相应法律效力。

在调解过程中，调解程序涉及的当事人争议权利发生转让，启动调解的协议仍然有效。该法规定："纷争当事人一方转让该争议权利时须立即通知另一方当事人。"换言之，当事人转让争议权利并不影响双方当事人之前达成的启动调解协议有效性。争议权利发生转让之后，当事人之间先前达成的启动调解协议仍然有效，调解程序仍继续进行。争议权利之受让人同样可以适用启动调解之协议。调解期间，注册调解员被暂停从事调解业务或者调解员被吊销注册资格，启动调解之协议仍然有效，调解程序可以继续进行但最长不得超过3个月。这主要是最大限度地发挥调解程序解决纷争的功能。不过，纷争当事人已知悉上述调解员的资质问题，该启动调解协议则随即失效。与此同时，立法还规定调解员被暂停调解业务或注册资格被吊销都须立即告知纷争当事人。

二、捷克调解的程序规范

（一）程序的启动

调解程序的开始源于纷争当事人达成启动调解协议。启动调解协议至少须载明以下几个方面的内容：①纷争当事人的签名；②调解员的姓名及办公地址；③调解涉及纷争之具体内容；④调解员的收费情况以及开展调解程序所需的其他费用情况；⑤调解程序开始的详细时间或者具体时间安排。

在启动调解程序之前，调解员须告知纷争当事人与调解程序相关的信息。

这包括：当事人在调解程序中的地位、调解的目的和原则、启动调解协议及最终调解协议之效力、调解程序可能随时结束、调解员收费及其他调解费用情况。调解员还须明确告知纠纷当事人：启动调解并不影响当事人行使诉讼权利，最终调解协议的内容仅对参与调解纠纷之当事人具有约束力。

（二）调解材料的送达

《调解法》对调解文书及资料送达也进行了规范。如果根据当事人及调解员在启动调解协议中提供的地址并通过公共数据网络（public data network）送达相关文书及资料至收件地址，那么调解员及当事人须承担文书及资料送达之后相应的法律责任。即便该文书是通过当事人及调解员提供的电子邮箱（E-mail）地址送达，他们也仍需承担相应的法律责任。另外，当事人及调解员因自身原因未能及时知晓文书送达情况的，该文书仍被视为已送达当事人及调解员。

（三）程序的结束

调解员可以根据不同情况结束调解程序。首先，调解员中立性出现问题以及调解员超过1年未能会见当事人时，调解员应当结束调解程序。其次，调解员与当事人之间信任出现问题以及任何一方纠纷当事人未如期交付调解费用时，调解员可以结束调解程序。另外，《调解法》还明确列举了结束调解程序的不同原因或形式：①当事人达成最终调解协议后，调解程序结束。最终调解协议须有当事人之签名及日期。除此之外，调解员也须署名并确认最终调解协议是经调解程序达成。②调解员因特定原因结束调解程序并书面告知所有纠纷当事人后，调解程序结束。③调解员向一方当事人送达另一方当事人决定终止调解程序书面声明后，调解程序结束。④调解员向所有纠纷当事人送达附有调解员署名的结束调解程序之书面声明后，调解程序结束。⑤启动调解协议所规定之调解期限已过，调解程序结束。⑥调解员被暂停从事调解活动或者被吊销注册资格，调解程序结束。⑦一方当事人死亡、被宣告死亡或者（法人）注册终止，调解程序结束。其八，调解员死亡或被宣告死亡，调解程序结束。

（四）调解员的署名义务

捷克《调解法》更倾向于建立一个制度化与职业化的调解制度，甚至对调解员在调解过程中的署名都作出了明确且详细的规范。根据捷克《调解法》，调解员开展调解业务时须署名"注册调解员"。其他非注册调解员则被禁止使用注册调解员署名以及其他类似署名。

（五）调解协议的确认与效力

调解之后达成的最终调解协议对参与调解的当事人都具有约束力。为增强当事人通过调解程序所达成的最终调解协议的效力，《民事诉讼法》新增设了法院对最终调解协议的确认程序。具体而言，法院应在 3 个月内参照和解程序决定是否确认当事人达成的调解协议。

（六）初期调解会议与法院指令

为促使更多的民众选择利用调解程序解决纠争，《民事诉讼法》还新增条款要求法院根据不同情况引导或指令当事人利用调解程序。从案件性质角度来看认为合适，合议庭审判长须告知当事人通过调解解决纠争的可能性。在合适的情况下，审判长还可以中止诉讼程序，指令当事人在 3 个月内参加由注册调解员主持的初期调解会议，该初期调解会议一般为 3 小时。如果当事人无法就注册调解员人选达成一致，那么审判长可从司法部调解员名册中指定一名注册调解员。法院指令诉讼当事人参加初步调解会议属于程序性裁定。修正后的《民事诉讼法》明确规定，当事人不得就不服上述程序性裁定提起上诉。

此外，捷克《调解法》还明确规定法院指令诉讼当事人参加初步调解会议所产生的费用属于诉讼费用的一部分。换言之，法院在考虑最终诉讼费用负担问题时须一并考虑该部分费用。为了促使当事人认真考虑调解程序解决纠争的可能性，捷克《调解法》还增设了诉讼费用罚则措施避免当事人敷衍或规避法院指定。如果一方当事人无正当理由拒绝参加法院指令的初步调解会议，那么法院可以根据情况判定该当事人负担部分额外的或全部的诉讼费用。

三、调解员

捷克《调解法》规定了最为狭义的调解员定义：只有注册登记的调解员才能被视为本法所规定的调解员，根据本法规定从事相关调解业务。司法行政部门将注册调解人分为两类：律师调解人和非律师调解人。

（一）调解员的任命

一般而言，当事人须在启动调解协议（mediation contract）中明确指定注册调解员。在法院指令当事人初步调解会议中，法院会指定一名注册调解员。

捷克《调解法》还规定调解员可以在特定情况下拒绝调解。该法明确规定："如果调解员有理由怀疑与案件、纷争当事人及其代理人之关系影响其在调解程序的中立地位，调解员即可拒绝参加调解。"另外，"如果调解员认为其与纷争当事人之间缺乏必要信任，调解员也可以拒绝参加调解"。

（二）调解员的资格及注册

1. 调解员的申请资格

一般而言，符合一定条件的自然人都可以向司法部申请注册登记为调解员。申请人应具备的资格和条件包括：具备完全民事行为能力、无犯罪记录、具有硕士及以上学历或其他同等学力、通过调解员考试或其他同等能力考试、5年内无因违反调解法规定被撤销注册登记的情形。其中，《调解法》所规定的申请人无犯罪记录的范围相当广泛，其不仅限于因故意犯罪或因过往从事调解业务犯罪而被判刑之情形。具体而言，司法部可以要求申请人提交刑事处罚记录用以证明申请人无犯罪记录。并且，该无犯罪记录证明文件的截止日期不可以晚于提交申请日期的3个月。欧盟其他成员国家之申请人以及其他国家申请人同样须提交相关无犯罪记录证明。

捷克《调解法》允许其他国家申请人（调解员）在捷克开展调解业务。具体而言，欧盟的其他成员国及其他部分国家的公民可以在捷克境内根据《调解法》相关内容以访问调解员身份临时或偶尔开展调解业务。如果其他国家公民根据《调解法》向捷克司法部提交相关证明，那么司法部则须受理注册登记调解申请并将其登记为访问调解员。这些证明不仅包括申请注册调解员的申请材料还包括申请访问调解员的申请材料（国别证明）。访问调解员只有在获得捷克司法部注册登记调解员资格之后才可开展相关调解业务。访问调解员同样须遵守捷克《调解法》规定的调解员行为规范。

2. 调解员的注册

调解员的注册登记制度是捷克调解制度中非常重要的一环。《调解法》明确规定司法部负责承担调解员的注册登记职责，并将调解员注册登记制度定位为一项公共行政信息服务制度。调解员注册登记制度主要负责记载调解员的相关身份信息。该数据主要包括：调解员注册登记编号、注册登记日期、暂停调解业务日期、恢复调解业务日期以及调解员注册届满日期。由于调解员注册登记制度具有公共服务性质，因此调解员的相关信息都面向公众开放。不过，涉及调解员个人隐私的信息（出生日期及家庭住址）则属于不公开的内容。

另外，《调解书》还明确规定，申请人须在申请书上列明个人相关信息。这些个人相关信息既包括个人基本信息也包括调解业务开展信息：申请人的姓名、出生日期、居住地址及工作地址；个人身份号码；文书送达地址（在有别于居住地址或工作地址的情况下）或邮箱地址；其他联系方式信息（电话、传真、邮箱地址、有别于工作地址的其他开展调解业务场所）；用于申请调解员的其他教育经历；是否愿意注册登记为家事纠纷专业调解员；开展调解业务时使用的语言。其中，申请人填写的工作地址须是申请人通常开展调解业务的场所。

不仅如此，申请人还须提交相关证明文书证明其符合注册登记调解员资格。其中就包括：学历证明、无犯罪记录证明、调解员资格考试证明（不得超过3年）、家事调解员资格考试证明及其他学历证明。《调解法》明确规定，一旦申请人向司法部申请注册登记调解员，司法部须根据申请人提交信息立即录入或变更个人基本信息。《调解法》还规定，注册调解员变更任何个人基本信息均须在15日内告知司法部调解员注册登记部门。与此同时，司法部收到当事人的相关变更信息须立即在调解员注册登记信息中变更相应信息。由于调解员注册登记制度具有公共信息服务性质，司法部在收到申请人相关申请材料之后须将申请人开展调解员业务的个人基本信息公布在司法部官方网站供公众查询。

3. 调解员资格的暂停与注销

注册调解员可能因两种情况被暂停从事调解业务：其一，调解员申请暂停从事调解业务；其二，调解员因违反法律职业法规定的纪律性条款而被强制暂停从事调解业务。在前一种情形中，注册调解员申请恢复从事调解业务时即可恢复从事调解业务资格；在后一种情形中，注册调解员须待暂停从事调解业务期届满之后才可以恢复从事调解业务资格。

司法部调解员注册登记机关可以根据不同情形注销调解员从事调解业务之资格。首先，注册调解员丧失调解员申请资格：死亡或被宣告死亡、丧失完全民事行为能力或民事行为能力受到限制或存在犯罪记录。其次，注册调解员申请暂停从事调解业务后5年内未申请恢复从事调解业务资格。再次，注册调解员申请注销从事调解业务之资格。复次，注册调解员在其本国丧失调解资格。最后，注册调解员被发现之前申请材料有违申请条件之情形。并且，调解法则明确规定访问调解员在本国丧失调解资格或调解得知其已经不符合申请调解员资格须在获知上述信息之日起 15 天内通知司法部调解员注册登记机关。如果在收到来自司法部的书面警告后调解员仍严重或多次违反调解员职责，那么司法部即可注销该调解员从事调解业务的资格。

4. 调解员的资格考试

虽然对于调解人的实际经验未作要求，但立法部门将调解水平测试视为衡量注册调解员技术质量的最重要工具。具体而言，《调解法》明确规定申请人须获得相关调解考试资格。根据申请人身份的不同，调解员资格考试的组织者也不同。如果申请人是律师，那么调解员资格考试则由捷克律师协会来组织。非律师申请人的调解员资格考试则由司法部来组织。《调解法》明确指出，司法部应当允许任何申请人在提交注册登记调解员申请书后 6 个月内向调解注册机关缴纳 5000 克朗的费用，以参加调解资格考试。通过调解资格考试之后，司法部还须允许申请人在申请后 6 个月内缴纳 5000 克朗的费用，以参加家事专业调解资格考试。如果申请人未能通过司法部组织的调解资格考试，他/她可以在考试后的 30 天内向考试机关申请重考。不过，司法部调解员注册登记部门则须要求申请人在上次考试后 6 个月内不得参加重考，申请人仅有 2 次重考的机会。如果未通过资格考试之申请人未在法定期限内提出重考申请或者未能通过之后的重考，那么申请人只有在最后一次考试 3 年后才可以重新申请资格考试。

调解员资格考试主要是测试申请人从事调解业务所需的专业知识和技能以及法院外纠纷解决方法。这主要包括：与调解相关的立法条文、调解技巧、基本人权与自由之保护、民法、商法、劳动法、家事法、消费者保护法、民事诉讼法、心理学以及社会学的基本知识。可见，司法部在调解制度中扮演着重要角色。司法部不仅负责制定调解员行为规范，而且负责注册登记调解员并组织调解员资格考试。

（三）调解员的行为规范

1. 一般行为规范

《调解法》严格规定调解员主持调解程序应遵守一定行为规范。第一，应当亲自参与并独立地、中立地尽职履行义务，组织当事人进行调解。第二，应当尊重纷争当事人之意见，并创造条件为当事人之间进行有效交流以及探寻兼顾双方利益之纠纷解决方案提供帮助；在涉及未成年人（儿童）利益纠纷事项时能够给予儿童利益特别关照。第三，当出现可能影响当事人及其代理人怀疑调解员中立性的事项时，调解员应当立即告知所有纷争当事人。第四，当事人达成最终调解协议之后，调解员应署名并确认最终调解协议并注明最终调解协议达成之日期。第五，应当及时通知并确认当事人收到相关声明（结束调解声明）。第六，当事人被法院指令参加初期调解会议后，调解员应确认并书面告知当事人其已经履行法定义务。第七，当调解程序结束时，调解员有义务应当事人要求确认并书面告知其达成最终调解协议的具体内容。第八，应当向其他纷争当事人送达一方当事人结束调解程序的书面声明。第九，应当系统地提高并深化自身的专业知识，以便合理履行调解员职责。

2. 禁止性行为

根据《调解法》，调解员不可以对自己曾主持过的调解、现在正在主持的调解或已采取措施准备进行的调解提供专业法律服务。即便根据其他法律规定调解员须提供相应法律服务，调解也仍不可以提供上述法律咨询服务。与此同时，《调解法》还明确规定："在调解过程中涉及纷争事项的任何法律咨询服务都不得被表述为注册调解员之意见。"调解员须严格根据《调解法》所规定之规则及情形进行调解活动。

3. 保密义务

《调解法》还单独规定了调解员的保密义务。调解员应当对其在准备调解程序以及支持调解程序过程中掌握的任何信息承担保密义务。即便调解员已经被调查注册资格，调解员也仍须履行保密义务。更为严格的是，即使在未达成启动调解协议的情况下，调解员仍须履行上述保密义务。只有在得到所有纷争当事人的同意下，调解员才可以获得上述保密义务的豁免权。在当事人死亡、被宣告死亡或者被注销（法人）的情况下，当事人豁免调解员保密义务的权利即由其法定代表人行使。协助调解员准备调解程序或进行调解的人员同样须履行上述保密义务。不过，《调解法》也规定了例外情形。例如，在涉及调解员与当事人及其法定代表人之间的纷争诉讼或其他事项中，调解员在法院或其他相关机关的程序中可以就必要限度的内容不受保密义务的约束。

（四）调解员及其他人员的法律责任

任何违反《调解法》规定滥用注册调解员署名的个人都须承担法律责任。除此之外，任何协助准备或开展调解业务的个人有违保密义务或者未及时向纷争当事人报告其被注销从事调解业务资格的须承担法律责任。上述侵权行为可能被处以不高于 100 000 克朗的罚款。任何法人或商业人员违反调解法在其为注册登记的情况下冒用注册调解员署名则须承担法律责任。该行为应当被课以不高于 100 000 克朗的罚款。如果法人（调解机构）能够提供证据证明其已经尽全力防止上述侵权行为，那么它无须承担相应法律责任。

注册调解员违反《调解法》规定的法定职责义务也须承担相应的法律责任。如果调解员存在下列行为之一：违反法定保密义务、未及时告知当事人事关自身中立性的事项、未署名确认最终调解协议、未及时确认并书面告知当事人调解程序终止、违反《调解法》所规定的条款开展调解业务、未及时告知主管部门自身已丧失从事调解业务之资格，那么调解员即须承担相应的法律责任，被课以不高于 100 000 克朗的罚款。如果调解员存在以下行为之一：未及时确认并书面告知当事人其已经履行参加调解会议之义务、未及时确认并书面告知当事人其最终调解协议的具体内容、未及时送达当事人终止调解程序之声明、违反调解法规定提供相关法律咨询服务、未及时告知司法部相关的个人信息以及调解员注册资格信息，那么调解员也须承担相应法律责任，被课以不高于 50 000 克朗的罚款。不过，上述法律责任规定仅对非律师调解员适用，律师调解员并不是适用上述规定。

（五）律师调解员

《调解法》对《法律职业法》关于调解的微调也较为引人注目。修正后的《法律职业法》明确了律师协会在调解制度中扮演的角色和职责。律师协会负责律师调解员的调解业务培训以及调解资格考试。一般而言，《调解法》所规定的调解员职业行为规范及其他规定都适用于律师调解员，法律另有规定的除外。与非律师调解员的调解资格考试类似，律师协会须在申请人提交申请并缴纳相关考试费用之后 6 个月内组织其进行调解资格考试。律师申请调解资格考试须缴纳 5000 克朗，申请家事专业调解资格考试则须另外再缴纳 5000 克朗。上述考试费用的收入归律师协会所有。律师协会组织的调解资格考试可以是独立的调解资格考试也可以是包含调解资格考试内容在内的律师协会考试、能力测试或其他同等资格考试。如果申请人选择参加此类考试，那么其须缴纳 10 000 克朗考试费用。申请人如需申请家事专业调解资格考试，其则须缴纳 15 000 克朗。

律师申请注册调解员获得批准之后须在 1 周内告知律师协会。与此同时，律师协会须立即将该律师获得注册调解员资格等信息登记在相关律师名录中。律师调解员还可以要求律师协会将自己列入某一特定领域调解业务律师名录。此外，律师协议还负责对调解员的执业行为进行监管。任何注册律师调解员或访问调解员严重违反《调解法》规定的调解行为规范都须承担相应法律责任。根据不同情况，律师调解员可能被处以下列几种处罚：①训诫（admonition）；②公开训诫（public admonition）；③高至最低工资 100 倍的罚金；④6个月至 5 年时间内禁止从事调解业务。如果决定临时禁止某注册律师调解员从事调解业务，律师协会须立即通知司法部调解员注册登记部门。

（六）调解费用

《调解法》也明确赋予调解员收取一定调解服务费（the fee for performing mediation）及其他调解费用（the cash expenses）的权利。其中，其他调解费用主要包括交通费、邮寄费、文书制作及复印费。根据调解法，调解员可以要求纷争当事人预交一定数额的调解服务费及其他调解费。一般而言，纷争当事人双方应当平等分担上述调解费用，启动调解协议另有约定除外。

根据《调解法》，法院有权在诉讼程序中指令双方当事人参加一个由调解员主持的初步会议。在当事人最终并不同意启动调解程序的情况下，调解员仍有权就其主持初步会议收取一定的服务费。该部分费用由双方当事人平等分担。如果调解员须为调解服务缴纳额外税费，那么该部分税费同样也应由双方当事人来承担。

第八章

新加坡知识产权纠纷仲裁

第一节　新加坡知识产权纠纷仲裁的立法

在新加坡，知识产权争议还可以比较方便地通过仲裁程序来解决。新加坡境内多家仲裁机构［新加坡国际仲裁中心（SIAC）］及其他机构（新加坡调解中心及新加坡国际调解中心）可以为当事人提供知识产权纠纷仲裁服务。2010 年，WIPO 在新加坡设立了 WIPO AMC。该中心是 WIPO 在日内瓦以外唯一的分中心。不仅如此，新加坡知识产权局（IPOS）和 WIPO AMC 之间达成合作框架，其允许当事人通过 WIPO AMC 的仲裁与调解等 ADR 程序解决知识产权纠纷。此外，新加坡国际仲裁中心（SIAC）成立了一个知识产权仲裁员专家小组，他们包括众多国际知名的知识产权专家。为促进仲裁的发展，新加坡还通过税收优惠的方式吸引国际仲裁员提供服务，它可以为国际仲裁员提供仲裁收费税收的 50% 作为税收优惠。任何非居民仲裁员在新加坡适用《仲裁法》或《国际仲裁法》提供相应仲裁服务都可以享受上述税收优惠。

一、新加坡仲裁制度的立法情况

新加坡仲裁制度实行的是双轨制，即实行两套独立的仲裁立法体系。凡仲裁所在地在新加坡的，仲裁程序由新加坡《仲裁法》或《国际仲裁法》调整。《仲裁法》与联合国国际贸易法委员会《国际商事仲裁示范法》（以下简称《示范法》）一并适用于国内仲裁。1953 年，新加坡制定第一部《仲裁法》，该法基本上是沿袭了英国 1950 年《仲裁法》。1953 年至 1985 年，新加坡《仲裁法》历经多次修订。多次修订之后，新加坡 1985 年《仲裁法》于 2001 年再次修订，并于 2002 年正式开始实施。目前，新加坡国内仲裁仍沿用 2001 年《仲裁法》。

对于国际仲裁协议，案件都适用于新加坡《国际仲裁法》。不过，新加坡

《国际仲裁法》也适用于非国际仲裁案件，只要当事人书面同意适用《国际仲裁法》及《示范法》即可。1997 年，新加坡制定了《国际仲裁法》，该法分别于 2001 年、2010 年和 2013 年进行了局部修订。另外，新加坡于 1986 年加入《纽约公约》，成为该公约的缔约国之一。该公约也是新加坡仲裁重要的法律渊源之一。

这两套法律体系的不同之处主要在于，法院在仲裁程序中的干预程度以及对当事人自治的尊重程度。在《国际仲裁法》体系下，法院干预受到限制，必须严格遵从法律列明的几种情形。在《国际仲裁法》下，对拒绝仲裁裁决的理由也作出了限定性的列举。而在《仲裁法》下，当事一方可以根据当事人的协议，或经法庭准许，就裁决的法律问题提出上诉。对于严重影响当事人权利的法律问题，《仲裁法》也允许当事人提起诉讼。本部分主要针对新加坡国内仲裁制度进行介绍。

二、新加坡知识产权仲裁立法的最新发展

2019 年 8 月，新加坡《知识产权（争议解决）法》通过，该法于 2019 年 11 月 21 日开始正式生效。根据 2019 年新加坡《知识产权（争议解决）法》，新加坡《仲裁法》及《国际仲裁法》都相应修改了相关条款。它们明确规定知识产权争议在新加坡具有可仲裁性。随着《仲裁法》及《国际仲裁法》的修订，新加坡知识产权纠纷的可仲裁性现在正式得到立法承认。它能够有效地改变过去知识产权纠纷只能由国家行政机关和法院裁决的误解。当然，在新加坡知识产权纠纷的可仲裁性仍存在一定限制。根据新加坡《仲裁法》及《国际仲裁法》，新加坡知识产权纠纷仲裁裁决仅对各方具有约束力，它不对第三方具有约束力。

具体而言，新加坡《仲裁法》第 52B 条与《国际仲裁法》第 26B 条明确指出，知识产权纠纷在新加坡具有可仲裁性。根据新加坡《仲裁法》与《国际仲裁法》的定义，知识产权纠纷涉及的知识产权具体内容较为广泛，它包括各种与知识产权相关的权利：专利、商标、外观设计和版权等。不仅如此，新加坡《仲裁法》与《国际仲裁法》中的知识产权仲裁条款还排除了法院对知识产权纠纷优先管辖的规定。如果法院根据相关法律规范拥有相应的知识产权纠纷管辖权，它并不能简单排除仲裁机构都对案件具有管辖权。换言之，在法院和仲裁机构都具有管辖权的情形下，当事人仍可以选择仲裁机构处理

相关知识产权纠纷。

　　新加坡《仲裁法》与《国际仲裁法》还明确规定了具有可仲裁性的知识产权纠纷。它包括：有关知识产权的可执行性、侵权、存续性、有效性、所有权、范围、期限等纠纷，有关知识产权交易的纠纷；有关知识产权赔偿的纠纷。另外，新加坡《仲裁法》与《国际仲裁法》对仲裁裁决的执行问题进行了修订。新加坡《仲裁法》第 52C 条和《国际仲裁法》第 26C 条规定，知识产权担保权益的第三方并不是仲裁程序的一方。换言之，如果仲裁程序一方当事人将知识产权的担保权益授予给第三方或将知识产权许可授予给第三方，那么上述第三方并不是仲裁程序的当事人。但是，当事人之间因合同或法律事实而产生的权利或责任并不受上述条款内容的影响，他们并不能申请执行仲裁裁决的相关内容，仅有仲裁程序申请人及被申请人才可以申请执行相关仲裁裁决。可见，仲裁裁决对仲裁程序双方当事人具有约束力，它对其他人并不具有拘束力。

　　根据新加坡《专利法》第 82（2）条，有关专利有效性的问题不得进入任何其他程序。可见，专利有效性问题不得进行仲裁。新加坡《专利法》的这一条款在某种程度上限制了与专利有关的仲裁范围。2019 年新加坡《知识产权（争议解决）法》颁行之后，新加坡《国际仲裁法》引入第 26G 条和新加坡《仲裁法》引入第 52G 条解决了上述条款的限制问题。具体而言，它们明确规定："《专利法》第 82（2）条并不阻止一方在仲裁程序中对专利的有效性提出质疑。"可见，新加坡立法已经扩大了通过仲裁程序解决知识产权问题的范围。新加坡知识产权有效性问题的仲裁裁决仅对申请人和被申请人具有约束力，它对其他人并不产生约束力。

第二节　新加坡知识产权纠纷仲裁的程序内容

一、仲裁协议与管辖权

（一）仲裁协议

1. 仲裁协议的概述

　　新加坡《仲裁法》第 4 条规定，仲裁协议是指当事人各方就所定义的法律关系（不论是否为合同关系）提出或解决的所有或某些纠纷的协议，即当事人约定将彼此间所发生的或可能发生的一切或部分纠纷，不论为契约关系与否，均提交仲裁的协议。另外，新加坡《仲裁法》第21条规定了仲裁协议的可分离性以及独立性。该法第2款规定，为仲裁庭裁决其自己的管辖权这一目的，构成合同一部分的仲裁条款应视为独立于合同中其他条款的协议。《仲裁法》第3款规定，仲裁法庭作出的合同无效决定，不得在法律上规定仲裁条款的无效性。在该规定中，依附于合同中的仲裁条款，其效力独立于合同，并且与合同中的其他条款是分离的。

2. 仲裁协议的形式要件

新加坡《仲裁法》第4条第3款规定，仲裁协议应当采取书面形式。但是，仲裁协议既可以是合同中的仲裁条款也可以是一个独立的仲裁协议。新加坡《仲裁法》支持多元化的书面形式。在通常情况下，仲裁协议体现在当事人双方签署的文件中，只要满足书面形式的要求，无论是口述记录还是电子信息、视频记录，都认定是书面的。新加坡《仲裁法》对仲裁协议的形式要求做了最宽泛的规定，如果双方以电子信息的形式达成合意，若该信息可用于日后的参考，仍可被认定为该电子信息满足仲裁协议以书面形式提出的要求。电子信息包括了当事人通过数据消息进行的任何通信，即通过电子、磁性、光学或类似手段生成、发送、接收或存储的信息，包括但不限于电子数据交换（EDI）、电子邮报、电报、电传或传真。

3. 仲裁协议的有效要件

为了使仲裁协议有效，除必需的书面形式外，仲裁协议必须包含双方当事人就某一定义的法律关系向其提交所有或某些纠纷的协议。仲裁协议应具有以下重要内容：①当事人选择组成的中立仲裁庭；②各方可以陈述理由的程序；③仲裁庭有根据相关法律解决争议的义务；④通过具有约束力的决定来确定当事人实体权利的程序。新加坡《仲裁法》规定，如果在任何仲裁或法律程序中，当事人在诉状、案件陈述或其他文件中声称有仲裁协议存在，在声明要求作出答复并且声明没有被拒绝的情况下，认定仲裁协议存在并且成为诉讼各方的有效仲裁协议，即除了明示仲裁协议，当事人也可通过行为表明彼此间以仲裁方式解决争议的意图。在仲裁或司法程序中，如一方当事人在申诉书、案情陈词或者任何其他文件中主张存在仲裁协议，且该等主张要求他方当事人答复而其对此主张不予以否认，那么应认定当事人之间存在有效的仲裁协议。[1]

4. 影响仲裁协议效力的因素

当事人订立仲裁协议表明了以仲裁解决争议的意图，但在订立仲裁协议时，有的仲裁协议因为存在措辞缺陷或者其他缺陷而导致仲裁协议的效力问题存在争议。新加坡法院对病理性或有缺陷的仲裁条款虽然采用"有效解释"原则，但是应当避免订立这样的仲裁协议。影响仲裁协议的因素主要有：①约定的仲裁规则是否存在；②仲裁机构是否存在，在约定仲裁机构时，往往会忽略仲裁机构名称的准确性；③合适的仲裁地点；④既约定仲裁又约定法院管辖；⑤仲裁协议本身因其他原因终止。另外，一方当事人死亡不影响仲裁协议的效力。新加坡《仲裁法》第5条第1款规定，仲裁协议不得因协议任何一方的死亡而解除，而应继续由死者的遗产代理人强制执行。有利于保护仲裁协议另一方当事人的合法权益。

（二）管辖权

仲裁机构或仲裁员以及法院在确定仲裁管辖权时主要考虑下面三个因素：一是当事人之间有无签订有效、可执行的仲裁协议；二是争议事项是否具有可仲裁性；三是提起仲裁的争议事项是否在仲裁机构或仲裁员的受案范围内。

对于仲裁协议的可仲裁性，如果违反公共政策，则不能将纠纷提交仲裁。例如，仲裁庭不能对新加坡的破产制度进行仲裁，因为企业的破产可能会影响到第三方的权利，而仲裁协议针对的是协议双方当事人。同时，仲裁庭也被排除了在刑事案件的裁决之外，刑事案件属于地方法院专属管辖。对纠纷可仲裁性的质疑，可以在仲裁程序中以管辖权异议的形式提出。

新加坡《国际仲裁法》和新加坡《仲裁法》都有规定，如当事人以仲裁协议无效为由申请撤销在新加坡作出的仲裁裁决或拒绝执行外国仲裁裁决，在当事人对仲裁协议管辖法没有任何表示的情况下，应当根据新加坡法律确定。

二、仲裁庭的组成及仲裁员

（一）仲裁机构

在新加坡，当事人既可以选择临时仲裁，也可以提交仲裁机构仲裁。新加坡国际仲裁中心（Singapore International Arbitration Center，SIAC），它于

---

[1] 杨安山：《新加坡法下仲裁协议的效力研究》，载《中国海商法研究》2014年第3期。

1990 年 3 月成立。依据新加坡仲裁法律的相关规定，新加坡国际仲裁中心（SIAC）可以行使下列职权：①受理并登记仲裁案件；②接收和送达当事人及仲裁法庭法律文书；③指导并协助当事人选择仲裁员，组织仲裁庭，并为仲裁庭提供后勤服务；④在仲裁庭正式成立之前，应当事人请求对仲裁机构的管辖权或仲裁协议的效力作出决定；⑤就本仲裁机构作出的裁决或其他法律文件加盖印章，提供证明；⑥聘任仲裁员及其他专家；⑦编制、修改本仲裁机构的仲裁规则；⑧编印仲裁机构宣传资料和仲裁员名册；⑨执行新加坡仲裁法规和本机构章程中规定的其他职责；⑩为当事人提供咨询、翻译等服务；⑪为在新加坡进行国际仲裁的当事人提供膳食安排、预订酒店和机票，以及交通等事宜。[1]

（二）仲裁庭

在实践中，当事人通常会约定仲裁庭成员，他们一般为 3 人。在当事人没有约定的情况下，仲裁庭成员默认为 1 人。仲裁庭的职责是依据当事人的仲裁协议对产生的纠纷进行仲裁。在与一名以上仲裁员进行的仲裁程序中，仲裁庭的任何裁决，除非当事人之间另有约定，都应当由其所有成员的全部或多数成员作出。对于出现的程序问题，可由当事人或者仲裁庭全体成员授权的主审仲裁员决定。

在新加坡，仲裁庭可以裁决自己的管辖权，应当公平和公正行事，并给予每一方提出其案件的合理机会。根据新加坡《仲裁法》的规定，当事人双方可自由商定仲裁法庭在进行仲裁程序时应遵循的程序，在没有约定的情况下，仲裁庭可以以其认为的适当方式进行裁决。新加坡《仲裁法》授予仲裁庭的权力包括裁定证据的可接纳性、相关性、重要性和权重。

仲裁庭可对当事人一方在仲裁程序进行期间基于迟延修改或补充其申索或抗辩等原因作出不允许修改的决定，除非当事人之间另有约定。另外，如果仲裁庭认为申索人在寻求其申索时有过度及不可原谅的延误，足以导致或相当可能导致不可能公正解决该项申索问题的重大风险或者已经导致或相当大的可能会对答辩人造成严重损害，审裁处可以作出裁定，驳回该项申索。

仲裁庭亦有任命专家的权力。除非当事人之间另有约定，仲裁庭可以任命一名或多名专家向仲裁庭报告具体问题以及规定任何一方向专家提供任何

---

[1]　詹礼愿：《中国区际商事仲裁制度研究》，中国社会科学出版社 2007 年版，第 106~108 页。

有关资料或出示、提供任何有关的文件货品或其他财产以供查阅。

（三）仲裁员

根据新加坡《仲裁法》，仲裁员的默认人数为一个，如果当事人未在仲裁协议中决定仲裁员的人数，则认定为独任仲裁员。对于仲裁员的选任，仲裁法允许当事人之间自由规定选定程序，当事人之间没有规定仲裁员选定的程序时，由新加坡国际仲裁中心（SIAC）的主席选任。仲裁员有广泛的权力作出各种命令和指示。例如，他们虽然可以向任何一方发出指示或命令，但也有进行信息披露、遵守仲裁规则以及对仲裁事项进行保密的义务。

1. 仲裁员的资格

在任命仲裁员时，除非各方当事人另有约定，否则不得因其国籍而不能担任仲裁员。在任命仲裁员时应当充分考虑其行为能力以及是否能够独立和公正地进行裁决，如果即将被任命为仲裁员的人选存在足以影响其公正裁决的事项，不能被任命为仲裁员。已经被任命为仲裁员的，如果存在影响公正裁决的事项而没有向第三方进行披露，亦会丧失仲裁员资格。

2. 仲裁员的指定

仲裁员的指定可由各方当事人自由商定。如果仲裁协议没有规定仲裁员的任命程序，或双方就指定仲裁员未能达成协议时，新加坡《仲裁法》规定，在与三名仲裁员的仲裁中，每一方当事人指定一名仲裁员，当事人通过协议指定第三名仲裁员。如果一方未能在收到另一方的请求后30天内指定一名仲裁员，或者双方未能在收到请求后30天内就第三名仲裁员的任命达成协议，任何一方均可应另一方当事人的请求，由指定机构作出委任。此外，在作出委任时，必须顾及以下因素：①仲裁标的事项的性质；②仲裁员的可用性；③仲裁当事人的身份；④任何当事人对任命仲裁员的任何建议；⑤仲裁员根据仲裁协议要求的任何资格；⑥确保任命一名独立和公正的仲裁员的考虑。另外，在独任仲裁员的仲裁中，如果双方不能就指定仲裁员达成协议，应当根据双方当事人的请求由指定机构任命。在任命时，亦应当考虑上述因素。依据新加坡《仲裁法》的规定，该指定机构应为新加坡国际仲裁中心（SIAC）主席。

3. 仲裁员的回避

依据新加坡《仲裁法》，凡是任何人接触可能获委任为仲裁员的人，均必须披露任何可能引起对其公正性或独立性的合理怀疑的情况。而仲裁员也有义务在其开始担任仲裁员及整个仲裁程序中披露可能影响其公正裁决的事项。

如果有理由怀疑仲裁员的公正性或独立性，或者他/她不具备当事人双方同意的资格，则可以质疑仲裁员的任命。当事人双方可以自由就有关质疑仲裁员的程序达成协议。然而，如果他们无法达成一致，根据新加坡《仲裁法》的规定，打算对仲裁员提出质疑的一方应当在知悉仲裁庭的章程后 15 天内或在知悉存在质疑情况后，向仲裁庭提交有关质疑理由的书面陈述。如果被质疑的仲裁员不退任，或者另一方不同意该质疑，则由仲裁庭裁决质疑。如果质疑不成功，受害方可以在收到仲裁庭驳回质疑的裁决通知之日起 30 天内向当地法院申请撤销仲裁员。对于法院作出的关于质疑的决定，提出质疑的一方是不能提出上诉的，当法院审核提出的申请时，仲裁庭包括受质疑的仲裁员可继续进行仲裁程序并作出裁决。

4. 仲裁员的撤销和替换

已经被选任的仲裁员在仲裁程序没完成前死亡的，其仲裁员的权限即告终止。在其他情况下，如果仲裁员受到质疑，则受质疑的仲裁员退出其职务或另一方同意该质疑或仲裁庭同意质疑，仲裁员可以被解除。另外，仲裁法明确规定，已经被任命的仲裁员在满足下列条件时可以被解除职务：①在身体或精神上无能力进行仲裁程序，或有理由怀疑他/她是否有能力进行仲裁程序；②拒绝、未能适当地进行诉讼或者未能使用一切合理的方式进行诉讼或作出裁决以及已经或将会对一方造成重大不公。在程序上，如果一方希望基于这些理由取消仲裁员，则仲裁庭必须首先向仲裁庭或相关仲裁机构（酌情）提出。如果该当事方不成功，它可以向当地法院申请取消仲裁员。同时，仲裁庭有权继续进行仲裁。

仲裁员停止任职的，当事人可以自由同意是否要另外选任新的仲裁员填补空缺。若重新选任新的仲裁员，则仍需满足上述关于仲裁员任命的要求。

5. 仲裁员的责任与权力

根据新加坡《仲裁法》的规定，对于以仲裁员的身份所作出或未作出的事项的疏忽，以及在仲裁程序中或在作出仲裁裁决时所犯的法律错误，违背的事实或作出的程序的错误，仲裁员不负责任。因此，仲裁员对于非故意的行为不须负责。

在任何情况下，如果协议规定由非当事人之一的人指定调解员，而该人拒绝作出该项委任或不在该协议所指明的时间内作出委任，或如果没有在订明协议的任何一方要求作出该项委任的合理时间内，新加坡调解中心主席可应该协议任何一方的申请，委任一名具有类似权力的调解员，在调解程序中行事，该人犹如按照该协议的条款获委任一样。如果任何仲裁程序中的各方以书面方式同意，并且只要任何一方没有撤回书面同意，仲裁员便可以担任调解员。

如果仲裁员在调解程序期间从仲裁程序的一方获得机密信息，而且在当事人未能就争端达成协议而终止仲裁程序时，仲裁员应在恢复仲裁程序之前向所有其他当事人披露仲裁程序中其认为对仲裁程序具有重要性的那些信息。

三、仲裁程序

一般而言，当事人可以通过仲裁协议确定其选择适用的仲裁程序。除非当事人另有约定，否则特定纠纷的仲裁程序从答辩人收到要求提交仲裁的请求之日开始。

（一）听证和书面记录

在双方当事人作出任何相反协议的情况下，仲裁庭应决定是否通过口头听证进行诉讼，提出证据或口头辩论，或根据文件和其他材料。除非当事人已同意不应举行听讯，否则仲裁庭应该应任何一方的请求，在诉讼程序的适当阶段举行听讯。另外，为了检查货物，其他财产或文件，应在仲裁庭的任何听证会和任何会议之前，向当事人发出充分的通知。一方当事人向仲裁庭提供的所有声明，文件或其他信息也应当通知另一方。仲裁庭据以作出决定的任何专家报告或证据文件均应通知当事人。

（二）证人的传唤

依据新加坡《仲裁法》的规定，仲裁庭有权为了让一方当事人的证人进行必要的宣誓或采取必要的证实而作出指示或发出命令。另外，新加坡《仲裁法》还规定，证人可以由仲裁协议的任何一方拿出传票传唤。法院可命令发出传票作证，或发出传票出示文件，以强迫证人出席仲裁庭，不论其是否在新加坡境内。法院亦可根据《监狱法令》（第247章）第38条发出命令，将囚犯提交某仲裁庭审讯。但是，证人不得因传票而被强迫出示其在审讯某宗诉讼时出示的文件。

（三）临时措施

新加坡《仲裁法》中也对临时措施进行了规定，即当事人既可以向法院申请临时措施又可以向仲裁庭申请临时措施，以保护申请当事人的相关利益。

仲裁庭可以临时保管属于或者构成纠纷标的物的一部分财产，当事人可就仲裁庭行使的关于补救权力达成协议。除仲裁庭可以采取临时措施外，也规定了法院具有发出临时命令或其他临时措施的权力。除非当事人之间另有约定，如果争端是该法院民事诉讼主体，仲裁庭可以裁决法院可能命令的任何补救或救济。

四、仲裁裁决的形成、救济与执行

（一）仲裁裁决的形成

1. 仲裁裁决的依据

根据新加坡《仲裁法》，在当事人对适用的法律未作选择时，仲裁庭应当适用由法律冲突规则确定的法律。如果当事人同意，仲裁庭可以根据其商定的或仲裁庭确定的其他考虑来确定纠纷。纠纷确定时，仲裁庭即可以对纠纷事项进行裁决。仲裁庭由一名或三名仲裁员组成，在与一名以上仲裁员进行的仲裁程序中，仲裁庭的任何裁决，除非当事人另有约定，应由其所有成员的全部或多数成员作出。任何程序问题均可由当事人或仲裁庭全体成员授权的主审仲裁员决定。作出裁决的时间受到仲裁协议的限制。新加坡《仲裁法》并未对仲裁裁决期限作出明确的规定，而是赋予了当事人自行决定以及延长仲裁裁决期限的权利。

2. 仲裁裁决的形式和内容

为使裁决在新加坡有效而必须满足的形式要求如下。裁决必须以书面形式签署：在只有单个仲裁员的情况下，由该仲裁员自己签署；在有两个或多个仲裁员的情况下，所有仲裁员签署或大多数仲裁员签署，不进行签署的仲裁员要说明省略签名的理由。另外，裁决还必须载明以下事项：①裁决理由，裁决必须说明裁决所依据的理由，除非当事人同意不陈述理由或裁决以商定的条件为基础；②裁决的日期和仲裁地点；③双方当事人的纠纷事项；④仲裁费用及仲裁费用的负担。裁决不需要由任何其他机构审查，除非仲裁机构的相关仲裁机构的规则（如果有的话）提出要求。在裁决作出后，仲裁员应将签署的裁决书副本送交给各方当事人。

3. 仲裁裁决形成过程中的特殊情况

如果在仲裁程序期间，当事人自主解决了纠纷，仲裁庭应当终止诉讼，如果当事人提出要求，仲裁庭没有表示反对，应当以仲裁裁决的形式将解决方案记录在议定书中。这一规定赋予了仲裁当事人和解的权利。《仲裁法》和《国际仲裁法》允许仲裁庭纠正计算错误，文书或印刷错误以及类似性质的错误。这可以在以下方面完成：一方当事人的请求，必须在裁决之日起30天内提交（除非各方在不同的时间表上达成一致意见）；法庭的倡议，在裁决之日起30天内提交。如果一方提出请求，而仲裁庭认为请求合理，则必须在收到请求后的30天内提出请求。

4. 仲裁裁决的救济

仲裁庭根据仲裁协议作出的裁决是终局的，对各方以及通过或根据它们提出索赔的任何人都具有约束力，当事人可以通过抗辩或其他方式在任何有管辖权的法院提起任何诉讼。除非法律另有规定，否则仲裁庭在作出裁决时或者裁决作出后，不得修改、更正、复核、增补或撤销裁决。

依据新加坡《仲裁法》的规定，除非法律另有规定，否则法院不具有确认、变更或撤销仲裁协议裁决的管辖权。本法第48条规定，仲裁裁决被撤销的情况主要有以下几种：①仲裁协议的一方当事人在签订仲裁协议时无行为能力；②仲裁协议无效；③指定仲裁员或仲裁的程序不当；④仲裁裁决超出仲裁协议涉及的纠纷范围的，只有超出的部分可以被撤销；⑤因欺诈或贪污作出的裁决足以影响仲裁结果的；⑥未按照当事人的协议组成仲裁庭或进行仲裁程序；⑦仲裁协议双方当事人纠纷的主题不能通过仲裁解决的；⑧违反自然公正的原则作出裁决而使任何一方当事人的权利受到损害或违反公共政策。当仲裁裁决涉及以上内容时，该裁决就会依法被法院撤销。对于违反公共政策作出的撤销仲裁裁决的决定，仲裁法并没有对违反公共政策的范围加以限定，法院在审理申请撤销仲裁裁决时，主要基于法官的自由裁量。一方当事人依据上述情况申请撤销仲裁裁决时，法院可在适当的情况下，在任何一方当事人的要求下，暂时中止撤销裁决的法律程序，延长裁定的期间，允许仲裁庭恢复仲裁程序或采取可消除撤销仲裁裁决理由的其他诉讼程序。

第九章

菲律宾知识产权纠纷仲裁

第一节　菲律宾知识产权纠纷仲裁的发展情况

一、菲律宾知识产权纠纷仲裁的立法与程序

近年来，菲律宾同样非常重视通过仲裁程序解决知识产权纠纷。2004年《替代性纠纷解决法》指示所有政府机构鼓励并积极推动使用ADR作为解决争议的有效工具。为促进知识产权纠纷得到高效解决，2010年菲律宾知识产权局（IPOPHL）引入了ADR计划，它包括调解与仲裁程序。在菲律宾，知识产权纠纷调解程序取得较好的效果，知识产权纠纷调解程序是强制性的。与此不同，知识产权纠纷仲裁程序并没有得到较大范围的适用。这主要可能是因为仲裁程序对申请人缺乏吸引力，申请人通常仅在调解程序未解决的情形下才考虑仲裁程序。

在菲律宾，知识产权纠纷仲裁主要可以分为两类：菲律宾知识产权局（IPOPHL）提供的仲裁服务以及社会仲裁机构提供的仲裁服务。菲律宾仲裁程序可以适用包括知识产权争议在内的所有民商事争议。菲律宾纠纷解决中心（PDRC）等仲裁机构也为申请人提供相应的调解服务。菲律宾知识产权局（IPOPHL）为申请人提供专业的知识产权纠纷仲裁服务。不仅如此，菲律宾知识产权局（IPOPHL）与WIPO合作提供专业的仲裁服务。

（一）菲律宾仲裁程序的立法情况

1953年，菲律宾颁布了《仲裁法》。1965年，菲律宾加入了《联合国承认和执行外国仲裁裁决公约》。如前所述，2004年菲律宾颁布了《替代性纠纷解决法》。该法以联合国国际委员会《国际贸易仲裁示范法》（《仲裁示范法》）为蓝本对仲裁与调解程序进行规范，它已经成为菲律宾仲裁程序法规

范的重要内容。在 2004 年《替代性纠纷解决法》中，立法对国内仲裁与国际仲裁进行了一定的区分。在菲律宾，国际仲裁主要援引 2004 年《替代性纠纷解决法》相关规范进行处理；国内仲裁主要还是援引 1965 年《仲裁法》相关规范，它在仲裁协议的有效性、仲裁庭的组成以及仲裁程序进行和终止等问题方面同样可以援引 2004 年《替代性纠纷解决法》相关规范进行处理。[1]

（二）仲裁协议与仲裁庭组成

首先是仲裁申请的提起。在诉状中应当同时提交书面仲裁协议。因为双方的权利义务都被规定在仲裁协议中，而诉讼的依据也优先来自于仲裁协议。

仲裁申请并没有规定具体形式，只要是以书面形式签署即可。而仲裁协议应当包括以下内容：指定仲裁员的程序、仲裁的语言、仲裁程序以及申请人为实施仲裁而要求的其他事项。仲裁的机关可以是双方协议中所指定的仲裁机关，若无指定则由专门仲裁机构根据其规则进行仲裁。

对于国内的仲裁，双方可以自由确定仲裁庭的组成。根据菲律宾的法律规定，当一方寻求指定机构协助或者在默认情况下法院任命一名仲裁员期间，受屈的一方可以寻求指定机构的协助，或者以其默认方式向法院指定一名仲裁员。在收到仲裁请求后，如果两名仲裁员在同一时间未能就第三名仲裁员达成协议，受害方可以要求指定机关或法院视情况指定仲裁员。而由指定机关或者法院决定的仲裁员必须在收到通知后的 7 天表示接受或者拒绝。

（三）仲裁程序规范

若双方同意委任仲裁员的方式，但其中一人没有按照程序采取行动或者遵守规则，则申请人可以将该约定转交给指定机关或者法院，并且以接受该案件的仲裁机构任命仲裁员。当然，如果没有就任命仲裁员的方式达成一致，申请人也可以将任命提交给指定机关或者法院。在菲律宾的法律中，对于仲裁请求进行答复可以被视作答辩人的抗辩声明。不过，法律并没有规定提出答复是强制性的。所以即使答辩人未能提出答复也不会终止仲裁程序。不过，为了保护自己的权利，答辩人应该提出关于否定仲裁请求的事实证据。

在实际的仲裁程序中，答辩人不回应索赔人的仲裁要求可能也是一个糟糕的策略。因为在仲裁员看来，答辩人可能本身处于弱势地位或者更像是应

---

[1] See Tetsuo Kurita & Jennebeth Kae Cainday, "Dispute Resolution and Arbitration System in the Philippines", https://www.lexology.com/library/detail.aspx? g=2235c863-acba-4b3e-b5f7-193 a0ea523fb, last visited at 2024-7-14.

当承担赔偿责任的一方。除非申请人已经以书面协议规定仲裁员必须作出裁决的时间，否则仲裁员的书面裁决应当在听证会结束后 30 天内提出。这一期间可以通过双方的相互同意而得以延长。

（四）仲裁裁决的形成、救济与执行

关于撤销裁决的理由：在下列任何一种情况下，只要争议任何一方提出请求并有充分的证明，法院必须作出命令来撤销该仲裁结果：①裁决是通过腐败、欺诈或其他不当手段获得的；②仲裁员有明显的偏袒或腐败；③仲裁员因表现出足够的原因而拒绝延迟听证，或拒绝听取关于争议的证据，并且拒绝听取有关争议的证据，一名或多名仲裁员被取消资格；④仲裁员超越了他们的权力，或者不正确地执行了他们的权力，对提交给他们的事项没有作出明确的裁决。

关于仲裁员的费用，《仲裁法》规定为每日 50 比索（约为每日 1 美元）。但是该法是在 70 年前颁布的，所以在如今看来该仲裁员费用相当不合理，所以具体费用细则由 ADR 办公室另行规定。如今规定的仲裁费用与仲裁的标的有关。如果标的在 100 万比索以内，则仲裁费用为 30 000 比索。若标的超过 100 万比索，则额外支付 0.16% 乘以总标的减去 100 万比索的数额。行政费用包括给予相关法官、书记员和秘书服务的费用。若是有特殊或者意外的情况导致额外的成本和支出，菲律宾纠纷解决中心（PDRC）能够额外收取相关的仲裁费用。建议的费用会基于以下一些因素：①各方支付费用的能力；②案件的复杂程度；③仲裁员的选派。

第二节　菲律宾知识产权局（IPOPHL）的仲裁

一、菲律宾知识产权局（IPOPHL）仲裁程序概述

菲律宾知识产权局（IPOPHL）与世界知识产权组织和菲律宾争端解决中心合作建立相应的仲裁制度。菲律宾知识产权局在各方专家参与之下专门制定了菲律宾知识产权局（IPOPHL）仲裁规则。该仲裁规则对仲裁协议、仲裁员、仲裁规则等规定作出了详细规定。根据仲裁规则，菲律宾知识产权局（IPOPHL）与菲律宾纠纷解决中心（PDRCI）仲裁中心合作运行仲裁中心行政部门。

菲律宾知识产权局（IPOPHL）仲裁的案件主要涉及在《知识产权法》中确认相关知识产权纠纷。菲律宾知识产权局（IPOPHL）仲裁规则明确了知识产权纠纷的内涵，它既包括知识产权权属（注册、登记等）纠纷也包括知识产权侵权纠纷。适用知识产权局仲裁程序的前提是申请人必须根据菲律宾知识产权局（IPOPHL）仲裁规则提交仲裁协议。仲裁协议既可以采用单独的仲裁协议形式也可以采用其他合同内的仲裁条款形式。在菲律宾知识产权局（IPOPHL）仲裁案件应当根据要求将请求提交仲裁中心行政部门，它须根据该仲裁规则进行仲裁，法律另有禁止性规定的除外。不仅如此，该仲裁规则还对仲裁通知及仲裁材料的提交等内容作出了详细规定，上述事项在仲裁庭成立之前都是由仲裁中心行政部门来负责实施。一旦仲裁庭正式成立之后，申请人应当直接将相关材料提交给仲裁庭。根据该规则，仲裁庭向申请人发出任何指定和决定都应当向仲裁中心行政部门提交一份副本。

二、菲律宾知识产权局（IPOPHL）的仲裁听证程序

菲律宾知识产权局（IPOPHL）仲裁程序从申请人向仲裁中心行政部门提交仲裁申请开始。仲裁机构行政部门在收到仲裁申请之后应将仲裁通知和仲裁开始日期通知申请人和被申请人。其中，仲裁申请应当包括以下几个方面的内容：①要求根据菲律宾知识产权局（IPOPHL）仲裁规则进行仲裁的请求；②申请人与被申请人的姓名、地址、电话、传真、电子邮件等其他通信信息；③仲裁协议副本；④对案件涉及的知识产权相关内容进行简要陈述；⑤对案件涉及救济内容以及诉请金额进行简要说明；⑥有关仲裁员的选任等内容。在收到仲裁通知之后，对方申请人应在15天内向仲裁机构行政部门提交答辩意见。

在仲裁程序启动之后，申请人应当根据要求选任仲裁员。如果申请人与被申请人就仲裁员人数未达成一致意见，那么仲裁庭仅需一名独任仲裁员，除非仲裁行政部门根据案件具体情况认为案件需多名仲裁员，此时仲裁庭仲裁员合适的人数为3人。不仅如此，该仲裁规则还对申请人选任仲裁员程序进行了详细规定。根据规则，仲裁员选任是以尊重申请人意愿为原则的。如果申请人无法形成一致意见，仲裁行政部门会根据情况指定合适的仲裁员。另外，如果申请人对仲裁员的国籍形成了一致意见，那么仲裁庭应当尊重申请人的决定。如果申请人就独任仲裁员或首席仲裁员国籍未能达成一致意见，

仲裁行政部门应当根据案件具体情况选择合适的仲裁员。为保证选任仲裁员的中立性，该规则要求任何一方申请人都不得与待选仲裁员进行当面沟通，但沟通候选人的资格、意向和独立性等问题除外。其中，仲裁员选任最核心的要素就是待选仲裁员必须保持中立性和独立性。待选仲裁员存在任何影响其中立性和独立性的因素都应当及时向仲裁行政部门和申请人进行披露。仲裁员必须与仲裁机构沟通并采用书面形式表示接受仲裁邀请，仲裁机构应当及时通知申请人与被申请人。

仲裁庭成立之后，仲裁中心行政部门应当将相关文件转送给所有仲裁员。仲裁员有权根据规则仲裁相应的案件。仲裁员应当平等对待申请人与被申请人，保障任何一方申请人均有平等机会发表意见。不仅如此，仲裁庭还应当根据案件情况合理安排仲裁开庭等相关程序，确保申请人与被申请人都能够参与仲裁。另外，菲律宾知识产权局（IPOPHL）仲裁规则对申请人及被申请人提交书面陈述作出了相应规范。根据该规则，仲裁庭还可以根据申请人的请求作出相应的临时保护措施。

在双方都提交案件陈述之后，仲裁庭通常会举行初步会议，该初步会议主要处理相关程序问题。它包括明确仲裁事项、出庭陈述的证人人数以及其他程序性安排。在初步会议（或双方提交书面陈述）之后15日内，仲裁庭会根据申请人陈述情况就上述内容发布相应的程序指令。根据规则，申请人及仲裁员都需签字确认程序指令。申请人及仲裁庭确认过的程序指令还需提交仲裁中心的行政部门确认。如果任何一方申请人拒绝签字确认程序指令的相关内容，仲裁庭应当将程序指令的内容提交给仲裁中心行政部门确认。

菲律宾知识产权局（IPOPHL）仲裁规则还对证据问题进行了规范，它规定仲裁庭是证据可采性、相关性以及证明力的唯一裁决者。在仲裁期间，仲裁庭可以根据一方申请人的请求或依职权命令一方申请人提交相关文件或其他必要的证据，还可以要求申请人接受仲裁庭及其他委托的专家进行相关财产检查。针对知识产权类纠纷的特点，菲律宾知识产权局（IPOPHL）仲裁规则还专门规定了实验程序（Experiments）。根据该规则，一方申请人可以向仲裁庭及对方通知相关问题的实验情况，该实验情况通报应当记载包括实验目的、实验简报、实验方法以及相关结论等内容。针对该实验通报情况，对方申请人可以根据相关数据和步骤充分了解实验情况以验证实验结果。为保证认定事实的真实性，仲裁庭还可以根据申请人的请求或依职权针对案件涉及的财产、设备、设施、生产线、材料、产品等内容进行现场考察。在征得申请人与被申请人同意的情况下，仲裁庭还可以要求申请人提供知识产权纠纷涉及的科学技术和专业信息等相关材料。

另外，菲律宾知识产权局（IPOPHL）仲裁规则对案件涉及的商业秘密和技术机密等信息的披露和保密情形作出了详细规定。根据规则，申请人可以协商确认披露相关保密信息，仲裁庭可以根据申请人请求和案件情况决定是否披露相关信息，未经批准披露的信息将获得严格的保密。为了更好地保护保密信息，仲裁庭还可以根据申请人请求或者依职权任命保密专家来协助确认相关保密信息。委任保密专家既可以保证相关信息不向申请人披露，也可以保证相关信息不向仲裁庭披露。菲律宾知识产权局（IPOPHL）仲裁规则对听证程序也进行了相应规范。如果申请人提出请求，仲裁庭应当举行听证会听取双方及证人（专家证人）的意见。如果申请人并未提出请求，仲裁庭可以根据案件情况决定是否举行听证会。在确定举行听证会的案件中，仲裁庭应当及时通知各方申请人听证会的时间和地点等信息，所有的听证会议都是非公开的，除非双方当事人另有约定。在未举行听证会的案件中，仲裁庭将仅依据双方提交的文书及其他材料进行仲裁。

为保障仲裁程序的公正性，菲律宾知识产权局（IPOPHL）仲裁规则对证人出庭和专家证人委任等问题作出了较为详细的规定。根据该规则，仲裁会通常会在听证会之前要求申请人与被申请人确认申请出席仲裁庭听证会的证人以及证明的相关事项。当然，仲裁庭可以根据证据的相关性和必要性限制证人出席听证会，这一规则同样适用于专家证人。在仲裁庭的组织下，申请人与被申请人都可以对出席听证会的证人进行提问，仲裁庭同样可以进行提问。仲裁庭可以根据案件情况确定证人退出听证会，尤其是在其他证人作证期间，这样可以避免证人受到其他因素的干扰。根据该规则，证人可以提交书面证人证言，它要求证人满足署名或者宣誓等条件，仲裁庭在证人同意随时出席听证会的前提下接受上述书面证人证言。证人出席听证会的费用由提出请求一方申请人承担。

针对知识产权案件的特征，仲裁庭在与申请人协商之后任命一名或多名独立的专家就特定事项提交专业报告。仲裁庭在考虑申请人各方的意见后确认专家调查的职权范围并通知各方申请人，专家应当签署保密承诺书。收到专家报告之后，仲裁庭应当向双方当事人送达专家报告副本，以便当事人有机会针对专家报告提交相关意见。各方当事人还可以查阅与专家报告相关的任何材料。根据该规则，专家报告的效力由仲裁庭根据案件的具体情况进行审查和确定，除非申请人及被申请人确认专家报告的结论具有终局性。在申请人和被申请人双方都已经充分陈述意见和提交证据之后，仲裁庭可以终止听证程序。根据案件的具体情况或者一方申请人的申请，仲裁庭可以在最终裁决之前再次举行听证程序。

申请人未能按照要求提交相应的请求陈述（Statement of Claim），仲裁庭应当终止程序。被申请人未能按照要求提交相应的答辩陈述（Statement of Defense），仲裁庭可以根据仲裁程序作出相应裁决。如果申请人或被申请人未能按照要求按时参加仲裁，仲裁庭同样可以根据仲裁程序作出相应裁决。如果申请人或被申请人未能按照要求遵守仲裁庭的相关指令，仲裁庭可以根据案件情况作出适当的推论。

三、菲律宾知识产权局（IPOPHL）仲裁的裁决程序

如果仲裁庭由多名仲裁员组成，仲裁庭的决定应当根据多数人意见作出。如果仲裁庭未能形成多数人意见，那么仲裁庭首席仲裁员将以独任仲裁员身份进行裁决。根据裁决内容的不同，仲裁庭可以作出初步裁决、临时裁决、中间裁决、部分裁决以及最终裁决。仲裁庭应当以书面的形式作出裁决，并说明仲裁的时间及地点。仲裁庭作出裁决应当说明理由，除非申请人及被申请人另有约定或选择适用的法律另有规定。仲裁裁决应当由仲裁庭仲裁员署名。其中，其规定仲裁裁决要求多数仲裁员署名，其他未署名的仲裁员应当说明理由。首席仲裁员以独任仲裁员名义作出裁决，该裁决由首席仲裁员一人署名即可。在作出正式仲裁裁决之前，仲裁庭应当将仲裁裁决初稿送交给仲裁中心行政部门对形式和实质性问题进行审查，以确保仲裁裁决的有效性。当然，仲裁有权是否接受仲裁中心行政部门的审查意见。仲裁庭作出的仲裁裁决应当送达给申请人、被申请人、所有仲裁员以及仲裁中心行政部门。仲裁中心行政部门负责送达上述仲裁裁决。申请人或被申请人还可以申请仲裁中心行政部门提供仲裁裁决的副本，他们需要缴纳相应文书费用。在正式作出仲裁裁决之前，仲裁庭还应当将仲裁裁决的初稿提交给菲律宾知识产权局仲裁办公室（IPOPHL Arbitration Office）。该办公室可以根据情况修改仲裁裁决的形式内容，它不能影响仲裁裁决的实质内容，该办公室还可以就仲裁裁

决实质性问题提出建议。

为促进案件得到有效处理，菲律宾知识产权局（IPOPHL）仲裁规则规定仲裁程序须在一定期限内完成。它规定仲裁听证等程序应在申请人及被申请人各方提交陈述之后 8 个月内完成。最终裁决应在听证程序结束之后 3 个月内完成。如果仲裁庭未能在上述规定期限内完成听证等程序，他们应当向仲裁中心行政部门提交进展报告，并向申请人及被申请人送达报告副本。在未完成相应程序期间，仲裁庭每 3 个月须向仲裁中心行政部门及申请人和被申请人提交进展报告。如果听证等程序结束之后 2 个月内未能作出最终裁决，仲裁庭须向仲裁中心行政部门解释迟延的理由，并向申请人和被申请人送达报告副本。在作出最终裁决之前，仲裁庭每 1 个月须向仲裁中心行政部门及申请人和被申请人提交解释报告。

菲律宾知识产权局（IPOPHL）仲裁中心的仲裁裁决能够得到知识产权局协助执行。根据该仲裁规则，仲裁裁决自作出之日起具有执行效力。申请人和被申请人都不得寻求其他途径进行上诉或者提起司法诉讼。具体而言，仲裁裁决自仲裁中心行政部门送达申请人及被申请人之时即对双方产生约束力。在收到仲裁中心行政部门转送的最终裁决之后，菲律宾知识产权局仲裁办公室（IPOPHL Arbitration Office）应当协助执行仲裁裁决。它最终由菲律宾知识产权局（IPOPHL）行政部门根据相关法规执行。

在仲裁过程中，仲裁庭可以根据案件情况建议申请人和被申请人进行和解。在最终裁决作出之前，申请人和被申请人双方达成和解协议，仲裁庭应当终止仲裁程序。另外，仲裁庭可以根据双方要求依据和解协议内容作出相应的合意裁决（consent award），并无需附具任何说理。在裁决作出之前，仲裁程序因特定原因无法继续也无需继续，仲裁庭应当通知申请人和被申请人终止相关程序。根据菲律宾知识产权局（IPOPHL）仲裁规则，仲裁庭有权发布指令终止仲裁，除非申请人或被申请人能够在规定的期限内提出合理的反对理由。

根据该规则，合意裁决和终止仲裁程序指令同样需要仲裁庭的仲裁员署名。其中，署名规则与仲裁庭作出仲裁裁决相同。与此同时，仲裁庭还须将合意裁决书提交给申请人、被申请人、所有仲裁员以及仲裁中心行政部门。合意裁决与仲裁裁决的执行措施相同，它同样由菲律宾知识产权局（IPOPHL）负责执行。

该规则还规定了裁决内容错误的纠正程序。具体而言，申请人或被申请人在收到仲裁裁决之后 30 天内可以向仲裁庭和仲裁中心行政部门提出请求更正仲裁文书中存在的计算、格式等错误。仲裁庭认为申请人或被申请人的请求具有正当理由时，他们会在收到请求 30 天内作出纠正。仲裁庭针对仲裁裁决的任何纠正都必须采用独立的备忘录模式，该备忘录需按照仲裁裁决的形式进行署名，它将被视为仲裁裁决的一部分。当然，仲裁庭可以在发出仲裁裁决之日起 20 天内自行纠正裁决文书中的任何错误。在收到裁决书之日起 20 天内，申请人或被申请人可以向仲裁庭请求针对仲裁程序提出但裁决书未涉及的索赔内容进行补充裁决，并向仲裁中心行政部门及对方申请人提交申请书副本。在作出裁决之前，仲裁庭应当给予申请人及被申请人陈述意见的机会。如果仲裁庭认为请求具有正当理由，他们可以在收到请求后 45 天内作出相应裁决。

菲律宾知识产权局（IPOPHL）仲裁规则对仲裁过程中披露信息的保密作出了非常严格的要求。根据该规则，仲裁庭及申请人和被申请人对仲裁程序相关的所有信息都必须保密。申请人及被申请人不得向任何第三方披露与仲裁相关的信息，除非申请人向法院申诉或执行机构申请执行后根据法律法规披露相关信息。与此同时，披露信息一方在向有关部门披露信息的过程中同样须遵守相应行为规范。申请人或被申请人披露相关信息必须在法律规定的限度之内。如果在仲裁过程中披露相关信息，信息披露一方须向仲裁庭及对方或者单独向对方提供披露的详细信息以及披露这些信息的原因。当然，申请人及被申请人可以向第三方披露仲裁双方的姓名以及其他必要信息。

根据该规则，申请人或被申请人提交的任何文书以及其他证据和证人所做的证言都属于保密信息的范围。任何一方在未获得对方同意或者法院指令的情况下不得将上述信息披露给第三方，除非该信息属于公开信息。在申请人及被申请人申请证人出席听证会的情况下，各方应确保己方所申请的证人对仲裁过程中获知的相关信息进行保密，否则各自应当对己方证人的违规行为承担相应的责任。

另外，规则还要求申请人及被申请人对裁决结果的内容继续保密。在特定情况下，申请人或被申请人可以向第三方披露相关信息。它包括：①申请人及被申请人双方都同意；②仲裁裁决因司法诉讼或行政事务进入公共领域；③仲裁裁决因其他法定义务必须披露的情形。不仅如此，该规则还明确要求仲裁中心行政部门及仲裁员对仲裁程序涉及的所有文件、证据等内容以及裁决结果都必须进行严格保密，除非法律另有规定：上述信息被用于司法诉讼程序。当然，仲裁中心管理部门在统计公布工作数据过程中可以记载部门仲裁信息，它必须保证记载的信息在必要限度之内，并且记载的信息还必须进行匿名化处理。另外，该规则还规定申请人和被申请人以及其代理人在仲裁程序中的任何书面或口头陈述都不得被用于其他任何诉讼活动。

第三节　菲律宾纠纷解决中心（PDRC）的仲裁

一、菲律宾纠纷解决中心（PDRC）仲裁概述

如前所述，菲律宾纠纷解决中心（PDRC）能够在海事、银行、保险、证券、知识产权等领域提供非常专业的调解与仲裁服务。菲律宾纠纷解决中心（PDRC）提供仲裁服务的历史更为悠久。实际上，菲律宾纠纷解决中心（PDRC）的前身就是菲律宾工商仲裁委员会，它与韩国商事仲裁委员会、印度仲裁委员会、印度尼西亚国家仲裁委员会、新加坡国际仲裁中心、香港国际仲裁中心等国际仲裁中心达成和解协议。2004 年，菲律宾纠纷解决中心（PDRC）与亚太地区其他 16 个仲裁中心成立了亚太仲裁联盟。2011 年，菲律宾纠纷解决中心（PDRC）搬回 PCCI 大厦办公。2015 年，菲律宾纠纷解决中心（PDRC）发布了仲裁规则；2021 年，菲律宾纠纷解决中心（PDRC）发布了新的仲裁规则。菲律宾纠纷解决中心（PDRC）仲裁规则对仲裁员的选任、仲裁程序等内容作出了详细规定。[1]

随着 2021 年菲律宾纠纷解决中心（PDRC）仲裁规则的颁行，案件提交至菲律宾纠纷解决中心（PDRC）进行仲裁将适用 2021 年仲裁规则，除非申请人与被申请人另有约定。根据该规则，一方启动仲裁需要提交书面申请。不仅如此，仲裁申请材料还应当根据规则送达给仲裁中心和被申请人。在收到申请人仲裁申请和费用之后，仲裁程序将被视为正式开始。仲裁申请书应当包括以下几个方面的内容：①明确将案件提交仲裁；②申请人及其代理人的姓名、国籍、地址及其他联系方式；③仲裁协议；④案件涉及的合同或其

---

〔1〕　See https://pdrci.org/pdrci-arbitration-rules, last visited at 2024-7-14.

他材料；⑤案件索赔的简要说明以及案件所涉金额；⑥案件的诉求；⑦仲裁员数量的提议；⑧指定独任仲裁员或仲裁员的提议；⑨适用快速程序的提议。

收到菲律宾纠纷解决中心（PDRC）仲裁通知之后，被申请人需要在30天内提交答辩意见。其中，答辩意见应当包含以下几个方面的内容：①被申请人及其代理人的姓名、国籍、地址及其他联系方式；②针对仲裁通知中所列问题的简要回应；③针对案件的反请求；④指定独任仲裁员或仲裁员的提议；⑤适用快速程序的提议。被申请人还可以在答辩意见中提出仲裁庭缺乏管辖权或争议不具有可仲裁性的抗辩。

2021年菲律宾纠纷解决中心（PDRC）仲裁规则追加被申请人以及合并仲裁审理。具体而言，申请人可以向菲律宾纠纷解决中心（PDRC）以及其他所有被申请人、仲裁员提出追加被申请人的请求。案外人同样可以向菲律宾纠纷解决中心（PDRC）提出加入仲裁申请。申请人缴纳相应仲裁费用之后，相应的仲裁程序便发生效力。申请人及被申请人同样需要提交相应的诉求材料或答辩材料。申请人提出合并仲裁申请应当提交相关信息：①正在进行仲裁案件的信息；②各方申请人及被申请人的姓名、地址以及其他联系方式；③追加的仲裁请求；④其他仲裁申请及答辩意见所需的信息。在收到相关请求之后，菲律宾纠纷解决中心（PDRC）应当根据请求评估仲裁申请费用，并将追加仲裁请求通知其他申请人或被申请人以及仲裁庭。在确认存在仲裁协议以及申请人和被申请各方都同意时，菲律宾纠纷解决中心（PDRC）以及仲裁庭可以决定是否同意其他申请人加入仲裁程序。

二、菲律宾纠纷解决中心（PDRC）的仲裁员

根据该规则，双方可以通过协议确定仲裁员的人数及选择方式。如果申请人与被申请人没有明确仲裁员的数量，菲律宾纠纷解决中心（PDRC）应当确定要委任的仲裁员人数。菲律宾纠纷解决中心（PDRC）通常都是采取多名仲裁员组成仲裁庭的方式进行仲裁，但是申请人和被申请人也可以选择采用独任仲裁员的方式进行仲裁。申请人和被申请人可以协商确认独任仲裁员。如果申请人或被申请人在30天内未同意对方提出的独任仲裁员提议或者未提出任何任命提议，那么菲律宾纠纷解决中心（PDRC）将负责任命一名独任仲裁员。申请人和被申请人还可以通过协商确定任命独任仲裁员的程序。如果双方未达成一致意见，菲律宾纠纷解决中心（PDRC）可以决定启动任命

程序。

在任命仲裁员的过程中，菲律宾纠纷解决中心（PDRC）应当确保任命的仲裁员具有合格的条件并保持独立性和公正性。如果任命 3 名仲裁员组成仲裁庭，各方均可以提出 1 名仲裁员，第三名仲裁员则由双方任命的两位仲裁员选择再由菲律宾纠纷解决中心（PDRC）确认，该仲裁员即为首席仲裁员。如果申请人和被申请人任命的 2 位仲裁员在其任命之后 30 天内未能选任第三名仲裁员，那么菲律宾纠纷解决中心（PDRC）将根据规则任命第三名仲裁员作为独任仲裁员。如果案件涉及多方当事人，各方都应当参加选任仲裁员的过程。根据该规则，各方应当协商确认选任仲裁员的程序。如果各方未能就仲裁员人选达成一致意见，菲律宾纠纷解决中心（PDRC）应当决定任命仲裁员的程序或者任命仲裁员。菲律宾纠纷解决中心（PDRC）在确认或者任命独任仲裁员或第三名仲裁员之后仲裁庭随即成立。如果仲裁庭因特殊原因未能成立，菲律宾纠纷解决中心（PDRC）须根据任何一方当事人的请求组成仲裁庭或者重新委任仲裁员以便组成仲裁庭。在任命仲裁员的过程中，待选仲裁员的姓名、地址、联系方式、国籍、相关资质以及其他个人信息都应当披露。

仲裁员在确认接受仲裁之前还须签署声明确认在仲裁过程中保持中立性与独立性，并及时披露可能影响其中立性和独立性的相关信息。仲裁员披露相关信息并不意味着其承认存在任何有违独立性或中立性的情形。为更好地协助仲裁员遵守披露义务，申请人和被申请人以及其他参与方在了解仲裁员存在有违中立性情形之后应当立即通知菲律宾纠纷解决中心（PDRC）以及仲裁庭和其他参与方。如果仲裁员存在任何影响中立性和独立性或者不符合资质的情形，申请人和被申请人都可以申请仲裁员回避。申请人和被申请人在了解相关信息之后即可申请仲裁员回避，并且应当在收到仲裁员委任通知或者了解其他影响公正性信息之后的 15 天内向仲裁庭提出申请并通知其他参与方。回避申请书应当采用书面的形式，并且应当包括申请回避的事由等相关情况，申请人应当将上述材料提交给菲律宾纠纷解决中心（PDRC）和对方当事人以及所有仲裁员。实际上，申请人请求仲裁员回避还需要根据规则支付相应的费用，未支付相应费用仲裁员回避申请将不会进行处理。在菲律宾纠纷解决中心（PDRC）作出回避决定之前，仲裁员回避申请并不能中止仲裁程序。申请人和被申请人都同意仲裁员回避，那么该仲裁员任命即被视为撤销。被申请回避的仲裁员也可以撤销接受仲裁员任命。各方当事人撤销仲裁员任命或者仲裁员不接受任命并不意味着仲裁员回避事由成立。

如果其他当事人在收到仲裁员回避申请书之后 15 日内未同意对方仲裁员的回避申请，那么菲律宾纠纷解决中心（PDRC）将在收到秘书处通知之后 5 日内作出相应决定。菲律宾纠纷解决中心（PDRC）可以根据仲裁员回避申请的具体情况决定裁决的程序和时限，它包括听取双方当事人以及被申请回避仲裁员的意见。如果菲律宾纠纷解决中心（PDRC）裁决仲裁员回避，那么另一名仲裁员须及时根据程序进行任命。菲律宾纠纷解决中心（PDRC）有关仲裁员回避的决定是终局性的。仲裁庭应决定仲裁员回避费用，它包括仲裁员回避申请过程中所产生的所有费用。另外，如果仲裁员存在无法履行相应职责的情形，各方当事人同样可以申请其回避。如果一名仲裁员因回避或其他无法履职的情形而被撤销仲裁员资格，那么双方当事人应当根据规则重新选任一名仲裁员。如果双方无法形成一致意见，当事人可以请求菲律宾纠纷解决中心（PDRC）指定一名仲裁员或者授权其他仲裁员立即进行仲裁并作出裁决。当然，菲律宾纠纷解决中心（PDRC）在作出上述决定之前应当听取仲裁员和各方当事人的意见。如果仲裁员被撤换，继任的仲裁员应当继续之前的仲裁程序而无需重复之前已经进行的程序，除非仲裁庭另有决定。另外，仲裁中心秘书长还会根据要求从既定名单中任命一名文书顾问（File Counsel）。该文书顾问独立于仲裁庭，它代表菲律宾纠纷解决中心（PDRC）对仲裁程序进行监督。文书顾问可以出席案件管理会议和听证会议，但它并不承担仲裁庭秘书的职责。文书顾问同样需要根据规定披露相关个人信息以便各方监督，菲律宾纠纷解决中心（PDRC）对文书顾问回避申请的决定具有最终决定权。此外，仲裁庭或者首席仲裁员还可以任命一名仲裁庭秘书协助处理相关程序问题。仲裁庭秘书都是从仲裁中心秘书长推荐的选任名单中进行任命。在仲裁庭秘书长推选过程中同样需要听取仲裁庭或首席仲裁员的意见。仲裁庭秘书同样需要披露相关个人信息，以便接受各方当事人监督。

三、菲律宾纠纷解决中心（PDRC）的仲裁程序

在不违反仲裁规则的情况下，仲裁庭可以其认为适当的方式进行仲裁。仲裁庭应当平等对待各方当事人，给予当事人合理陈述的机会。仲裁庭应提供公正有效的争端解决程序，避免不必要的拖延。如果一方当事人提出请求，仲裁庭应在程序的适当阶段举行听证会，进行口头辩论。当事人没有提出此

类请求，仲裁庭应决定是否举行此类听证会或者根据文件和其他材料进行裁决。

根据该规则，双方当事人之前没有就仲裁地达成一致，仲裁地应为菲律宾，除非仲裁庭根据案件情况确定另一个更合适的仲裁地。该裁决应被视为在仲裁所在地作出。仲裁庭可在其认为适合的地点进行审议或者举行听证会，除非当事人另有约定。根据仲裁协议，仲裁庭应在组成后立即确定诉讼程序中使用的语言，包括当事人提交的材料、口头听证会和最终裁决。如果协议未明确仲裁语言，仲裁语言应为英语。如果当事人采用其原始语言提交的文件、物证等材料，仲裁庭可以要求当事人提供材料的译本。

收到菲律宾纠纷解决中心（PDRC）文件之后，仲裁庭可以根据自由裁量权决定召开线下会议或者通过视频或音频会议召开线上案件管理会议讨论可能采取的程序措施。仲裁庭可邀请当事人在案件管理会议之前提交相关提案。在案件管理会议期间或之后，仲裁庭会向各方发布仲裁程序指令。该指令包括以下几个方面的内容：①当事人及其代理人的姓名、地址、联系方式；②仲裁程序中涉及信息通知或联系的其他地址；③所有仲裁员的姓名、地址以及其他联系信息；④仲裁庭秘书的相关信息；⑤仲裁地；⑥仲裁语言；⑦仲裁事项清单；⑧仲裁规则未规定的其他程序规则以及授权仲裁庭以友好调解或善意方式作出裁决；⑨仲裁程序时间表；⑩仲裁庭认为适当的任何其他程序事项。仲裁庭还可以通过"仲裁范围"（Terms of Reference）书的形式发布程序指令。如果采取此种方式，仲裁庭还可以通过补充仲裁范围书的方式指出在案件管理会议期间暂时无法决定的其他程序事项。

1. 索赔声明与抗辩声明

申请人应当在仲裁庭成立后的规定期限内通过书面的形式向菲律宾纠纷解决中心（PDRC）提交索赔声明并送达给对方申请人和所有仲裁员。如果申请人在仲裁申请中已经列明索赔声明的内容，申请人可以将其作为索赔声明无需再提交。其中，索赔声明应当包括以下几个方面的内容：①各方当事人的姓名、地址以及其他联系材料；②支持索赔请求的事实；③索赔事项；④索赔事项的法律基础；⑤索赔事项涉及的金额；⑥赔偿方式。申请人在提交索赔声明的过程中还需提交与争议相关的合同和其他相关法律文件以及所有证据材料。收到上述材料之后，菲律宾纠纷解决中心（PDRC）应当根据索赔金额确定仲裁费用。

被申请人在仲裁庭确定的时间内应当向菲律宾纠纷解决中心（PDRC）提交抗辩声明，并送给申请人和所有仲裁员。被申请人同样可以选择答辩申请书作为抗辩声明。被申请人在提交抗辩声明的过程中还应当提交证据材料。不仅如此，被申请人在抗辩声明中还可以提出反请求和其他索赔请求。在仲裁过程中，申请人和被申请人还可以修改其索赔声明和抗辩声明，除非仲裁庭认为当事人的修改存在不合理的情形。当然，申请人和被申请人提交的索赔声明和抗辩声明不得超出仲裁庭管辖的范围。

双方提交相应声明之后，仲裁庭会根据双方的材料确定仲裁范围（Terms of Reference）书。其中，仲裁范围书应当包括以下几个方面的内容：①各方索赔及其金额以及赔偿方式；②待确定问题的清单；③程序指令的补充和修正；④澄清仲裁庭在仲裁程序过程中保留的其他权力。实际上，仲裁范围书可以通过程序指令的方式发布也可以通过仲裁庭与当事人联合确认的方式发布。如果仲裁范围书是当事人联合确认发布，那么双方当事人需署名确认并且未经当事人同意确认不得任意修改。其中，仲裁范围书需要至少一方当事人署名和仲裁庭确认。

2. 简易处理

在提交相关索赔或抗辩之后15日内，任何一方都可以请求仲裁庭针对毫无理由的索赔申请或抗辩请求进行简易处理。仲裁庭可以根据案件情况决定是否进行简易处理。如果仲裁庭同意进行简易处理，那么应当给予对方当事人陈述意见的机会。与当事人协商后，仲裁庭可以采取其认为适当的程序性措施，仲裁庭还可以听取当事人的意见。除非有正当理由，否则当事人不得再提交证据。仲裁庭应在同意简易处理之后60天内作出相应裁决，除非菲律宾纠纷解决中心（PDRC）允许延长仲裁时间。在仲裁过程中，仲裁庭还可以要求当事人针对之前的陈述提交进一步的书面陈述。实践中，菲律宾纠纷解决中心（PDRC）可以根据案件的具体情况确定相关程序的期限。在通常情况下，当事人提交索赔声明和抗辩声明的期限都不得超过45天，仲裁庭也可以适当延长期限。

3. 临时保护措施

在仲裁庭成立之前，申请人可以向法院申请临时保护措施。仲裁庭组成之后以及仲裁过程之中，当事人可以向仲裁庭申请临时保护措施；针对仲裁庭无法处理的事项，当事人还是可以向法院申请临时保护措施。当事人申请临时保护措施需要缴纳相关费用并提供担保。其中，临时保护措施的主要目的包括：① 防止无法弥补的损失或伤害；②为履行任何义务提供担保；③保存相关证据；④在争端解决之前维持现状；⑤采取行动防止或避免进一步的损害；⑥保存有争议货物或者可用于履行裁决的资产；⑦禁止或者保护特定行为。

当事人需要通过书面申请提出临时措施，该申请应以合理方式转交仲裁庭并通知被请求采取临时措施的一方，且应详细地说明确切的救济请求、被请求采取救济措施的一方、救济的理由以及支持该请求的证据。临时保护措施对双方当事人都具有约束力。仲裁庭可以根据当事人申请或其他情形决定修正、中止或终止临时保护措施。当事人未遵守临时保护措施，须承担相应的赔偿责任，它包括所有的执行费用。当事人还可以申请法院协助执行仲裁庭发布的临时保护措施指令。仲裁庭还可以要求当事人披露与临时保护措施相关的信息。仲裁庭在决定发布临时保护措施过程中还可以要求申请人提供担保，并就临时保护措施造成的损害承担赔偿责任。

4. 听证程序

听证程序主要包括证据的出示、听证、专家证人、默认及放弃异议权等内容。如前所述，申请人和被申请人在提交仲裁申请和抗辩声明的同时需提交相应的证据材料。根据该规则，证据材料通常都应当在案件管理会议结束前提交，仲裁庭另有规定的除外。申请人和被申请人还需按照证据形式要求出示相关证据。一般而言，证人书面陈述和质询是不被接受的。如果双方当事人都同意，仲裁庭可以允许证人书面陈述和质询。双方出示证据应当尊重诚实信用原则，不得影响仲裁程序进程。一方当事人针对对方出示证据可以向仲裁庭提出异议，仲裁庭应根据情况在案件管理会议中作出相应决定。仲裁庭可以在程序进程安排表中列明出示证据的要求、时间、形式等方面的内容。

仲裁庭在允许当事人出示证据的过程中应当采取公正且快速的方式进行，对未能及时有效出示证据的一方可以施加费用等制裁措施。另外，仲裁庭可以决定出示证据的可采信性、相关性、真实性以及证据证明力。在举行口头听证的案件中，仲裁庭应当及时通知各方当事人听证的地点、时间等相关信息。仲裁庭可以要求证人以及专家证人出席听证会。听证程序应当采用不公开的方式进行。仲裁庭可以根据案件的具体情况排除部分证人或专家证人出席听证程序。如果证人是当事人一方，那么该证人不得被排除参加听证程序。与当事人协商之后，仲裁庭可以要求当事人通过视频或者音频会议出示证据。

5. 委任专家

与当事人协商后，仲裁庭可以指定一名或多名专家就仲裁庭确定的具体问题向仲裁庭提出书面报告。仲裁庭确定专家职权范围的副本应送交当事人。在接受任命之前，专家应向仲裁庭和各方当事人提交有关其公正性和独立性的说明。在规定时间内，各方当事人可以对专家的资格、公正性或独立性提出异议。仲裁庭应立即对此类异议作出裁决。仲裁庭任命的专家可以要求各方当事人提交与案件相关的文件、信息、货物或其他证据。收到专家报告之后，仲裁庭应当将报告副本送达各方当事人以便其有机会表达意见。当事人还可以要求专家出席听证会并对专家报告进行解释。

6. 听证会结束以及保密程序

在听证会结束之前，仲裁庭应询问各方当事人是否有进一步的证据提交。如果当事人无进一步证据提交或证人需要询问，仲裁庭可以结束听证会。如有需要，仲裁庭可以在最终裁决作出之前重启听证会。在仲裁过程中，当事人未能及时针对仲裁程序或事项提出异议将被视为放弃异议权。在仲裁过程中，所有信息未经披露者同意都不得披露。这些信息包括各方陈述、各方信息、产品信息、提交材料、证据材料以及专家报告等所有文件。

第十章

沿线其他国家及地区知识产权纠纷仲裁

第一节　亚洲国家知识产权纠纷仲裁

一、马来西亚与印度尼西亚知识产权纠纷仲裁

（一）马来西亚知识产权纠纷仲裁

与新加坡和菲律宾相比，马来西亚知识产权纠纷仲裁制度的发展仍处于起步阶段。马来西亚1983年《专利法》、1987年《版权法》、1976年《商标法》和1996年《工业品外观设计法》均没有明确知识产权纠纷的可仲裁性。在马来西亚，2005年《仲裁法》是知识产权纠纷仲裁的主要法律依据。其中，2005年《仲裁法》是以《联合国贸易法委员会国际商事仲裁示范法》（UNCITRAL Model Law on International Commercial Arbitration，Model Law）为范本制定。[1]实际上，2005年《仲裁法》并没有直接明确规定知识产权纠纷适用仲裁程序。不过，2005年《仲裁法》第4条规定，各方同意根据仲裁协议提交仲裁的任何争议都可以由仲裁决定，除非该仲裁协议违反了公共政策。该条还规定法律赋予法院管辖某一事项但未提及通过仲裁处理该事项并不表明有关该事项的争议无法通过仲裁裁决。可见，马来西亚2005年《仲裁法》并没有将知识产权纠纷排除在具有可仲裁性事项之外。为此，如果双方当事人有仲裁协议且未违反公共政策，该纠纷就可以根据2005年《仲裁法》第4条的规定申请仲裁。在马来西亚，不少仲裁机构都可以提供知识产权仲裁服务：吉隆坡区域仲裁中心（KLRCA）。[2]自2009年以来，吉隆坡区域仲裁中心

---

〔1〕 See James H. Carter, *International Arbitration Review（10th edition）*, Law Business Research Ltd, 2019, pp. 299~300.

〔2〕 See http://klrca. org. my, last visited at 2023-3-14.

还运营着亚洲域名争议解决中心（ADNDRC）的吉隆坡办事处（the Kuala Lumpur Office of the Asian Domain Name Dispute Resolution Centre，ADNDRC）。[1]

虽然马来西亚最高法院尚未有关于知识产权纠纷可仲裁性的裁决，但是马来西亚地方法院和高等法院似乎并不反对在知识产权纠纷中适用仲裁。在"Colliers International Property Consultants（USA）and Anor v Colliers Jordan Lee and Jaafar（Malaysia）案"（［2010］MLJU 650）中，马来西亚高等法院确认了2项关于商标名称和商标使用的外国知识产权仲裁裁决。另外，在"C&B Global Sdn Bhd v Getthiss（M）Sdn Bhd（［2019］MLJU 347）案"中，马来西亚高等法院明确允许暂停违反协议的诉讼程序申请，并以协议包含有效的仲裁条款且应提交仲裁为理由驳回相关诉讼。在马来西亚，知识产权侵权纠纷同样可以申请仲裁。具体而言，"雷诺 SA 诉 Inokom Corp Sdn Bhd&Anor 案"（the case of Renault SA v Inokom Corp Sdn Bhd & Anor and other appeals ［2010］5 MLJ 394）确立了知识产权侵权纠纷可以仲裁。[2]

（二）印度尼西亚知识产权纠纷仲裁

在印度尼西亚，2000 年《工业设计法》和《商业秘密法》以及 2001 年《集成电路设计法》已经明确当事人可以选择仲裁等替代性纠纷解决方式处理相关纠纷。另外，2014 年《版权法》第 95 条明确规定当事人可以选择通过仲裁等替代性纠纷解决程序解决版权纠纷；2016 年《商标和地理标志法》第 93 条则规定当事人可以选择仲裁等替代性纠纷解决程序解决相关纠纷；2016 年《专利法》第 153 条第 1 款明确规定当事人可以通过仲裁和其他替代性纠纷解决程序解决相关专利纠纷。为有效处理相关纠纷，印度尼西亚还专门成立了印度尼西亚国家仲裁委员会（The Indonesian National Arbitration Board，BANI），该委员会可以提供仲裁、调解等多种替代性纠纷解决程序。

为有效处理相关纠纷，印度尼西亚还专门成立了印度尼西亚国家仲裁委员会（The Indonesian National Arbitration Board，BANI），该委员会可以提供仲裁、调解等多种替代性纠纷解决程序。不仅如此，2012 年印度尼西亚还专门成立了知识产权仲裁和调解机构（Badan Arbitrase dan Mediasi Hak Kekayaan

---

〔1〕　See http://www.adndrc.org，last visited at 2023-3-14.

〔2〕　See Karen Abraham，"Arbitrating Intellectual Property Disputes: Lessons from Hong Kong and Singapore"，https://www.lexology.com/library/detail.aspx? g = 3a847238 - 1ae0 - 4f2b - ba5e - fcd9723a473e，last visited at 2024-3- 15.

Intelektual，BAMHKI），它目前是印度尼西亚唯一的知识产权纠纷专业仲裁机构。印度尼西亚知识产权仲裁和调解机构（BAMHKI）成立的主要目的就是通过替代性纠纷解决方式（尤其是仲裁程序）解决相关知识产权纠纷。不过，印度尼西亚知识产权仲裁和调解机构（BAMHKI）同样非常少处理商标和著作权侵权纠纷案件。[1]这主要是因为当事人将案件提交仲裁机构需要事先签订相关仲裁协议，但此类纠纷往往很难事先签订仲裁协议。

二、印度与巴基斯坦知识产权纠纷仲裁

（一）印度知识产权纠纷仲裁

从立法上来看，印度 1996 年《仲裁和调解法》并没有明确知识产权纠纷具有可仲裁性，1996 年《仲裁和调解法》也没有任何阻止执行有关知识产权裁决的规定。与此同时，印度《专利法》《商标法》《版权法》同样没有明确知识产权可仲裁性问题。为此，司法机关对知识产权纠纷可仲裁性的态度至关重要。在"Booz Allen v. SBI Homes Finance Limited（Booz Allen）案"[2]中，印度最高法院确立了仲裁案件范围的重要原则：涉及对物权利的纠纷不具有可仲裁性，所有涉及对人权利的纠纷均具有可仲裁性。然而，印度《专利法》第 104 条、《商标法》第 134 条、《版权法》第 55 条和第 62 条认为专利、商标及版权等知识产权传统上都被视为一种对物权利（a right in rem）。为此，印度法院传统上一直将知识产权纠纷视为不具有可仲裁性。

然而，实践中，印度不同法院对知识产权纠纷可仲裁性问题的态度却并不完全一致。[3]随着全球知识产权仲裁的发展，印度也对知识产权仲裁问题越来越关注。[4]1996 年印度《仲裁和调解法》将国际商事仲裁中的"商事"定义为任何商业性质的争议。2015 年《商事法院法》第 10 条规定"商事争议"包括知识产权争议。具体而言，"商事纠纷"包括与注册商标和未注册商

---

〔1〕　See Dewi Sulistianingsih & Pujiono，"The Roles of The Indonesian National Arbitration Board（BANI）in Resolving Intellectual Property Disputes"，*Advances in Social Science*，Education and Humanities Research，volume 363，2019，p. 21 .

〔2〕　See 2011 5 SCC 532.

〔3〕　See Badrinath Srinivasan，"Arbitrability of Intellectual Property Disputes in India：A Critique"，*National Law School Business Law Review*，Volume 6，2020，p. 29 .

〔4〕　See S. Thendralarasu，"A Shift from State's Exclusivity to Respecting Party Autonomy：Conceptualising IP Arbitration in India"，*Journal of Intellectual Property Rights*，Vol 28，2023，p. 132.

标、版权、专利、外观设计、域名、地理标志和半导体集成电路有关的知识产权纠纷。正因如此，印度法院对知识产权纠纷可仲裁性问题的态度缺乏明显的可预测性。[1]在与版权、商标侵权或假冒有关的纠纷中，印度部分高等法院认为上述纠纷解决本质上涉及对物的权利，它属于不具有可仲裁性的范畴。相反，在商标或版权合同（许可或转让）引起的侵权或假冒纠纷中，印度部分高等法院有认为上述纠纷具有可仲裁性，因为它们都是对人权利的纠纷。

在"Vidya Drolia v. Durga Trading Company 案"[2]中，Apex 法院（the A-pex Court）明确提出基于 4 种标准来确定相关案件是否具有可仲裁性：①纠纷涉及对物的权利而不涉及对人的权利；②纠纷涉及的标的会影响第三方权利或具有普遍效力；③纠纷涉及国家职责或公共利益；④纠纷涉及其他立法明确规定的情形都不具有可仲裁性。[3]在"Indian Performing Rights Society v. Entertainment Networks 案"[4]中，德里高等法院（Hon'ble Bombay High Court）明确否定仲裁庭可以针对版权本身的有效性作出裁决。允许仲裁庭裁决纯粹的法律问题：版权的存在，它相当允许对物诉讼的裁决，这已经超出了仲裁庭的管辖范围。在"Mundipharma AG v. Wockhardt Ltd. 案"中，德里高等法院认为，与《版权法》规定的任何一项权利有关的诉讼都必须被在具有管辖权的地区法院提起，这意味着此类侵权案件不能进行仲裁。在"Eros International Media Limited v. Telemax Links India Pvt. Ltd. 案"中，Hon'ble Bombay 高等法院认为《版权法》第 62 条（以及《商标法》第 134 条）仅意味着侵权和假冒行为不能在低于地区法院的法院提起，这两项规定都不排除仲裁庭的管辖权。

在"Hero Electric Vehicles Pvt. Ltd. & Anr. v. Lectro E-Mobility Pvt. Ltd. & Anr. 案"[5]中，Hon'ble Delhi 高等法院谨慎处理了两个家庭之间的商标侵权

〔1〕　Prachi Gupta，"India: The Conundrum Of Arbitrability Of Intellectual Property Rights Disputes In India: An Analysis"，https://www. mondaq. com/india/arbitration--dispute-resolution/1212264/the-conundrum-of-arbi-trability -of-intellectual-property-rights-disputes-in-india-an-analysis，last visited at 2024-3- 15.

〔2〕　See（2021）2 SCC 1.

〔3〕　See Ananya Verma，"Pratik Pawar & Shanaya Cyrus Irani，IP Disputes in India-Arbitrable or not?"，https://www. lexology. com/library/detail. aspx? g=0866ff0b-b67c-42c9-ab28-b2261f43e9ce，last visited at 2024-3-14.

〔4〕　See 2016 SCC OnLine Bom 5893.

〔5〕　See 2021 279（DLT）99.

和假冒纠纷的可仲裁性问题，该案件涉及《家庭和解协议》（FSA）和《商标与名称协议》（TMNA）的执行问题。Hon'ble Delhi 高等法院认为，在该案的事实中必须确定的不是各方拥有的知识产权而是 FSA 和 TMNA 中分配的知识产权使用权是否按照其条款行使，该争议可以被视为针对人身权利的纠纷，它具有可仲裁性。另外，在"Vijay Kumar Munjal v. Pawan Kumar Munjal 案"[1]中，Hon'ble Delhi 高等法院在根据《仲裁法》处理第 11 条规定的申请时明确指出，与商标有关的所有事项都不在仲裁范围内的假设显然是错误的。从属权利同样可能会产生争议，如注册商标所有人授予的许可证。这些争议虽然涉及商标使用权但可以仲裁，这主要是因为它们涉及许可协议各方之间的权利和义务。同样，缔约方之间就其在合同中约定的权利和义务发生争议具有可仲裁性，任何寻求在缔约方之间执行此类合同权利的争议都属于针对权利的纠纷。概言之，仅由合同引起的争议可能被视为合同争议，无论该合同是否涉及知识产权的许可、转让（知识产权所有人的法定或所有权不受质疑）或各方之间的其他商业安排。[2]总体而言，涉及知识产权的许可、转让或各方之间其他商业安排等纠纷可以选择通过仲裁进行解决。

（二）巴基斯坦知识产权纠纷仲裁

在立法上，巴基斯坦目前仍沿用 1940 年《仲裁法》。与印度较为相似，巴基斯坦《仲裁法》同样没有明确规定知识产权纠纷具有可仲裁性。2011年，巴基斯坦《仲裁法》吸收了《纽约公约》的相关内容，承认和执行外国仲裁裁决。根据巴基斯坦于 2011 年修订后的《仲裁法》，所有类型的民事案件都可以申请仲裁程序，它包括知识产权纠纷。不仅如此，巴基斯坦《民事诉讼法》第 89A 条还授权法院在诉讼的任何阶段将知识产权案件转介给仲裁、调解等 ADR 程序。另外，1962 年《著作权条例》、2001 年《商标条例》、2000年《专利条例》都有相关条文明确规定允许当事人将相关纠纷提交调解或仲裁程序解决。[3]

---

〔1〕 See 2022 290 DLT 719.

〔2〕 See Pallavi Rao & Robin Grover, "Arbitrability of IP Disputes －A Step Forward?", https：//disputeresolution. cyrilama rchandblogs. com/2023/08/arbitrability－of－ip－disputes－a－step－forward/#page = 1, last visited at 2024－3－15.

〔3〕 See Hafiz Usman Ghani & Balqees Amja, "An Analytical Study of Intellectual Property－Related Alternative Disputes Resolution Laws and Their Implications, Implementation in United States of America and Pakistan", *Russian Law Journal*, Volume 12, Issue1, 2024, p. 518.

近年来，巴基斯坦受美国、英国等普通法系国家影响开始关注知识产权纠纷仲裁程序的发展。[1]在巴基斯坦，知识产权仲裁与调解等 ADR 程序发展相对较晚。为应对知识产权纠纷，巴基斯坦专门成立了知识产权行政部门（The Pakistan Intellectual Property Organization）。该行政部门专门制定了知识产权纠纷调解和仲裁程序，并为相关人员提供知识产权纠纷非诉讼解决的专业培训。[2]

2018 年，葛兰素史克（GSK60）和诺华两家制药公司就药物格列帕胺发生专利纠纷。该案件争议源于葛兰素史克的格列帕胺专利，诺华试图使其无效。双方同意根据 2011 年《巴基斯坦仲裁法》将争议提交仲裁。最终，仲裁庭认定葛兰素史克的专利有效且可执行。仲裁庭还裁定葛兰素史克赔偿诺华公司侵犯该专利的损失。诺华公司就仲裁裁决向信德省高等法院提出上诉，信德省高等法庭维持了裁决。[3]在巴基斯坦，当事人成功利用仲裁解决复杂的知识产权纠纷。可见，巴基斯坦法院对专利有效性争议的可仲裁性问题持较为积极态度。

三、泰国、缅甸与越南知识产权仲裁

（一）泰国知识产权纠纷仲裁

2002 年泰国《仲裁法》适用于国内仲裁和国际仲裁两类案件。根据 2002 年泰国《仲裁法》，外国当事人可以参与相关仲裁程序，当事人还可以协商确认适用的实体法。实际上，2002 年泰国《仲裁法》采用了联合国《贸易法委员会国际商事仲裁示范法》（UNCITRAL Model Law）的大部分条款。然而，2002 年泰国《仲裁法》并未修订吸收 2006 年联合国《贸易法委员会国际商事仲裁示范法》部分修订内容。2002 年泰国《仲裁法》规定首席仲裁员在无法获得多数票的情况下可以独立作出裁决。2002 年泰国《仲裁法》并没有明确规定可仲裁事项的范围。2002 年泰国《仲裁法》仅规定，法院认为仲裁裁决涉及"根据法律无法通过仲裁解决"时，可以驳回强制执行仲裁裁决的申

---

〔1〕　See S. Saeed, "Arbitration and Intellectual Property Law: A Review of International Trends and Implications for Pakistan", *Journal of Business Law and Practice*, Volume 6, Issue 2, 2022, p. 137.

〔2〕　See Pakistan Intellectual Property Organization (PIPRO), IP ADR in Pakistan: A Guide to Mediation and Arbitration, 2022.

〔3〕　GlaxoSmithKline (GSK) v. Novartis［2023］PLD 1012 (Sindh High Court).

请。在泰国，可仲裁性问题是由法院根据具体情况进行评估并作出决定。其中，泰国通常认为以下几类案件是不可仲裁的：刑事纠纷；涉及违反公共政策或身份关系的民事纠纷；法律明确规定由法院专属管辖的纠纷。目前，泰国主要的仲裁机构包括：泰国贸易委员会泰国商事仲裁委员会（Thai Commercial Arbitration Committee of the Board of Trade of Thailand）、泰国仲裁院（the Thai Arbitration Institute）和泰国仲裁中心（the Thai Arbitration Centre）。

在泰国，仲裁程序是解决知识产权纠纷的一项重要内容。[1] 2002 年，泰国知识产权行政部门发布知识产权仲裁程序规则，它允许当事人通过仲裁程序解决知识产权索赔案件。具体而言，任何人想通过仲裁程序维护其知识产权，他们都可以向知识产权行政部门（DIP）提出仲裁请求。根据法律规定，与知识产权相关的案件仅可以由在知识产权行政部门登记注册的仲裁员处理。一般而言，知识产权部门在收到申请之后会在 90 天内处理相关案件，相关仲裁案件将会由一名或多名仲裁员进行裁决。如果案件有需要，仲裁庭可以自主决定仲裁期限，但延长的仲裁期限不得超过 90 天。在泰国，知识产权部门处理相关知识产权仲裁案件的效率较高。目前，知识产权行政部门仲裁机构处理的案件还未出现超期的情形。[2] 2021 年，泰国知识产权局（DIP）正式推出知识产权案件在线争议解决服务平台（ODR）。该新系统允许当事人在线立案，通过在线聊天和视频会议进行和解，并允许当事人通过全流程在线程序以更快、更方便的方式达成协议。在泰国，泰国仲裁院和泰国仲裁中心都可以提供在线仲裁服务。

2024 年 4 月 19 日，泰国仲裁院宣布与泰国五家法院合作引入法院仲裁程序（in-court arbitration）计划，它包括民事法院（the Civil Court）、大灵禅民事法院（Taling Chan Civil Court）、中央知识产权与国际贸易法院（Central Intellectual Property and International Trade Court）、萨穆特省法院（Samut Prakan Provincial Court）和萨穆特府法院（Samut Prakan Khwaeng Court）。该法院仲裁试点于 2024 年 5 月 1 日开始正式实施。可见，当事人针对知识产权相关案

---

〔1〕 See https://www.aseanip.org/resources/asean-ip-offices-details/thailand, last visited at 2024-5-14.

〔2〕 See Chadamarn Rattanajarungpond & Kavee Lohdumrongrat, "A General Introduction to International Arbitration in Thailand", https://www.lexology.com/library/detail.aspx? g=0c085e20-df09-46c9-8552-ee3261675 849, last visited at 2024-5-14.

件可以在诉讼过程中选择通过仲裁程序处理争议。当事人可以向法院提交联合申请将一审法院审理的争议提交给仲裁员进行裁决。当事人选择法院仲裁程序处理案件将受《民事诉讼法》约束。[1]泰国仲裁院已经明确法院仲裁试点项目主要解决需要专业知识的复杂民事案件，如专利纠纷。

该项目旨在鼓励当事人将民事诉讼程序中的案件提交给仲裁员处理。该项目鼓励当事人选择法院附设仲裁程序，减少法院审理案件的数量，进而为大家提供更快、更高效的司法服务。在法院仲裁程序中，法院将对仲裁裁决进行审查并决定是否根据该裁决作出相应判决。参与该项目的当事人应向泰国仲裁院支付相应的仲裁费用。泰国仲裁院将协助安排和促进仲裁会议、证人听证以及其他相关事项。仲裁员审理案件之后，仲裁相关文件包括仲裁程序中的证人陈述、证物和报告将与裁决一起发回相关法院。根据试点要求，仲裁员将在庭审结束之日起30天内作出裁决，泰国仲裁院应当在仲裁员任命之日起180天作出相应裁决。[2]

（二）缅甸知识产权纠纷仲裁

2013年7月15日，缅甸加入《纽约公约》并于2016年1月5日颁行新《仲裁法》取代1944年《仲裁法》。在缅甸，2016年《仲裁法》以《联合国贸易法委员会国际商事仲裁示范法》（UNCITRAL Model Law 1985）为蓝本制定。[3]2019年8月3日，缅甸工商联合会（the Union of Myanmar Federation of Chambers and Commerce and Industry，UMFCCI）成立缅甸调解中心（Myanmar Arbitration Centre，MAC）。缅甸《商标法》规定当事人可以选择通过谈判、仲裁等方式解决相关商标争议。另外，缅甸《专利法》第113条明确规定，针对任何专利纠纷当事人都可以选择和平谈判、仲裁或诉讼加以解决。可见，缅甸《专利法》对专利纠纷可仲裁事项并未作出限制。根据《专利法》，当事人可以将专利侵权或合同等纠纷提交仲裁，也可以将专利有效性纠纷提交

---

〔1〕 See Pisut Rakwong, "Supachoke Pongdasakorngamjai, In brief: Arbitration formalities in Thailand", https:// www. lexology. com/library/detail. aspx? g=7e4a3af4-413c-4f6e-890b-f422e4614255, last visited at 2024-5-14.

〔2〕 See Suruswadee Jaimsuwan & Eric M. Meyer, "Thai Arbitration Institute Launches Pilot Project for In-Court Arbitration", https://www. tilleke. com/insights/thai-arbitration-institute-launches-pilot-project-for-in-court-arbitration, last visited at 2024-5-14.

〔3〕 See James H. Carter, *International Arbitration Review（10th edition）*, Law Business Research Ltd, 2019, pp. 318~319.

仲裁。在缅甸，专业的仲裁机构发展较晚，知识产权纠纷仲裁同样发展得较为缓慢。在缅甸，当事人是否可以选择将专利有效性纠纷提交仲裁仍需要进一步观察。

（三）越南知识产权纠纷仲裁

在越南，2005 年《知识产权法》明确规定，在知识产权侵权案件中，当事人可以向法院提起诉讼或向仲裁机构申请仲裁保护其相关权利。可见，越南 2005 年《知识产权法》允许当事人通过仲裁程序解决相关知识产权侵权纠纷。根据性质不同，知识产权纠纷主要包括知识产权权利有效性纠纷、知识产权权利转让或授权使用纠纷、知识产权许可授权纠纷以及知识产权侵权纠纷。2010 年《商事仲裁法》明确规定，当事人可以将因商事活动产生的纠纷提交仲裁机构处理。为此，如果知识产权纠纷因商事活动而产生或一方当事人涉及商事活动，那么该知识产权纠纷即具有可仲裁性。[1] 一般而言，当事人完全可以将不涉及知识产权有效性的纠纷提交仲裁：知识产权许可合同纠纷、知识产权转让合同纠纷等。如前所述，知识产权纠纷涉及的范围较为宽泛。越南《知识产权法》《仲裁法》等相关法律并没有明确规定可以直接提交商事仲裁的具体知识产权纠纷类型。在越南，部分商事仲裁机构处理相关知识产权纠纷。但是，知识产权纠纷商事仲裁的数量非常有限。[2]

四、日本及韩国知识产权纠纷仲裁

（一）韩国知识产权纠纷仲裁

1999 年韩国《仲裁法》基于 1985 年联合国《示范仲裁法》模式对 1966 年《仲裁法》进行修正。2016 年，韩国《仲裁法》接受了 2006 年联合国《示范仲裁法》的重要修正对 1999 年《仲裁法》进行修正。在韩国，2016 年《仲裁法》第 3 条第 1 款扩大了可仲裁争议的范围，它包括非金钱类财产权利纠纷。虽然 2016 年《仲裁法》并没有明确规定知识产权有效性争议的可仲裁性问题，2016 年《仲裁法》第 3 条第 1 款似乎为此类纠纷的可仲裁性提供了

---

〔1〕 See Daniel S. Hofileña, "The Next Frontier: The Arbitrability of Intellectual Property Disputes", *Asia Pacific Journal of IP Management and Innovation*, Volume 1, 2022, pp. 51~54.

〔2〕 See Trinh Nguyen, "Is It Possible to Settle the Disputes Related to Ip Rights by Commercial Arbitration in Vietnam?", https://www.blawyersvn.com/is-it-possible-to-settle-the-disputes-related-to-ip-rights-by-commercial-arbitration-in-vietnam, last visited at 2024-3-14.

一定的法律基础，至少此类纠纷的可仲裁性在仲裁协议各方之间可以具有约束力。为此，有韩国学者就曾指出 2016 年《仲裁法》修正有利于促进韩国知识产权仲裁案件的发展。[1] 也有学者指出，目前韩国知识产权仲裁案件并没有如预期那样发展，当事人选择仲裁程序解决知识产权纠纷的数量相对仍然较低。[2]

不过，韩国商业仲裁委员会（The Korean Commercial Arbitration Board，KCAB）的数据显示，与知识产权相关的案件逐渐增加。不仅如此，相关知识产权纠纷仲裁案件也越来越复杂。2021 年，建筑案件占韩国商业仲裁委员会（KCAB）国际案件总数的 26.4%。其中，不少案件涉及与设备相关的商标侵权、商业秘密盗窃、建筑版权侵犯和专利侵权索赔纠纷。2022 年 10 月向韩国商业仲裁委员会（KCAB）提交的西屋电气有限责任公司诉韩国电力公司和韩国水电核电有限公司的未决案件表明了此类纠纷的复杂性，因为它围绕着确定核反应堆设计许可证的合法所有者展开。另外，韩国商业仲裁委员会仲裁案件还涉及游戏、生命科学与医疗保健、娱乐和 Web 3.0 等新兴产业的知识产权纠纷案件。[3]

（二）日本知识产权纠纷仲裁

在日本，专利等知识产权纠纷可仲裁性问题的政策与德国较为类似。日本在专利诉讼制度传统上还是借鉴德国专利诉讼模式选择缺乏侵权诉讼和有效性诉讼分别由特定法院及行政机构专门管辖。在日本，专利侵权诉讼分别由东京和大阪地方法院专属管辖。日本专利局专门负责审理专利无效案件。2004 年，日本《专利法》修订之后，当事人可以在专利侵权诉讼中提出专利无效抗辩。概言之，日本对其专利诉讼制度的修改，放松了侵权和撤销诉讼严格分离的做法。为此，有专家指出，当事人同样可以在仲裁程序中提出对专利有效性的质疑。

---

〔1〕　See John Rhie & Harold Noh, "Resolving IP Disputes through International Arbitration", *Korean Arbitration Review*, 7, 11 2017.

〔2〕　Arie C. Eernisse & C. K. Kwong, "The Path Forward for IP Arbitration in Korea", *Korean Arbitration Review*, 13, 36 2022.

〔3〕　Sangyub（Sean）Lee & Sunwoo Sohn, "IP Arbitration: Making Headway in South Korea", https://arbitration blog. kluwerarbitration. com/2023/07/04/ip-arbitration-making-headway-in-south-korea, last visited at 2024-3-14.

第二节　欧洲国家知识产权纠纷仲裁

一、西欧国家知识产权纠纷仲裁的发展

欧盟对专利有效争议的可仲裁性表示支持。欧盟通过统一专利制度和欧洲统一专利法院（UPC）制度对欧盟成员国范围内的专利制度进行改革。在欧盟，成员国授权的专利以及欧洲专利和统一专利将共存。另外，欧洲统一专利法院（UPC）还专门设立了调解与仲裁中心，以促进专利纠纷调解与仲裁的发展。

在英国，1950年《仲裁法》、1979年《仲裁法》以及1996年《仲裁法》都没有承认知识产权纠纷的可仲裁性。1977年英国《专利法》则允许在非常有限的情形下申请仲裁。例如，强制性专利许可争议可以被提交仲裁，或者如果专利诉讼程序中的技术问题需要长时间审查或调查，申请人可以将此争议提交仲裁。不过，英国在司法实践中已经在很大程度上认可了知识产权纠纷的可仲裁性。其中，商标和版权纠纷都是完全可以仲裁的。在英国，专利有效性纠纷具有可仲裁性。不过，它仅对申请人和被申请人具有约束力。

在瑞士，知识产权纠纷长期以来都被认为具有可仲裁性，它并不存在任何法定限制。瑞士《国际私法》第117（1）条明确规定，所有金钱索赔纠纷都可以提交仲裁，它规定的可仲裁性事项的范围较为广泛。不仅如此，关于专利有效性的仲裁裁决还可以在瑞士法院申请执行，前提是上述仲裁裁决得到了瑞士法院的认可。换言之，瑞士法院确认之后的有关有效性仲裁裁决将对所有人具有约束力。2012年，瑞士专利法院成立之后，上述有关专利纠纷仲裁规则并未发生变化。虽然瑞士法院对与专利有效性和侵权相关的纠纷拥有专属管辖权，但是大多数人却认为瑞士将继续允许专利纠纷仲裁。[1]

在法国，专利有效性等知识产权纠纷传统上是被拒绝适用仲裁程序。2008年，巴黎上诉法院接受了专利有效性具有可仲裁性的意见。不过，在法国，有关专利有效性的仲裁裁决是没有对世既判力的，它仅对仲裁双方具有

---

〔1〕　See David Rosenthal, "IP & IT Arbitration in Switzerland", in Manuel Arroyo (ed.), *Arbitration in Switzerland：The Practitioner's Guide* (2nd edition), Kluwer Law International, 2018, pp. 957~960.

约束力。2011 年，法国《知识产权法》对知识产权纠纷仲裁问题进行了修订，它明确规定知识产权纠纷具有可仲裁性。概言之，法国允许专利等所有知识产权纠纷选择仲裁程序。

在德国，专利有效性等知识产权纠纷传统上同样是不适用仲裁程序。与法国相比，德国对知识产权纠纷可仲裁性问题的态度更为保守，知识产权纠纷仲裁在德国的适用空间更少。这与德国知识产权纠纷司法体系存在密切关联，德国知识产权案件由特定的地方法院和专利法院专属管辖。奥地利、匈牙利、中国、日本、韩国与德国情况较为类似。在德国，专利侵权案件与专利无效案件分别由地方法院和专利法院分别管辖。当然，德国专利诉讼将侵权与无效案件分别处理的司法模式也饱受争议。正因如此，德国专利诉讼特有司法模式经常被用来解释专利有效性不能适用仲裁程序的理由。

目前，德国立法并没有明确专利有效性是否可以仲裁。1998 年德国《民事诉讼法》修正之后，专利有效性是否可以仲裁再一次引发争议。1998 年德国《民事诉讼法》第 1030 条以瑞士《国际私法》第 177（1）条为蓝本修订，它规定任何金钱索赔争议都可以申请仲裁，非金钱索赔争议双方当事人在和解范围内仍可以申请仲裁。概言之，德国法认为任何所有权和金钱索赔都受仲裁协议的约束，任何一方都可以申请仲裁。但是，德国立法没有任何规定明确接受专利有效性的可仲裁性。最近，德国慕尼黑法院曾在判决的附带意见中承认针对专利有效性可以申请仲裁。[1] 不过，德国法院对专利有效性争议可仲裁性的态度并不是十分清晰。

根据葡萄牙《自愿仲裁法》（the Portuguese Voluntary Arbitration Law），知识产权纠纷具有可仲裁性。不仅如此，2003 年葡萄牙《工业产权法》第 48条和第 49 条明确规定，申请人可以将与工业产权有关的任何纠纷提交仲裁。2011 年 12 月 12 日，葡萄牙第 62/2011 号法律明确规定涉及专利和补充保护证书的某些侵权纠纷案件适用强制性仲裁。根据第 62/2011 号法律，涉及医疗产品或仿制药有关的工业产权纠纷包括初步禁令，应接受临时或制度化的强制性仲裁（第 62/22011 号法律第 2 条）。具体而言，葡萄牙国家药品和保健品管理局（INFARMED）发布仿制药已申请上市授权后，相关药品的工业

---

[1] See also Dr Gerrit Niehoff, "District Court of Munich Confirms Arbitrability of Patent Validity Disputes", *Global Arbitration News*, 27 June 2022. (LG München I, Final judgment dated 5 May 2021 – 21 O 8717/20, LG München I).

产权持有人应在 30 天的时间内提出仲裁请求。如果申请仿制药上市的公司在收到仲裁庭通知后 30 天内没有提交辩护声明，那么在知识产权有效的情况下该公司将无法在葡萄牙上市销售其仿制药。如果申请仿制药上市的公司提交辩护陈述，那么相关仲裁听证会应在 60 天内举行。当事人可就法庭的裁决向上诉法院提出上诉（第 62/2011 号法律第 3 条）。该法律仅明确规定非专利产品的仿制品上市申请之后相关权利人适用上述强制仲裁程序保护相关权利。不过，部分法院认为，专利产品和非专利产品的所有侵权争议都适用上述仲裁程序。[1] 然而，根据葡萄牙《工业产权法》第 35 条第 1 款的规定，专利有效性争议属于法院专属管辖，它不得提交仲裁。[2] 葡萄牙第 62/2011 号法律未涉及具体的强制仲裁程序问题，仲裁庭应适用当事人选择的仲裁机构的规则或者在临时仲裁程序中适用葡萄牙《自愿仲裁法》。[3]

在西班牙，新《专利法》（Spanish Patent Act，Law No. 24/2015）明确规定各方可以将相关纠纷提交给西班牙专利和商标局（Spanish Patent and Trademark Office，SPTO）进行仲裁。2014 年，西班牙知识产权法修订之后，当事人则可以向西班牙知识产权委员会申请仲裁。具体而言，西班牙知识产权委员会可以为其管理作品的相关机构、用户协会、广播公司之间的知识产权纠纷提供仲裁服务。概言之，西班牙专利和商标局以及西班牙知识产权委员会是国家指定的为申请人提供知识产权仲裁服务的机构。根据 2003 年《仲裁法》，当事人可以书面协议选择仲裁程序处理相关仲裁程序。不过，在西班牙，当事人选择通过仲裁解决知识产权纠纷的情形非常少见。[4]

专利有效性仲裁问题在德国和日本等国仍存在争议，法院对此问题的态度仍并不十分清晰。也有部分大陆法系国家（如瑞士和法国）对专利无效争议适用仲裁持支持态度。英国、美国、加拿大、澳大利亚等普通法国家通常对专利等所有类型的知识产权纠纷适用仲裁持支持态度。

---

〔1〕 See Decision of the Lisbon Court of Appeal, 19. 03. 2013, proceedings no. 227/13. 5YRLSB-7.

〔2〕 See Decision of the Lisbon Court of Appeal, 13. 02. 2014, proceedings no. 1053/13. 7YRLSB-2.

〔3〕 See Nuno Ferreira Lousa & Raquel Galvão Silva, "Arbitrating Intellectual Property Disputes in Portugal: A Case Study", https://arbitrationblog. kluwerarbitration. com/2015/11/13/arbitrating - intellectual - property-disputes-in- portugal-a-case-study, last visited at 2024-3-14.

〔4〕 "Copyright Litigation in Spain: Overview", https://uk. practicallaw. thomsonreuters. com/w-011-1027? transit ionType=Default&contextData= (sc. Default) &firstPage=true, last visited at 2024-3-14.

二、中东欧国家知识产权纠纷仲裁

(一) 捷克知识产权纠纷仲裁

在捷克，1994 年《仲裁法》规定当事人可以通过协议将有关财产权的纠纷提交仲裁机构处理。与此同时，1994 年《仲裁法》还明确规定消费者纠纷、司法裁决执行相关纠纷以及法律明确规定法院具有管辖权的纠纷等不得进行仲裁。另外，当事人提交仲裁的纠纷必须是当事人具有可处分权的纠纷。实际上，捷克《仲裁法》并没有明确对财产权纠纷及其范围作出明确定义。2012 年捷克《民法典》第 495 条将"财产"定义为"属于一个人的一切都构成该人的财产"。2012 年捷克《仲裁法》也进行了重要的修正。此次仲裁法修正的主要目标是提升对消费者争议仲裁案件中消费者的保护。然而，捷克立法并没有授权将提交知识产权局处理的案件提交仲裁处理。一般而言，专利、商标等知识产权许可纠纷往往都被视为符合《仲裁法》规定具有可仲裁性，这主要是因为纠纷的标的物都可以货币计价，权利也都可以由当事人自由处分。与此同时，知识产权转让纠纷同样可以申请提交仲裁机构处理。[1]

(二) 波兰知识产权纠纷仲裁

从可仲裁事项的范围来看，当事人可以自主协商确定通过仲裁来处理知识产权的合同及侵权纠纷。根据波兰《NASK 域名规则》（NASK Domain Name Regulations）[2]，域名争议都必须通过仲裁或者诉讼来解决。其中，仲裁程序比诉讼在处理域名争议问题上更具有吸引力一些。在波兰，域名争议仲裁程序则属于特别仲裁，它具有一定程度的强制性。选择仲裁还是选择诉讼来解决域名争议是原告的权利。如果原告选择向仲裁机构提起仲裁，那么被申请人（域名所有者）不得拒绝参与仲裁，否则 NASK 将会终止被申请人的域名所有权。目前，波兰有两家仲裁机构可以仲裁一方当事人为波兰本地居民（或注册地为波兰本地）的域名争议案件，他们分别是：波兰商会仲裁委机构（the Court of Arbitration at the Chamber of Commerce）和通信委员会仲裁机构（the Arbitration Court at the Chamber of Information Technology and Telecommuni-

---

〔1〕　See Petr Kalenský, *Arbitrability of Disputes Concerning Intellectual Property Rights*, Masaryk University Master Thesis, 2019, pp. 74~77.

〔2〕　NASK（Naukowa i Akademicka Sieć Komputerowa/the Research and Academic Computer Network）是负责波兰域名注册的机关。

cation）。如果双方当事人都非波兰本地居民（或注册地也非波兰本地），双方域名争议则由世界知识产权仲裁与调解中心负责处理。

在波兰，在处理复杂的涉外案件过程中，当事人通常会选择仲裁程序。其中，收购和兼并纠纷、私募股权交易纠纷、能源和商业纠纷是涉外仲裁案件中最为突出的纠纷类型。以往，仲裁程序并不是当事人处理知识产权争议的常用方式。这主要是因为波兰仲裁程序过于冗长。一般而言，仲裁程序可能会持续6个月至24个月。这还不包括仲裁裁决后的相关程序时间。烦琐的执行程序及仲裁裁决异议程序一直受到各方的批评。[1]2015年仲裁制度的修正重点旨在提升波兰仲裁程序的效率，它的效果还有待进一步观察。

波兰并没有专门设立《仲裁法》而是将仲裁法相关内容一并规定在《民事诉讼法》中。具体而言，1964年波兰《民事诉讼法》第5部分（第1154~1217条）即是规范仲裁程序的内容。2005年6月28日，波兰《民事诉讼法》则根据联合国国际贸易法委员会1985年《示范仲裁法》（Model Law）对仲裁程序的内容进行了较大幅度的修正，该仲裁法于2005年10月17日开始正式实施。不过，2005年波兰《仲裁法》并未完全照搬1985年《示范仲裁法》的内容。其中，波兰《民事诉讼法》第1161条第2款明确禁止在仲裁协议中允许一方当事人单方向仲裁机构提起仲裁。另外，该法第1170条第2款则明确禁止现任法官担任仲裁员。

波兰立法承认临时仲裁，并且临时仲裁与机构仲裁在程序上并没有特别大的差异。不过，机构仲裁还是比临时仲裁更有市场一些。波兰境内裁决的仲裁案件都适用仲裁法的各项条款，包括国内仲裁案件和国际仲裁案件。国外仲裁裁决在波兰境内执行案件仍然适用波兰《仲裁法》相关规范。与此同时，波兰《民事诉讼法》还赋予了法院根据需要对境外仲裁庭裁决的案件发布临时禁令的权力。在波兰，国内仲裁案件与涉外仲裁案件之间最大的差异体现在仲裁裁决的执行问题上。法院及执行机构仅可以依据波兰《民事诉讼法》及《纽约公约》相关内容拒绝执行外国仲裁机构作出的仲裁裁决，且《纽约公约》优先适用。根据2005年波兰《民事诉讼法》第1208条的规定，国内仲裁机构作出的仲裁裁决还须在3个月内无异议的情况下才能申请执行。

---

〔1〕 See Wojciech Sadowski, "The Changing Face of Arbitration in Poland", *The European and Middle Eastern Arbitration Review*, Volume 1, 2011, pp. 68~71.

不过，2015 年《民事诉讼法》为了提高仲裁程序的效率缩短了当事人针对仲裁裁决提出异议的期限。修改后，当事人须在 2 个月内就仲裁裁决提出异议。

波兰在仲裁制度立法上的基本立场之一就是承认当事人在仲裁程序中享有相当大的自主权。其中，当事人可以自主决定几乎所有程序性事项，例如，选择程序规则、仲裁地以及仲裁期间使用的语言。波兰《民事诉讼法》仅对极少部分程序性事项设定强制性规定。从立法条文来看，波兰仲裁法体现三个基本原则：自主原则、平等原则、独立原则。自主原则主要是指当事人可以自由选择解决纠纷相关程序。平等原则主要是指当事人在仲裁程序中得到平等的对待，仲裁协议中的任何条款都必须遵循平等原则。当事人在仲裁程序中未得到充分机会为自己的权利辩护，法院则有可能据此撤销相关仲裁裁决。独立原则主要是指法院并不直接介入仲裁程序的具体事项。

2015 年 9 月 10 日，波兰议会通过《促进友好型纠纷解决法》（the Act on Promoting Amicable Dispute Resolution Methods），该法已于 2016 年 1 月 1 日开始正式实施。其中，2015 年《促进友好型纠纷解决法》对波兰仲裁法作出了重要修正。这次修正主要是为了提高仲裁程序的效益和效率。具体而言，修正后的波兰仲裁程序仅允许当事人就申请撤销仲裁裁决以及申请不予执行仲裁裁决行使一次声明不服权。换言之，上诉法院就当事人申请撤销仲裁裁决或不予执行仲裁裁决作出的裁决即为终审裁定，当事人不得上诉。[1]新《民事诉讼法》第 1208 条第 1 款明确规定：在特定情况下，当事人可以就撤销仲裁裁决或不予执行仲裁裁决问题直接向最高法院提起上诉（cassation appeal）。波兰议会就上述内容修正的立法理由明确指出，其旨在促进仲裁程序，鼓励当事人（尤其是企业）选择仲裁程序解决纠纷。另外，此次修正还对仲裁员的中立性及独立性提出了进一步要求。其一，被选任的仲裁员须向双方当事人提交一份中立性与独立性的书面确认书，即书面确认义务。其二，仲裁员在仲裁过程中一旦出现可能影响自身中立性与独立性的事项，应当及时通报双方当事人，即及时通报义务。

---

〔1〕　2015 年《促进友好型纠纷解决法》颁布之前，波兰仲裁程序允许当事人就法院作出的撤销仲裁裁决或不予执行仲裁裁决决定提出上诉。

第十一章

世界知识产权组织的调解与仲裁

在当今世界，全球市场上最具价值的商品之一就是知识产权。全球经济对科技的依赖越来越需要通过知识产权法律对科技进行保护。国际知识产权纠纷通过诉讼处理通常较为困难。这主要是因为各国法律体系和法庭程序差异非常大。为此，各国开始认识到传统的诉讼不再是解决国际知识产权纠纷最有效的方式。各国越来越重视通过仲裁和调解等非诉讼程序来解决知识产权纠纷。根据《与贸易有关的知识产权协议》（Agreement On Trade-related Aspects of Intellectual Property Right，TRIPS）第 64 条的规定，国际知识产权纠纷解决可借助世界贸易组织的争议解决机制，它包括仲裁等方式。不过，该机制仅限解决世界贸易组织成员之间因 TRIPS 产生的争议。1994 年，世界知识产权组织（WIPO）成立了世界知识产权组织仲裁与调解中心（WIPO AMC，简称"WIPO 中心"）。它设立在瑞士日内瓦。2010 年，"WIPO 中心"在新加坡设立了一个办公室。[1]

世界知识产权组织仲裁与调解中心（WIPO AMC）是一个独立的、中立的和非营利性的争议解决机构。它是唯一一家为知识产权争议提供专门替代性纠纷解决服务的国际机构，它还是负责处理互联网域名争议解决的国际机构。"WIPO 中心"主要是通过调解、仲裁和专家裁决等替代性纠纷解决机制促进知识产权和相关纠纷高效地解决。"WIPO 中心"与各国知识产权行政机构进行广泛合作。"WIPO 中心"还与部分地区法院合作，处理其转介调解的案件。世界知识产权组织仲裁与调解中心（WIPO AMC）被公认为特别适合处理跨境知识产权纠纷以及相关的商业纠纷。1994 年，世界知识产权组织仲裁与调解中心（WIPO AMC）首次发布《WIPO 调解规则》《WIPO 仲裁》和

---

〔1〕 See Joyce A. Tan，"WIPO Alternative Dispute Resolution Options：A Guide for IP Offices and Courts"，https://www.wipo.int/edocs/pubdocs/en/wipo-pub-rn2022-15-en-wipo-alternative-dispute-resolution-options.pdf，last visited at 2024-10-14.

《WIPO 简易仲裁规则》。2007 年，"WIPO 中心"发布了《WIPO 专家裁决规则》。2014 年，"WIPO 中心"对《WIPO 调解规则》《WIPO 仲裁》和《WIPO 简易仲裁规则》进行修订与更新。[1]目前，"WIPO 中心"维护着一个专家数据数据库，它包含全球 1500 多名中立、独立的 WIPO 调解员、仲裁员和专家，他们精通知识产权和替代性纠纷解决方式（ADR）。[2]根据统计，"WIPO 中心"已经通过 WIPO 调解、仲裁、快速仲裁、专家裁决和斡旋等方式参与了 3700 多起知识产权、创新和技术纠纷的解决。[3]

随着信息技术的发展，"WIPO 中心"在调解、仲裁、专家裁决等 ADR 程序中引入了在线服务，它被称为"WIPO eADR"。所谓的"WIPO eADR"就是"WIPO 中心"促进 ADR 服务的在线案件管理工具。它的主要目的是促使各方当事人以及调解员、仲裁员等专家通过一个统一的安全信息平台共享和访问与案件相关的信息，进而促进各方更有效地处理相关案件。"WIPO eADR"信息平台在安全性、案件沟通、搜索服务、信息推送、案件归纳、数据保密以及费用等方面为各方当事人以及专家提供便利。

具体而言：第一，"WIPO eADR"信息平台存储的所有信息都受到防火墙的保护和加密。访问"WIPO eADR"时，用户需要通过其用户名、密码和通过移动设备应用程序提供的一次性密码进行身份验证。目前，"WIPO eADR"信息平台已获得 ISO/IEC 27001（信息安全管理）认证。第二，"WIPO eADR"信息平台允许相关当事人和专家以电子方式安全地将信息提交到在线备审表中。为便于操作，各方提交的信息可以采用不同的格式进行，他们可以将相关信息作为独立文件或以分层归档的形式上传到"WIPO eADR"信息平台。信息提交之后，用户会收到相关信息已提交的电子邮件提醒，各方当事人可以在争议解决过程中随时访问信息摘要。第三，"WIPO eADR"信息

---

〔1〕　2021 年 7 月 1 日，新的《WIPO 调解规则》《WIPO 仲裁规则》《WIPO 简易仲裁》开始正式生效．See WIPO Mediation Rules, "WIPO Arbitration Rules & WIPO Expedited Arbitration Rules", https://www. wipo. int/amc/en/, last visited at 2024-10-14.

〔2〕　Wollgast, Heike & Ignacio de Castro, "WIPO Mediation: Resolving International Intellectual Property and Technology Disputes Outside the Courts", in Catharine Titi & Katia Fach Gómez (eds), *Mediation in International Commercial and Investment Disputes* (2019; online edn, Oxford Law Pro), https://academic. oup. com/oxford-law-pro/book/57029/chapter-abstract/472491313? redirectedFrom=fulltext&login=false, last visited at 2024-10-14.

〔3〕　See "WIPO Caseload Summary", https://www. wipo. int/amc/en/center/caseload. html/, last visited at 2024-10-14.

平台还可以提供搜索服务，它可以搜索已被提交的相关信息，并可按特定类别进行排序。第四，"WIPO eADR"信息平台提供信息推送服务，用户可以在留言板上发布消息，消息将通过电子邮件方式向案例中的所有用户发送通知。第五，"WIPO eADR"信息平台提案件归纳服务，它可以提供有关案例的一目了然的基本信息，包括案件编号、当事人姓名、案件状态、争议解决条款类型、适用法律和仲裁地点（如适用），以及案例说明。第六，"WIPO eADR"信息平台根据 WIPO 规则中的保密要求对 WIPO 案件进行保密。第七，"WIPO eADR"信息平台的上述服务都是免费的。[1]

第一节　世界知识产权组织的调解

一、世界知识产权组织（WIPO）调解程序的概述

实践中，知识产权诉讼常常以达成一种解决方案的方式结束。调解是一种高效、经济的解决纠纷程序，它有时甚至可以加强各方的关系。世界知识产权组织仲裁与调解中心（WIPO AMC）调解程序一种非强制性的调解服务。此外，"WIPO 中心"调解还是一种灵活的、不具有约束力的程序。详言之，即使各方当事人同意将争议提交"WIPO 中心"进行调解，他们也没有义务在第一次会议后继续进行调解。各方当事人发现继续进行调解无法满足他们的意愿时，他们可以在第一次会议后在任何时候放弃调解程序。各方当事人始终有权决定调解进程。调解程序进程完全取决于当事人是否继续接受这一进程。调解启动之后，各方当事人通常须积极参与。如果各方决定继续进行调解程序，各方须与调解员确认调解程序的具体流程。

WIPO 调解程序的非约束性也意味着不能将决定强加给任何一方。达成任何和解都必须是各方自愿同意接受的。换言之，任何一方都不得强迫对方接受任何不满意的结果。与法官和仲裁员不同，调解员并不是纠纷的裁决者。调解员的角色主要是协助当事人达成纠纷解决的方案。调解员协助各方当事人达成和解主要有两种方式，即促进性调解和评估性调解。所谓促进性调解，是指调解员努力促进各方之间的沟通，帮助各方了解对方在争议中的观点、

---

〔1〕　See "WIPO eADR", https://www.wipo.int/amc/en/eadr/wipoeadr, last visited at 2024-10-14.

立场和利益。所谓评估性调解是指，调解员对争议进行不具约束力的评估或评价，然后各方可以自由接受或拒绝将之作为争议的解决方案。实践中，"WIPO 中心"通常会根据双方当事人确定的模式来协助当事人达成和解。双方当事人达成的和解协议具有合同效力。实际上，双方当事人在调解之后仍可以将纠纷提交司法诉讼或协助仲裁。

WIPO 调解程序非常注重保密性。维护调解程序的保密性有助于鼓励各方当事人在调解过程中坦诚和公开，它向各方保证，任何承认、提议或和解提议都不会产生调解过程之外的任何后果。《WIPO 调解规则》明确规定，各方不得未经许可将信息提供给其他任何人，后续法庭诉讼或仲裁等同样不得使用调解过程中披露的相关信息。根据《WIPO 调解规则》，调解结果也将被视为机密信息。相比较而言，WIPO 调解程序的风险比较小，这主要是因为它注重调解程序的非强制性和保密性。即便达不成和解，调解也绝不会毫无意义。调解程序可以帮助当事人厘清争议事实和问题，这可以为任何后续的仲裁或司法诉讼做好准备。实际上，调解是一种以利益为基础的程序。在调解中，当事人可以选择以各方商业利益为导向促进调解。他们可以自由地选择一种既解决眼前争议又维护双方商业关系的方式来处理纠纷。

二、世界知识产权组织（WIPO）调解的主要步骤

调解是双方当事人深度参与其中的一种非正式、灵活的程序。在启动调解程序之前，双方当事人需达成协议同意将争议提交给世界知识产权组织仲裁与调解中心（WIPO AMC）处理。这类协议可以是包含在双方业务合同之中的，如专利或版权许可证协议，它需明确规定根据业务合同发生的争议都将被提交调解。该类协议还可以是争议发生后针对特定争议双方达成的调解协议。为此，"WIPO 中心"处理调解案件的前提就是一方或双方当事人以调解协议或条款为依据请求"WIPO 中心"进行调解。世界知识产权组织仲裁与调解中心（WIPO AMC）处理的大多数案件也都是如此。然而，《WIPO 调解规则》第 4 条规定，即便没有调解协议，一方当事人也可以向世界知识产权组织仲裁与调解中心（WIPO AMC）和另一方当事人提起书面调解申请。[1] 在

---

〔1〕　其中，单方面调解申请书的具体内容。See "Unilateral Request for WIPO Mediation", https://www.wipo.int/amc/en/mediation/filing, last visited at 2024-10-14.

此情况下，世界知识产权组织仲裁与调解中心（WIPO AMC）将会协助另一方当事人考虑调解申请并了解调解程序。在侵权争议或法院未决案件中，一方当事人的单方面申请可能特别有用。

《WIPO 调解规则》第 10 条规定，调解应以双方协商的方式进行。如果双方未达成一致意见，调解员应按照《WIPO 调解规则》确定调解方式。实际上，世界知识产权组织仲裁与调解中心（WIPO AMC）对调解程序以及调解流程很少设置强制性要求。"WIPO 中心"的调解程序和调解流程主要由双方当事人以及选任的调解员协商确认。其中，调解程序主要分为五个阶段：第一阶段，开始申请调解。第二阶段，选任调解员。第三阶段，调解员和双方当事人初次会议。包括召开第一次调解会议以及同意初步交换文件。第四阶段，召开调解会议。有需要的情况下，调解员可以组织多次调解会议。调解会议主要包括确定调解过程的基本规则、收集信息并发现问题、探索双方当事人利益制定解决办法、评估解决办法。第五阶段，调解程序终结。

第一，开始申请调解。双方同意将相关知识产权纠纷提交"WIPO 中心"进行调解之后，一方当事人即可向"WIPO 中心"发送调解请求，启动调解程序。该调解请求应列出有关争议的摘要细节，它包括各方及其代表的姓名和通信信息、调解协议副本争议的简要说明。调解请求并非像诉讼请求（动议）那样旨在明确争议焦点等事项。调解请求的内容需要向"WIPO 中心"提供足够的细节，促使"WIPO 中心"能够继续建立调解程序。为此，该"WIPO 中心"需要知道纠纷涉及的双方当事人，以及纠纷的主要争议是什么，以便能够协助各方当事人选择适合的调解员。

第二，选任调解员。收到调解请求后，世界知识产权组织仲裁与调解中心（WIPO AMC）将联系各方及其代表讨论调解员的任命问题，除非各方已经决定由谁担任调解员。选任的调解员需得到双方的信任。为此，双方完全同意任命拟议的调解人至关重要。"WIPO 中心"须根据《WIPO 调解规则》的"选任调解员"内容进行调解员选任，它可以有效促使"WIPO 中心"提出合适的候选人名单供各方当事人选择。"WIPO 中心"与各方当事人通过电话或面对面沟通之后，通常会向各方提出几位潜在调解员的姓名以及潜在调解员的简历，以便双方当事人进行选择。如有必要，"WIPO 中心"可以提出更多的潜在调解员名字，直到双方就调解人的任命达成一致意见。在此阶段，"WIPO 中心"还将开始与各方讨论调解的其他安排，例如调解地点（通常在调解协议中指定）、会议室以及所需的其他任何支持设施。与此同时，"WIPO中心"还将与调解员和各方当事人协商任命调解员的费用。

第三，调解员和双方当事人初次会议。在任命调解员之后，调解员将与各方进行初次会议，讨论之后调解会议的一系列议程安排，它通常是通过电话进行。初次会议的主要目的是确定之后调解会议的议程安排。期间，调解员还可以要求双方当事人在第一次调解会议之前提交相关文件，并确定各方当事人提交文件的时间和第一次调解会议的时间表。在第一次调解会议中，调解员会与各当事人协议确认之后调解会议的基本规则。其中，调解员将与各方当事人讨论并明确：调解员与各方之间的所有会议是否都需要在双方出席的情况下举行，调解员是否可以在不同时间单独与各方当事人举行会议；各方当事人是否充分了解了《WIPO 调解规则》中规定的保密规则；等等。另外，在第一次调解会议中，调解员还将与各方当事人讨论是否提交其他文件，以及调解员与各方当事人初次会议尚未处理事项是否需要专家协助。在特定情况下，各方当事人和调解员位于不同地点时，他们可能会同意在线举行调解会议。在 WIPO 调解程序中，各方当事人以及专家可以选择使用 WebEx、Zoom、Teams、Bluejeans、WhatsApp 和 Skype for Business 等通信工具。[1]

第四，召开调解会议。在初次会议之后，调解员会根据议程安排继续召开调解会议。根据争议所涉及的问题及其复杂性，以及争议的经济重要性和各方与争议的立场之间的距离，调解可能涉及仅在一天、几天或更长时间内举行的会议。在第一次调解会议之后，调解员主持的调解会议主要处理以下事项：收集有关纠纷的信息并确定所涉问题；探讨各方在纠纷中所持立场背后的利益；制定可能满足各方各自利益的方案；根据各方利益对现有方案进行评估，或者根据一方的替代性方案对现有方案进行评估；达成和解并将和解记录在协议中。

第五，调解程序终结。一般而言，双方当事人经过调解之后达成和解协议，该调解程序就将终结。各方当事人认为通过替代方案解决纠纷更符合其利益，他们往往会达成和解。实践中，并非所有调解都能达成和解。双方当事人经过调解之后仍未达成和解协议，调解程序同样可以终结。一般而言，

---

[1]　在 WIPO 仲裁等程序中，各方当事人和专家同样可以使用 WebEx、Zoom、Teams、Bluejeans、WhatsApp 和 Skype for Business 等通讯工具。

双方当事人及调解员认为相关争议无法继续调解，或者约定调解期限届满双方仍未达成和解协议，该调解程序即可终结。

三、世界知识产权组织（WIPO）调解程序的适用范围

实践中，调解可以在争议的任何阶段使用。各方在谈判失败后可以选择以调解作为解决争端的第一步。在诉讼或仲裁过程中，当各方当事人同样可以选择启动调解程序。换言之，双方当事人可在诉讼或仲裁的任何阶段选择调解程序。然而，调解并非适合所有类型的纠纷，例如故意、恶意假冒或盗版等纠纷就不太适合通过调解方式进行处理。这主要是因为调解需要双方共同合作，因此当涉及蓄意、恶意的侵权行为时，可能不适合进行调解。

另外，如果一方或双方当事人的目的是在真正存在分歧的问题上寻求一个中立的意见，形成一个判例，或者就某一问题进行公开澄清，那么调解同样可能不是适当程序。另一方面，双方或其中一方存在下列情形，调解则是一个更极具吸引力的替代方案，即降低争议解决的成本、争议解决过程中保持控制、迅速解决、对争议内容保密、争议双方维持或建立潜在的业务关系。另外，双方当事人希望继续保持合作关系，比如许可、分销协议或联合研发（R&D）合同，他们特别适合选择调解处理纠纷。如前所述，双方在调解过程中寻求解决办法时可以考虑商业利益而不仅限于双方严格的法律权利和义务。

世界知识产权组织仲裁与调解中心（WIPO AMC）提供专门的知识产权纠纷调解服务主要涉及知识产权商业交易以及知识产权利用关系的纠纷。具体而言，它主要包括专利、专有技术和商标许可、特许经营权、计算机合同、多媒体合同、分销合同、合资企业、研发合同、技术敏感型雇佣合同、涉及重要知识产权资产的并购，以及出版、音乐和电影合同等相关的知识产权纠纷。应该指出的是，《WIPO调解规则》对任命的调解员处理不同类别类型知识产权纠纷的权限没有限制。换言之，根据《WIPO调解规则》任命的调解员有权处理任何类型的知识产权纠纷。争议双方可以自主决定选任的调解是否为相关类型的适合调解。

四、世界知识产权组织（WIPO）调解的具体情况

本部分重点介绍根据《WIPO 调解规》则进行的调解案例。[1]

（一）世界知识产权组织（WIPO）专利的调解案例

在某专利技术咨询公司与某大型制造商专利许可调解案中，双方在外部专家的帮助下，双方开始谈判专利许可，但未能就专利权使用费达成一致意见，咨询公司主张的数百万美元损失的赔偿大大超过了制造商原意承担的金额。最终，双方选择将其争议提交"WIPO 中心"进行调解。"WIPO 中心"向双方建议在专利和相关技术领域具有专业知识的潜在调解员。双方从中选取一名担任调解员，召开为期 2 天的会议。在此期间，双方不仅就专利权使用费而且也对未来咨询合同最终达成和解。

（二）世界知识产权组织（WIPO）版权的调解案例

在某荷兰公司与某法国公司版权许可协议调解案中，被许可人因破产而未能支付许可协议规定的使用费，双方签订的许可协议包含了 WIPO 调解条款。许可人请求调解程序之后，在同双方咨询后，且经法院指定的清盘人批准后，"WIPO 中心"指定了一名知识产权专家担任调解员。在双方和调解员召开两场会议后，最后达成和解协议。另外，部分案件在调解后还可以进行快速仲裁。一家出版社与一家软件公司签订了一份开发新型网页广告的合同。该项目必须在一年内完成，合同内容包含了将争议提交 WIPO 调解的条款，如果未能在 60 天内达成和解，将提交 WIPO 快速仲裁。18 个月后，出版社对软件公司交付的服务感到不满意，拒绝付款，威胁解除合同并索取损失赔偿。出版社向"WIPO 中心"提出调解申请。虽然双方未能达成和解，但是调解使得他们能够集中精力在随后的快速仲裁程序中解决问题。

（四）世界知识产权组织（WIPO）IT/电信争议的调解案例

在某美国软件开发商与某欧洲电信服务公司授权许可案中，被许可人在授权关联第三方使用软件是否需要额外许可费问题上与许可人之间存在纠纷。双方达成协议内容包含了将争议提交 WIPO 调解的条款，如果未能达成和解，将提交 WIPO 快速仲裁。为此，双方当事人先是提交 WIPO 调解争议。考虑到

---

〔1〕　See "WIPO Mediation Case Examples", https://www.wipo.int/amc/en/mediation/case-example.html, last visited at 2024-10-14.

双方已确定的标准,"WIPO 中心"建议选择几名具有软件许可经验的候选人担任调解员,并按照双方的偏好指定调解员。召开调解会议的地点同样需要方便双方。双方指定了一个大家都接受的调解过程框架,并解决了一批有争议的问题。调解期间,双方确定了某些方案。在结束调解后,双方继续直接谈判,以解决其遗留的问题。双方未启动 WIPO 快速仲裁程序。

(五)世界知识产权组织(WIPO)生物技术争议的调解案例

在某法国公司和某德国公司生物技术争议案中,德国公司在美国联邦地方法院提起该美国公司违反合同的诉讼,美国公司提起反诉,要求解除合同。经过一年的法院诉讼,双方都接受了法官的建议,将其争议提交世界知识产权组织仲裁与调解中心(WIPO AMC)进行调解。双方未能就调解员的选择达成一致意见,"WIPO 中心"准备了一份由 5 名候选人组成的名单,供双方考虑。这些候选人均满足争议双方在调解协议中列出的标准。经过几番讨论,双方就调解员候选人达成一致意见,他们选择了一位拥有大量调解经验的美国知识产权律师。调解员与双方当事人在美国举行了会议,调解员在该案中发挥了积极作用。调解程序启动 6 个月之后,双方达成了和解。

第二节　世界知识产权组织的仲裁

仲裁程序是世界知识产权组织仲裁与调解中心(WIPO AMC)的一项重要纠纷解决程序。WIPO 仲裁程序是国际知识产权仲裁制度的重要内容。

一、世界知识产权组织(WIPO)仲裁程序的概述

与调解相比,仲裁程序是更加正式的合意程序。仲裁是双方当事人协商将争议提交给一个或多个仲裁员,并由仲裁员对争议进行具有约束力的裁决的一种程序。最终裁决是完全可以根据国际仲裁公约(《纽约公约》)以及各国仲裁法在当地予以执行的。与调解不同,一方无法单方面放弃仲裁。世界知识产权组织仲裁与调解中心(WIPO AMC)有三种类型的仲裁程序,即仲裁程序、简易仲裁程序(Expedited Arbitration)以及调解后仲裁程序(Mediation Followed, in the Absence of a Settlement, by Arbitration)。调解后,仲裁程序按顺序结合了调解和仲裁程序。双方当事人同意调解后仲裁程序,他们必须首先努力通过调解解决争议,在双方指定的期限内(建议为 60 天或 90

天）未通过调解达成和解，任何一方均可将争议提交仲裁，以作出有约束力的决定。

根据《WIPO 仲裁规则》，双方当事人可一起选择独任仲裁员也可以选择由多名仲裁员组成仲裁庭。当事人选择三名仲裁员组成仲裁庭，那么各方当事人指定一名仲裁员，第三名仲裁员由已指定的仲裁员共同选择。"WIPO 中心"可以提供具有相关专业知识的仲裁员名单供各方选择，或根据规则直接指定仲裁法庭的成员。"WIPO 中心"提供的仲裁员名单非常多元化，他们包括富有经验的争议解决人员、高度专业化的从业人员以及知识产法法律和技术领域的专家。仲裁程序坚持中立性原则。双方当事人可以选择仲裁员，还可选择适用法律、语言和仲裁场地等要素。此外，仲裁还坚持保密性原则。《WIPO 仲裁规则》严格要求相关信息都必须保密。

根据《WIPO 仲裁规则》，世界知识产权组织仲裁与调解中心（WIPO AMC）在仲裁程序中发挥着重要作用。仲裁启动之后，"WIPO 中心"须确保仲裁庭顺利成立以及仲裁程序顺利进行。在仲裁庭成立之前，"WIPO 中心"还需要处理各方的书面声明和其他信息交流。在特定情况下，"WIPO 中心"还需要协助指定仲裁员。与此同时，"WIPO 中心"还学要协助确定仲裁员费用等事项。"WIPO 中心"负责监督仲裁程序中的时效期限问题，"WIPO 中心"可以根据《WIPO 仲裁规则》延长部分程序的时限。不仅如此，《WIPO 仲裁规则》还要求仲裁庭在未按照程序期限完成相应程序时需向"WIPO 中心"提交报告说明情况。仲裁庭成立之后，"WIPO 中心"还需要负责处理当事人针对仲裁员的回避申请以及更换仲裁员等事项。作出上述更换仲裁员的决定时，"WIPO 中心"需要征询世界知识产权组织仲裁咨询委员会特设委员会（the ad hoc committee of the WIPO Arbitration Consultative Commission）的意见。另外，"WIPO 中心"还可以根据当事人申请提供听证室、当事人休息室、录音设备、口译和秘书协助等行政支持服务。[1]

二、世界知识产权组织（WIPO）仲裁的主要步骤

与调解相比，仲裁程序是相对更为正式一点的非诉讼纠纷解决程序。与

---

〔1〕 See "Guide to Arbitration", https://www.wipo.int/en/web/amc/arbitration/guide/index, last visited at 2024-10-14.

诉讼相比，仲裁程序更为灵活一些。在启动仲裁程序之前，双方当事人需达成仲裁协议同意将争议提交世界知识产权组织仲裁与调解中心（WIPO AMC）进行仲裁。仲裁协议既可以是独立的仲裁协议也可以是其他协议中约定的仲裁条款。仲裁协议既可以是纠纷产生之后达成的协议也可以是事先达成的协议。实际上，世界知识产权组织仲裁与调解中心（WIPO AMC）对仲裁程序设定了一定的规范要求。双方当事人可以根据《WIPO 仲裁规则》选择适当的程序内容。具体而言：仲裁程序主要分为三个阶段。第一阶段，开始提出仲裁。第二阶段，选任仲裁员组成仲裁庭。第三阶段，进行仲裁。第一和第二阶段主要是仲裁程序的准备阶段，第三阶段则是仲裁程序的核心部分。

WIPO 仲裁是从申请人向世界知识产权组织仲裁与调解中心（WIPO AMC）提交仲裁申请开始。根据《WIPO 仲裁规则》第 9 条的规定，仲裁请求书应包含有关争议的摘要细节，它包括各方及其代表的姓名和通信信息、仲裁协议副本、争议的简要说明、寻求的救济以及与仲裁庭任命有关的任何请求或意见。另外，《WIPO 仲裁规则》第 42 条明确规定，在收到仲裁请求后 30 天内，被申请人必须提交一份对仲裁请求的答复，它应包含对仲裁请求要素的评论，并可能包括反诉或抵消的指示。如果申请人在仲裁请求书中一并提出索赔声明，那么被申请人对仲裁请求书的答复同样需要附相应的答辩书。

提仲裁请求之后，申请人进入选任仲裁员组成仲裁庭阶段。与调解程序类似，仲裁庭的选择和设立同样至关重要。这主要是因为仲裁员的素质在很大程度上决定了仲裁的质量。正因如此，仲裁程序必须指定一个各方都能完全信任的仲裁庭。实际上，《WIPO 仲裁规则》允许申请人和被申请人在指定仲裁员过程中享有相当大的自主权。《WIPO 仲裁规则》第 14（a）条、第 15（a）条、第 16（a）、第 17（b）和（c）、第 18 条、第 19（b）（i）条分别就仲裁员人数、任命程序、被任命为仲裁员的资格等问题进行了详细的规定。双方未就仲裁员人数达成一致意见，仲裁庭通常应由一名独任仲裁员组成，除非世界知识产权组织仲裁与调解中心（WIPO AMC）自行决定由 3 名仲裁员组成的仲裁庭更合适。

在选任仲裁员的过程中，独任仲裁员通常应由双方共同提名，除非双方就指定程序达成一致意见。根据《WIPO 仲裁规则》，指定 3 名仲裁员过程中双方尚未就指定程序达成一致意见，三人仲裁庭通常由两名双方指定的仲裁员和一名由双方指定的仲裁员指定的首席仲裁员组成。另外，双方未能就独任仲裁员的任命达成协议，或者双方指定的仲裁员未能在规定的截止日期内提名首席仲裁员的，世界知识产权组织仲裁与调解中心（WIPO AMC）将按照默认名单程序进行必要的任命。为保证仲裁质量，世界知识产权组织仲裁与调解中心（WIPO AMC）高度重视其仲裁员的职业操守。《WIPO 仲裁规则》明确规定，所有仲裁员都必须公正和独立。在被任命之前，仲裁员须签署公正性和独立性声明，并披露一切可能引起合理怀疑的情况，该披露义务在整个仲裁程序过程中都有效。

仲裁庭成立之后，仲裁员即可与各方当事人就案件时间表、进一步提交的材料、听证日期以及证据和保密规定等进行预备讨论。申请人在提出仲裁阶段未提交索赔声明可以在仲裁庭成立之后提出索赔声明。一般而言，仲裁庭成立后的 30 日内，申请人应当提出索赔申请。被申请人应当在收到对方索赔声明之后的 30 日内提交相应的答辩书。被申请人提交答辩书之后的 30 日内，双方当事人可以进一步提交书面声明和证人声明。随后，仲裁庭可以自行决定或根据一方当事人申请举行听证会，听取相关证人和专家的陈述以及双方的口头陈述。仲裁庭决定不举行听证会，他们通常将根据双方提交的文件和材料进行裁决。根据《WIPO 仲裁规则》，各方当事人可以请求临时救济措施，仲裁庭可以根据一方的要求发布其认为必要的任何临时命令或临时措施。仲裁庭确信各方当事人已经获得充足的机会提交证据和发表陈述，他们可以宣布听证程序结束。任命仲裁员成立仲裁庭到仲裁听证程序结束通常需要经历 9 个月的时间，最终仲裁裁决通常会在听证程序结束后的 3 个月内作出。[1] 实践中，世界知识产权组织仲裁与调解中心（WIPO AMC）处理的仲裁案件平均通常须经历 13.5 个月的时间。[2]

三、世界知识产权组织（WIPO）的简易仲裁

WIPO 简易仲裁（WIPO Expedited Arbitration）是指在较短的时间期限内采用更为灵活的方式进行仲裁的一种程序。简易仲裁通常成本更低一些。为

---

〔1〕 See "Principal Steps in WIPO Arbitration and Expedited Arbitration", https://www. wipo. int/amc/en/arbitratio n/case-example. html, last visited at 2024-10-14.

〔2〕 See Heike Wollgast & Andrzej Gadkowsk, "Arbitration and Mediation Center: World Intellectual Property Organization（WIPO）", *Oxford Public International Law*, 2019, https://opil. ouplaw. com/display/10. 1093/law- mpeipro/e2710. 013. 2710/law-mpeipro-e2710？ print=pdf, last visited at 2024-3-14.

实现上述目标，简易仲裁由一名独任仲裁员而不是由多名仲裁员组成仲裁庭。不仅如此，简易仲裁还缩短了仲裁程序每个步骤的时间，并缩短了独任仲裁员的听证时间。为此，世界知识产权组织仲裁与调解中心（WIPO AMC）还专门发布了《WIPO 简易仲裁规则》。与仲裁程序相比，简易程序主要具有以下特征：①索赔声明必须与仲裁请求一并提交，不得后期提交和分开提交；②被申请人须在收到仲裁请求之后 20 日内提交答复书和相关答辩书；③始终只有一名仲裁员；④申请人须在收到答辩书等材料之后 20 日内提交相关答辩材料；⑤听证程序通常是在收到仲裁请求之后 30 日内举行；⑥任命仲裁员成立仲裁庭到仲裁听证程序结束通常需在 3 个月的时间内完成；⑦最终仲裁裁决通常会在听证程序结束后的 1 个月内作出；⑧标的额 1000 万美元以内的纠纷收取的固定仲裁费用。[1]

四、世界知识产权组织（WIPO）仲裁程序的适用情况

本部分重点介绍根据 WIPO 调解仲裁规则进行的仲裁案例。[2]

（一）世界知识产权组织（WIPO）软件商标争议的仲裁案例

在某北美软件开发商与某计算机硬件制造商商标纠纷案中，双方在多个管辖区就其商标的注册和使用提起了法律诉讼。各方均有效防止了其他方在其享有在先权的管辖区对其商标进行注册或使用。为了方便其各自商标在全球各地的使用和注册，双方当事人签订了一份共存协议，该协议包含 WIPO 仲裁条款。北美公司在某个亚洲国家对其商标进行注册过程中，它的商标与另一方持有的在先商标存在发生混淆的风险，它的商标申请遭到拒绝。北美公司请求另一方允许其在该亚洲国家注册其商标，对方拒绝之后便提起仲裁程序。双方当事人指定了一名知识产权律师担任独任仲裁员。最终，仲裁员确认了双方协商的方案，该方案规定由硬件制造商依照适当条款向该北美公司授予许可证。

（二）世界知识产权组织（WIPO）版权争议的简易仲裁案例

在某出版社与某软件公司开发纠纷案中，双方在版权合同中约定项目必

---

〔1〕 See WIPO Arbitration and Expedited Arbitration Compared, https://www. wipo. int/amc/en/arbitration /expedited-rules/compared. html, last visited at 2024-10-14.

〔2〕 See WIPO Arbitration Case Examples, https://www. wipo. int/amc/en/arbitration/case-example. html, last visited at 2024-10-14.

须在 1 年内完成并且约定双方发生纠纷将提交 WIPO 调解，如无法在 60 天内解决争议，则提交 WIPO 简易仲裁。之后，出版社对软件公司提供的服务感到不满意，拒绝付款并索要损害赔偿。该出版社根据约定向世界知识产权组织仲裁与调解中心（WIPO AMC）提交了一份调解申请。虽然双方没有达成一致意见，但调解使他们能够集中处理主要争议。调解结束之后，该出版社提起了简易仲裁程序。经双方当事人同意之后，"WIPO 中心"指定一名见习法官担任独任仲裁员。仲裁员在德国汉堡开展了为期一天的听证。期间，双方当事人表达了友好解决争议的愿望，请求仲裁员制定一份和解方案。双方当事人接受了仲裁员的和解方案并请求仲裁员出具一份裁决书。

（三）世界知识产权组织（WIPO）生物技术/制药公司争议仲裁案例

某法国生物技术公司与某大型制药公司合作开发案件中，双方当事人在其协议规定中所有基于协议产生的争议将由独任裁员按照《WIPO 仲裁规则》解决。该协议签订之后几年，某法国生物技术公司终止了该协议，声称该制药公司故意延迟生物化合物的开发进程。之后，该生物技术公司提出了仲裁请求并要求获得巨额赔偿金。"WIPO 中心"提供了若干在生物技术/制药争议方面具备丰富经验的仲裁员候选人，双方当事人选择了其中一位。收到双方当事人的书面陈述之后，该仲裁员在日内瓦（瑞士）举行了为期 3 天的听证并对证人进行了询问。在听证过程中，该仲裁员认为该生物技术公司无权终止该合同且出于对双方利益的考虑，双方当事人应继续就生物化合物的开发展开合作。最后，双方当事人接受了仲裁员的建议并决定召开一次非公开会议。会议之后，双方当事人同意解决其争议并继续就生物化合物的开发与商业化开展合作。

（四）世界知识产权组织（WIPO）专利许可争议的简易仲裁案例

在某发明人与某美国制造商的专利许可纠纷案中，发明人与制造商就专利签订了一份独占许可协议，该许可协议明确双方应采用 WIPO 简易仲裁程序解决与专利有关的争议。之后，双方当事人因专利许可费产生了争议。某发明人向"WIPO 中心"提交了一份仲裁请求和索赔声明，指出其专利遭到了侵犯。在该案中，双方当事人未能就独任仲裁员的任选达成一致意见。考虑到专利的情况，"WIPO 中心"指定了一名在美国专利法方面具备丰富经验的英国专利律师担任独任仲裁员。双方就保护商业机密以及审查产品样品的请求等问题证据提交之后，仲裁员在加州举行了听证会议并对证人进行了询问。最终，仲裁员在裁决中解决了上述专利侵权等问题。

（五）世界知识产权（WIPO）组织 IT/电信争议仲裁案例

在某亚洲公司和某欧洲软件开发商公司电信纠纷中，双方协商成立一家合资企业并签订了一份许可协议，以便在多个亚洲国家提供移动支付服务。之后，双方就许可协议的履行产生了争议。随后，某亚洲公司根据该许可协议的仲裁条款提出了依照《WIPO 仲裁规则》进行仲裁的请求。期间，某亚洲公司获得了该欧洲软件开发公司注册地法院发出的临时救济措施。该措施对某欧洲软件开发公司的银行账户进行了冻结。仲裁员在征得双方同意之后对该案件进行了进一步审查并在瑞士日内瓦举行了调解会议。在调解会议中，仲裁员向双方当事人传达了其针对仲裁事项拟作出的结论，向双方当事人传达的意见并没有作书面记录。虽然双方当事人没有立即解决问题，但他们在之后的协商中解决了纠纷。欧洲软件开发公司同意支付一定的金额并将银行保函返还给亚洲公司，亚洲公司也同意将相关知识产权转让给该欧洲软件开发公司。

第十二章

"一带一路"地区知识产权纠纷调解中心的建设

调解程序可以帮助当事人提升知识产权纠纷解决的效率已经形成广泛共识。但是，知识产权争议案件往往因缺少合适的专业化调解机构而旷日持久、耗时耗力。"一带一路"国家之间快速增长的经贸往来与日益复杂化的知识产权争议要求知识产权纠纷解决机制必须进行创新。成立"一带一路"知识产权纠纷调解中心具有显著的必要性。它可以在传递和平共处、互利共赢理念、推动知识产权保护区域合作、提升知识产权保护司法环境、降低知识产权保护法律风险等方面发挥重要作用。由于国际环境错综复杂，调解中心建设同样面临众多风险。这更加要求知识产权调解机制进行必要创新。互联网时代是一个创新的时代，更是一个机遇迸发的时代。调解中心应当以一种开放式的心态借鉴互联网思维进行积极应对。作为柔性基础设施，调解中心始终践行"丝路精神"，从长远计，其可以为区域内不同文化之间的交融提供机会。

第一节 "一带一路"地区知识产权纠纷调解中心的建设基础

一、"一带一路"地区知识产权纠纷调解存在合作的基础

（一）"一带一路"地区经济贸易交往的快速发展

2013 年秋天，习近平主席在哈萨克斯坦和印度尼西亚提出共建丝绸之路经济带和 21 世纪海上丝绸之路，即"一带一路"倡议。之后，"一带一路"倡议得到了沿线国家的广泛关注、支持和参与。近 4 年来，"一带一路"沿线国家经济贸易快速发展，各国之间的经济贸易往来也稳健提升。目前，"一带一路"倡议已经进入全面实施阶段，区域内各国之间经贸合作中的知识产权问题也被日益关注。2014—2016 年，中国与沿线国家贸易总额超过 3 万亿美元（约 20 万亿元人民币），增速高于全球平均水平。不仅如此，我国在对外

投资合作方面也不断强化服务保障，积极鼓励企业到沿线国家投资兴业。2014—2016 年，中国企业对沿线国家对外直接投资超过 500 亿美元；在沿线国家新签对外承包工程合同额 3049 亿美元。[1] 2013—2022 年，我国与"一带一路"沿线国家货物贸易额从 1.04 万亿美元扩大到 2.07 万亿美元，年均增长 8.6%，同沿线国家双向投资累计超过 2700 亿美元。[2]

从中国对"一带一路"沿线各国的贸易额来看，越南、马来西亚、泰国、新加坡、印度、俄罗斯是主要合作伙伴。从区域来看：①东南亚、西亚和北非是我国与沿线国家开展贸易合作的主要区域；②中国与东欧的贸易增长最快，其次是南亚地区；③东南亚是最大的出口目的地，东欧出口增速最快；④东南亚是中国最大的进口来源地，也是唯一进口额增加的地区。随着我国企业在"一带一路"沿线国家经济交往的不断扩大，他们涉及知识产权的贸易摩擦及专利、商标、著作权等知识产权侵权纠纷也时有发生。例如，2014 年，北京小米科技有限责任公司（下称"小米公司"）因涉嫌侵犯爱立信所拥有的 8 件专利的专利权，在印度被爱立信诉至印度德里高等法院。爱立信向法院提出的"临时禁令"包括禁止小米公司在印度市场销售、推广涉嫌侵犯涉案专利权的相关产品等。

随着跨境电子商务的快速发展，"一带一路"地区跨境电子商务中的知识产权保护问题也日益凸显。在跨境电子商务发展过程中，跨境电子商务企业之间的竞争也愈演愈烈，其中不乏恶性的价格竞争。跨境电子商务中的知识产权纠纷主要体现在图片展示过程中的盗图现象以及产品专利侵权等，此类纠纷呈现出日益严重的趋势。另外，跨境电子商务中的知识产权纠纷还涉及不正当竞争纠纷。可见，我国推动"一带一路"建设更需要知识产权保护先行。它既包括企业在"走出去"过程中遵守当地的知识产权法律制度，在跨境合作项目建设过程中注重保护本国已有知识产权与合法利用他国的知识成果。它也包括政府为本国企业"走出去"提供有效的知识产权风险预警服务和援助服务，为他国企业"走进来"提供高效和全面的知识产权执法服务。其中，为各方提供快速有效的知识产权纠纷解决方式正是知识产权保护服务的

---

〔1〕 王珂、赵展慧：《中国与沿线国家贸易总额 20 万亿元（一带一路·合作共赢）》，载《人民日报》2017 年 5 月 11 日。

〔2〕 参见王泠一：《"一带一路"倡议十周年：改变世界经贸格局的多赢蓝图》，载《第一财经日报》2023 年 9 月 7 日。

重中之重，因为它是营造良好知识产权保护环境的核心要素。WIPO 总干事弗朗西斯·高锐指出："'一带一路'沿线国家对加强知识产权领域的对话与合作有着强烈的意愿，建立良好的知识产权生态体系，有利于促进沿线各国知识产权制度的完善，营造创新和可持续发展的良好环境。"[1]

（二）"一带一路"沿线国家跨境知识产权纠纷解决的现实状况

"一带一路"沿线国家地跨亚、欧、非三大洲，各国政治、经济、文化的差异较大。区域内各国知识产权发展状况参差不齐，跨境知识产权的保护措施及纠纷解决方式也存在较大差异。根据各国知识产权保护水平的不同，"一带一路"沿线国家大致可以分为以下四种类型：①知识产权政策法律体系处于起步阶段的国家；②知识产权政策法律体系已经建立但效果尚不明显的国家；③知识产权政策法律体系较为完善且具有现实功能的国家；④知识产权政策及法律完善且国际协作广泛的国家。[2]可见，"一带一路"沿线各国融入国际知识产权保护体系的程度参差不齐，各国国内知识产权保护制度差异显著。不仅如此，区域内各国对于知识产权保护（尤其是知识产权纠纷解决）仍缺乏有效的合作机制。另外，跨境知识产权案件的诉讼本身也面临众多问题，例如管辖权、法律适用和判决的承认与执行等。[3]这给企业应对知识产权风险增加了难度，同时也给知识产权纠纷处理方式提出了新的要求。

在全球诉讼爆炸及诉讼延迟的背景下，各国及地区都在努力通过发展ADR解决法院不堪重负的问题。作为对诉讼的替代，调解程序在化解当事人之间的各类纠纷中扮演着越来越重要的角色。从最新的立法趋势来看，该地区各国都在大力发展调解等非诉讼程序来解决日益增多的知识产权纠纷。其中，亚太地区的新加坡知识产权纠纷调解制度非常有特色和竞争力，新加坡主要通过专业化与职业化建设推动知识产权纠纷调解制度的发展。在新加坡，知识产权纠纷调解程序适用范围已经扩展到异议、撤销及无效等案件。[4]另外，南亚地区的印度知识产权局（CGPDTM）也在商标异议及撤销案件中引入了调

---

〔1〕 赵建国：《"一带一路"沿线国家和地区知识产权现状概览》，载 http://www. nipso. cn/onews. asp？ id=33459，最后访问于 2024 年 6 月 16 日。

〔2〕 吴汉东：《"一带一路"战略构想与知识产权保护》，载《法治社会》2016 年第 5 期。

〔3〕 朱伟东：《马普所〈知识产权冲突法原则〉简述——欧洲跨境知识产权诉讼的最新发展》，载《国际经济法学刊》2013 年第 3 期。

〔4〕 欧丹：《专业化与职业化：新加坡知识产权纠纷调解制度略考》，载《司法改革论评》2017 年第 2 期。

解程序，推动知识产权纠纷调解制度的发展[1]；中东欧地区的波兰、捷克、匈牙利等国已经通过专门调解立法推动调解程序在各类纠纷中的适用[2]；中东地区的土耳其、伊朗等伊斯兰国家调解制度也得到了快速发展[3]；中亚地区的哈萨克斯坦、吉尔吉斯斯坦等内陆国家也开始关注和重视调解程序的作用。这些都为区域内各国建立知识产权纠纷调解合作机制提供了坚实的基础。

二、"一带一路"地区知识产权纠纷调解中心的设立意义

"一带一路"倡议涉及多个国家和地区，知识产权环境的复杂性和知识产权制度的差异性势必导致多层次、多领域的知识产权纠纷。[4]正是因为跨境知识产权纠纷解决的现实需求以及知识产权诉讼的客观局限，成立"一带一路"地区跨境知识产权纠纷调解中心（以下简称"调解中心"）具有非常积极的现实意义。它可以为我国"一带一路"建设提供"软实力"及"柔性基础设施"。[5]毕竟，公正、高效的争端解决机制对于"一带一路"法治化体系建设而言不可或缺。[6]

（一）传递"一带一路"地区和平共处、互利共赢的核心理念

习近平主席指出："我们要将'一带一路'建成和平之路。古丝绸之路，和时兴，战时衰。"[7]可见，和平既是人心所向，也是理念信仰。注重友好、非对抗方式解决纠纷的调解程序正好可以传递我国倡议"一带一路"建设和平共处、互利共赢的核心理念。首先，调解中心建设强调当事人之间通过和平的对话、自由沟通及平等协商解决相关知识产权纠纷，而不是通过诉讼等对抗性方式处理相关争议。第二，"一带一路"建设具有开发包容的特征，它

---

[1] 欧丹：《分工与合作：印度德里知识产权局商标异议及撤销案件的转介调解制度》，载《中华商标》2018年第1期。

[2] Joanna Wasik，"Court Delays in Poland：Mediation as a Way Forward in Commercial Disputes"，*Georgetown Journal of International Law*，2012，Volume 43，Issue 3，pp. 959~987.

[3] T. Köse & N. Beriker，"Islamic Mediation in Turkey：The Role of Ulema"，*Negotiation & Conflict Management Research*，2012，Volume 5，Number 2，pp. 136~161.

[4] 丁珮琪：《"一带一路"建设中知识产权风险防范分析》，载《现代营销（下月刊）》2016年第9期。

[5] 李形、张久安：《试析中国特色软权力的理论基础——"一带一路"与国际规范供给的视角》，载《教学与研究》2017年第1期。

[6] 刘敬东：《"一带一路"法治化体系构建研究》，载《政法论坛》2017年第5期。

[7] 习近平：《习近平谈治国理政》（第2卷），外文出版社2017年版，第512~514页。

尊重不同文明、宗教、种族的差异性，更关注求同存异、互利互助、各方共赢的合作。调解程序的灵活性正好契合"一带一路"建设开放包容的内涵，因为调解中心建设强调规则及程序应当尊重各国及地区不同的民族文化、风俗习惯、商业惯例等不成文规定，合理利用各地的"地方法"。这可以鼓励参与者进一步了解和尊重各地不同的文化及历史，进而促进区域内不同民族文化的交流与交融。第三，调解中心建设注重对专业化调解员的培养，调解员不仅需要具备专业调解的技能还必须充分领悟调解文化的精髓。在调解员的培训及服务过程中，我们还可以通过以"和为贵"为核心的调解文化传递"一带一路"建设和平共处、互利共赢的核心理念。[1]第四，调解中心建设注意通过相关激励机制引导并鼓励各方当事人通过对话、沟通及协商减少对抗的方式解决相关争议，它有利于人类"由对抗走向共生，由冲突走向和谐"并使"人类命运共同体"具有了现实的可能性。[2]

（二）推动"一带一路"地区知识产权保护的区域合作

"一带一路"建设离不开沿线国家的合作与支持，"一带一路"地区知识产权保护更离不开区域间的合作，因为合作共赢是"一带一路"建设的核心内涵，区域合作可以为企业和个人提供更加优质的跨境知识产权保护服务。"一带一路"地区的跨境知识产权纠纷调解中心建设属于"一带一路"知识产权保护建设总体规划和发展战略的重要组成部分。它可以从多个方面促进"一带一路"地区知识产权保护的合作。第一，调解中心建设注重纠纷解决规则制定与知识产权纠纷解决国际规则接轨，例如重视 WIPO 调解等非诉讼程序的发展并以合理的方式引进。第二，它还可以通过中心调解员的培训和交流来扩大我国知识产权领域的对外交流与合作力度，例如调解员的专业培训可以引入知识产权纠纷处理不同领域和不同地区的专家，他们包括但不限于调解专家、技术专家、法律专家以及经济专家等。第三，调解中心建设积极推动区域内知识产权纠纷解决的国际规则的制定，还可以通过区域内国家及企业的充分参与推动"一带一路"区域知识产权一体化进程。第四，调解中心还注重与区域内调解机构合作，为区域内合作的调解机构提供知识产权纠纷调解服务指南。

---

〔1〕　习近平：《习近平谈治国理政》（第 1 卷），外文出版社 2014 年版，第 284 页。

〔2〕　明浩：《"一带一路"与"人类命运共同体"》，载《中央民族大学学报（哲学社会科学版）》2015 年第 6 期。

（三）提升"一带一路"地区知识产权保护的司法环境

司法环境是衡量地区知识产权保护服务质量的重要标准。调解中心可以从多个方面提升"一带一路"地区知识产权保护的司法环境。第一，"一带一路"地区跨境知识产权纠纷调解中心可以为企业及个人提供最快速和高效的知识产权争议处理程序。效率和时间已然成为衡量司法环境的重要指标，同时效率和时间也是程序正义的内在要求。调解程序的高效性正好符合这一核心要求。第二，调解中心为当事人提供的争议解决程序非常简便和灵活。调解程序的简便性不仅可以为当事人节省时间、提升办事效率，而且为当事人节省了相关费用（金钱）、提升了办事效益。这也正是调解程序吸引当事人的地方。另外，当事人还可以根据实际情况选择合适的调解程序。当事人的参与性及自主性更是提升了调解程序处理结果的可接受性。第三，调解中心还可以通过有效且多样化的执行方式提升司法环境。调解程序的处理结果是由各方当事人自主协商沟通形成的，当事人通常都会自愿履行。当然，调解中心还可以通过信誉标记、评分、黑名单等方式促使当事人自愿履行。不仅如此，调解中心在提升知识产权保护司法环境的同时还可以促进各国知识产权强国建设，提升各国的创新驱动力。

（四）降低"一带一路"地区知识产权保护的法律风险

在"一带一路"建设过程中，企业跨境知识产权保护的法律风险已经成为影响企业对外投资和贸易交往的重要因素。调解中心可以从多个方面降低企业跨境知识产权保护的法律风险。首先，它可以为积极参与该地区经贸往来的企业解决知识产权相关纠纷提供政策参考，即为企业合理选择化解跨境知识产权纠纷的方式、地点等其他因素提供参考。其中，企业可以根据案件的不同情况选择调解、仲裁、专家裁决等非诉程序或者诉讼程序。另外，调解中心建设还注重搭建知识产权维权综合服务平台，降低企业维权的成本和难度。具体而言，它可以为企业及当事人提供境外知识产权维权的协助服务、援助服务、信息服务及预警服务等全面的辅助性知识产权保护服务。因为我们倡议建设的调解中心注重对知识产权保护协助服务平台、法律援助服务平台、全方位信息服务平台以及预警服务平台的建设。可见，调解中心不仅可以降低企业知识产权保护的法律风险，还可以提前警示和预防法律风险。

第二节 "一带一路"地区知识产权纠纷调解中心的建设思路

由于国际社会现有的争端解决机制各自存在一定弊端，并以普通法的诉讼原则、诉讼程序、诉讼技巧为主导，与绝大多数"一带一路"参与国的法律制度、诉讼习惯不一致，[1]提升"一带一路"地区知识产权纠纷解决的可接受性与经济效益要求知识产权纠纷解决机制必须进行制度创新。同时，这也为区域内各国探索跨境知识产权纠纷解决合作机制提出了现实要求。成立"一带一路"地区知识产权纠纷调解中心是其中的方案之一，并且其可以在此基础上逐步完善"一带一路"地区知识产权多元纠纷解决中心。[2]

一、"一带一路"地区知识产权纠纷调解中心建设的证成

（一）准确定位"一带一路"地区知识产权纠纷调解中心的职能

"一带一路"建设始终践行"以和平合作、开放包容、互学互鉴、互利共赢为核心的丝路精神"。[3]因此，作为"一带一路"柔性基础设施，调解中心在建设过程中也须始终践行"丝路精神"。为弘扬"丝路精神"，调解中心主要承载以下几个方面的功能：传递"一带一路"建设和平共处、互利共赢的核心理念；推动"一带一路"地区知识产权保护的区域合作；提升"一带一路"地区知识产权保护的司法环境；降低"一带一路"地区知识产权保护的法律风险。调解中心承载的主要功能同时也是成立该调解中心的核心价值与意义。另外，"一带一路"建设也是一个创新之路，因此调解中心还应当积极探索制度创新。作为"一带一路"建设的软性基础设施之一，它主要的功能是创设平台与制度，并提供基础信息服务、预警平台服务、援助平台服务等综合性辅助服务。[4]具体而言，调解中心建设的定位应当着力于：搭建跨境知识产权纠纷调解平台；创建跨境知识产权纠纷调解规则；设立区域性知

---

〔1〕 王贵国：《"一带一路"争端解决制度研究》，载《中国法学》2017年第6期。

〔2〕 廖丽：《"一带一路"争端解决机制创新研究——国际法与比较法的视角》，载《法学评论》2018年第2期。

〔3〕 计宏亮：《"一带一路"国际话语权的建构刍论》，载《理论导刊》2015年第7期。

〔4〕 卢海君、王飞：《"走出去"企业知识产权风险研究》，载《南京理工大学学报（社会科学版）》2014年第2期。

识产权保护调解员培训、认证及交流机制；设立跨境知识产权纠纷解决援助机制；创立区域知识产权保护预警机制；提供区域性知识产权保护综合信息服务机制。

（二）引入多元化"一带一路"地区知识产权纠纷调解中心的建设主体

在调解中心建设过程中应当正确处理国家与国家、政府与企业、政府与专业性行业组织等所有建设主体之间的关系。作为"一带一路"建设的首倡者，中国应当肩负起平台与制度建设的主导责任。"丝绸之路精神"提倡开放、包容、互利共赢，因此调解中心应当建立在与"一带一路"沿线国家和地区广泛交流的基础上并吸纳各国深度参与，始终"坚持共商共建共享原则"。可见，调解中心建设的主导者与参与者同为建设主体，所有成员都是调解中心建设不可或缺的主体，他们地位平等、权利同等、责任同担。可见，所有参与调解中心的国家既是主导者也是参与者，既是决策者也是执行者，既是实施者也是监督者，他们构成一种新型的合作关系——"命运共同体"。就平台建设的主体而言，调解中心平台建设应当以政府为主导，并吸纳参与"一带一路"建设企业和组织展开深入合作。[1]因为它既可以保障调解中心的中立性和独立性，也可以最大限度地发挥企业的信息资源和流量资源。另外，调解中心可以采取 PPP 建设模式，[2]政府作为调解中心平台建设的决策者负责制定宏观政策及实施规范，专业性知识产权行业组织可以作为调解中心平台建设的执行者利用企业技术优势搭建共享平台，并且政府应当及时、有效对平台建设进行监督。

（三）注重"一带一路"地区知识产权纠纷调解中心制度规范的服务性

"一带一路"知识产权纠纷调解中心的制度规范同样需要践行"丝绸之路精神"。制度规范的认定要体现区域内沿线国家对知识产权价值目标的认识，尊重发展中国家的国情，注重知识产权保护中的利益平衡。规则制定还应当立足于目前"一带一路"沿线经贸合作的重要领域，例如对工程承包业务及基建业务过程中的专利、商标及商业秘密等知识产权的保护。规则制定还应当符合科技创新及经济发展趋势，致力于推动区域内知识产权密集企业和行业的发展，并提升区域的整体创新能力。调解中心的制度规范主要包括以下

---

〔1〕 王文俊、李军：《"丝绸之路经济带"建设中的风险考量与管控》，载《理论导刊》2016 年第 12 期。

〔2〕 刘薇：《PPP 模式理论阐释及其现实例证》，载《改革》2015 年第 1 期。

几个方面的内容，即调解程序规范、调解员职业规范、调解员资质认证及培训规范、知识产权案件争议处理援助规范、综合安全信息规范及知识产权风险预警规范。调解程序规范的服务性主要体现在扩大调解程序的适用范围上，从原本的只适用于知识产权财产性争议扩张至可适用于知识产权非财产性争议。调解员规范的服务性主要体现为注重提升调解服务的质量。针对知识产权争议的复杂性及技术性等特征，调解员规范应当明确调解员须具备专业资质、不断接受培训、严守中立及保密义务等等，这些都是调解服务质量的保证。知识产权案件争议处理援助、综合安全信息及知识产权风险预警规范本身就是服务规范。援助规范主要是通过知识产权调解服务支持计划来保障，风险预警及信息安全规范则是利用平台大数据的优势，为当事人提供相应的信息咨询服务。

二、"一带一路"地区知识产权纠纷调解中心建设的挑战

（一）公正性与可信度挑战

因存在中立性、专业性、透明性以及独立性等方面的天然局限，多数企业附设型纠纷解决平台均对当事人缺乏相应的吸引力，实际效果也不佳。实践层面，任何调解机构的中立性、透明性以及独立性都是其具有良好可信度的基础，也是其自身赖以存在的根基。调解中心的公正性与可信度存在质疑风险有多个方面的原因。由于缺少实践检验和历史传承，任何新成立机构都可能面临公众对其正当性和可信度的疑虑。这主要是因为人们的认识存在路径依赖。[1] 人们对新机构可信度的认识往往会受到其他机构以往因国家利益冲突而存在中立性、透明性以及独立性偏颇失信的影响，这是一种认识上的惯性。区域性调解中心的可信度还受到国家之间地缘政治、国际关系以及贸易政策等多方面的影响。不仅如此，调解中心的专业性与权威性也是影响其公正性及可信度的重要因素。上述疑虑从根本上还是源于公众对调解中心掌握争议解决权的担忧。毕竟，权力的监督与制约并非易事。

（二）资金分担与地点选择争执挑战

调解中心建设具有基础设施的属性，它具有一定的公益性，并不直接产

---

〔1〕 ［美］道格拉斯·C.诺思：《制度、制度变迁与经济绩效》，杭行译，韦森审校，格致出版社、上海三联书店、上海人民出版社 2008 年版，第 136 页。

生经济效益。无论是调解中心的机构建设还是制度建设在传统意义上都涉及大量的资金需求。因为调解中心致力于为"一带一路"沿线所有国家的企业、组织及个人提供相应的争端解决服务，机构建设首先就会面临大量工作人员及办公场所需求，它将消耗大量人力和物力。调解中心的制度建设同样需要消耗大量资源。例如，调解员培训制度、知识产权调解促进计划、知识产权保护预警制度的落实都需要投入大量资金。但是，调解中心建设所需资金分担标准涉及的因素众多，各国基本上很难在短时间内达成共识。巨额资金的需求则会提升资金分担争执的风险。从便利性及成本效益角度来看，当事人往往都愿意选择离自己最近的争议解决机构来处理相关争议。可见，调解中心地点设置同样是参与者各方重点关心的内容。实际上，资金分担及地点选择同样涉及国家之间地缘政治、国际关系以及贸易政策等多方面因素。

（三）适用规则制定挑战

调解中心的适用规则制定困难存在多个方面的原因。第一，调解中心制度规范涉及的内容繁杂。以调解程序规范为例，它包括调解程序的适用范围、调解机构的职责、调解案件的受理、调解员的选任、调解最终协议的执行力等众多问题。第二，调解中心在"一带一路"国家的经济发展水平、法律传统、民族习惯、贸易政策、知识产权保护环境等方面存在巨大差异。以法律传统为例，该地区国家法律体系各不相同，它包括传统发达国家的大陆法系及普通法系，也包括众多发展中国家仍处于转型之中的法律体系，还包括受宗教影响深厚的伊斯兰法律体系，[1]以及阿拉伯国家法律体系等。[2]第三，调解中心适用规则制定还受到制度路径依赖等因素的影响。目前，各类调解机构适用的规则多数是源于普通法体系规则，它基本上普遍采用普通法诉讼程序及技巧。在法律移植与法学教育等多重因素的影响下，调解中心规则制定过程可能仍然会受到传统规则的影响。但是，"一带一路"沿线众多国家因法律体系差异巨大等原因很难了解和接受上述普通法规则。

---

〔1〕 中华全国律师协会编：《"一带一路"沿线国家法律环境国别报告（中英文对照）》（第1卷），北京大学出版社2017年版，第771~797页。

〔2〕 中华全国律师协会编：《"一带一路"沿线国家法律环境国别报告（中英文对照）》（第2卷），北京大学出版社2017年版，第504~521页。

三、"一带一路"地区知识产权纠纷调解中心建设的应对

（一）秉持去中心化与合作性建设模式

调解中心可能因争议处理权的集中化而引发公众对其独立性、中立性、透明性的疑虑，进而影响自身的可信度。为适应互联网时代要求，调解中心须采用开放式、扁平化系统结构的去中心化建设模式回应公众对权力集中的隐忧。调解中心建设的核心任务之一就是平台建设。由于时空的限制，调解中心平台建设应当以在线非诉讼程序平台（ODR）建设为核心，以与线下专业化知识产权纠纷解决机构合作建设为主要内容。调解中心平台建设的网络化与数据化可极大地实现调解中心去中心化的要求。可见，调解中心建设应当坚持合作共赢的建设模式，它不仅需要吸纳"一带一路"沿线所有国家积极参与，而且需要吸引企业及专业性行业组织积极参加。其中，政府可以联合相关企业共同推动知识产权纠纷在线非诉讼程序平台（ODR）建设。政府在推动知识产权纠纷在线非诉讼程序平台（ODR）建设问题上应占据主导地位。[1]这既可以保障知识产权纠纷在线非诉讼程序平台（ODR）建设得到强有力的支持，也可以保障该在线非诉讼程序平台（ODR）保持相对的独立性、中立性及透明性。这正是知识产权纠纷在线非诉讼程序平台（ODR）能够吸引区域内企业及个人接受和认同的基础之一。

（二）坚持轻资产化与服务性建设模式

互联网时代的另一个特征就是轻资产化和服务性。"互联网+"思维下，调解中心建设资金分担风险的应对方案须坚持最大限度地降低筹建资金，这是一种"做小蛋糕"思维，而不是传统上强行摊派筹建资金的"切分蛋糕"思维。调解中心建设轻资产化强调用最低限度的经济成本实现最大化的社会效益。这可以从源头上降低调解中心建设资金分担的风险。调解中心轻资产化的建设模式要求机构设置的扁平化，减少行政辅助机构。与此同时，轻资产化建设模式还要求调解中心专注本身的核心业务，减少非核心业务的支出。目前，调解中心的核心任务定位为提供信息和技术服务，它的主要职能是承担当事人与纠纷解决机构之间的桥梁作用。可见，调解中心的服务性建设模

---

〔1〕 刘哲玮：《国家介入：我国 ODR 建设的新思路》，载张平主编：《网络法律评论》（第 10 卷），北京学出版社 2009 年版，第 127~139 页。

式并不是指调解中心直接提供争议解决服务，而是提供信息连接与技术支持服务。目前，欧盟消费者争议在线非诉讼程序平台（ODR）[1]采用"集中'受理'、分散处理"的服务模式值得调解中心建设借鉴。另外，调解中心服务性建设模式的重点还是集中在提升调解服务的便利性与经济性上，这可以降低调解中心建设地点选择争执风险。

（三）笃行信息共享与开放式建设模式

互联网时代本质上是一个信息化与数据化的时代，它要求信息利用的高效性和便捷性。信息共享的建设模式可以极大地提高信息利用效率，进而降低由信息不对称性造成争端解决过程中所增加的机会成本。以平台建设为例，调解中心不仅须注重所有建设主体之间的信息共享，还应当注重促进当事人与纠纷处理机构之间的信息共享，它应当推动各方实现共赢的局面。其中，知识产权基础信息服务及知识产权保护预警服务都是建立在信息共享基础之上的。互联网时代，调解中心平台建设还应注重其开放性，它主要体现在正确处理平台与纠纷解决机构之间的关系上。实际上，调解中心与区域内专业的知识产权纠纷解决机构之间须秉持合作共存关系。这既可以最大限度地发挥调解中心的综合信息服务功能并形成规模效应，也可以最大限度地发挥"一带一路"沿线国家和地区专业化的知识产权纠纷解决机构的作用。另外，调解中心平台还应当注重专家信息库建设，应当吸收各个专业领域的专家，他们包括但不限于法律专家、技术专家、经济专家等。因为知识产权纠纷可以从法律、专业技术、经济合作、国际关系等多角度进行解决。当然，调解中心专家库建设还须广泛吸收"一带一路"沿线所有国家以及地区的专家。

（四）恪守充分民主与共识先行建设模式

互联网时代，民主迎来了新的机遇与挑战。[2]互联网技术为民主化进程提供了一个全新的思路。同时，民主化也是互联网时代的重要特征之一。不过，也有不少学者对互联网民主[3]以及数字民主[4]表示了疑虑与担忧。为

---

[1] 邹国勇、李俊夫：《欧盟消费者在线争议解决机制的新发展——2013年〈欧盟消费者在线争议解决条例〉述评》，载《国际法研究》2015年第3期。

[2] 郭小安：《网络民主的可能及限度》，中国社会科学出版社2011年版，第112~116页。

[3] ［美］凯斯·桑斯坦：《网络共和国：网络社会中的民主问题》，黄维明译，上海人民出版社2003年版，第4~6页。

[4] ［美］马修·辛德曼：《数字民主的迷思》，唐杰译，中国政法大学出版社2016年版，第5~7页。

回应互联网时代的要求，调解中心建设须时刻保持充分民主的建设模式，它既可以降低民众对调解中心公正性及可信度的疑虑，也可降低不同建设主体在调解平台与制度建设过程中的分歧。不过，调解中心建设充分民主的主张并不以牺牲效率为代价，因为互联网时代同样崇尚效率。无论是从建设成本来讲还是从机会成本角度来讲，调解中心建设都应当重视经济效益，避免平台建设与制度建设过程中由个别分歧造成的政策的决策过程与执行久拖不决。可见，调解中心须坚持追求最大公约数、实现共识先行的建设模式。以制度建设为例，调解中心恪守调解服务质量第一则是最大公约数和基本共识。其中，调解员的专业化与职业化是调解服务质量的保证已成为广泛共识。自由与平等是民主的基石，它们更是调解程序吸引当事人的核心价值。调解中心建设恪守充分民主意味着所有建设主体——主导者与参与者，决策者与执行者，实施者与监督者——都享有自由与平等的权利，共同承担责任。另外，互联网时代还是一个注重流量经济的时代，巨大的流量资源是可以有效地激发平台与制度运用的规模效应。这要求调解中心建设前期充分利用调解费用减免等措施吸引当事人，并以此形成示范效果。

第三节 "一带一路"地区知识产权纠纷调解中心的建设路径

一、跨境知识产权纠纷在线解决的主要方式

在线非诉讼程序平台（ODR）是指综合运用谈判、调解和仲裁等多种手段，以互联网为平台解决当事人纠纷的一种纠纷解决机制。它的核心是借助电子通信和其他信息与通信技术解决争议。[1]一般而言，在线非诉讼程序平台（ODR）的主要方式有在线协商、在线调解和在线仲裁等在线非诉讼程序。近年来，在线法庭在处理小额知识产权纠纷中扮演着越来越重要的角色。

（一）在线协商

双方当事人通过在线协商解决争议是一种最常见的在线纠纷解决方式，它最显著的特点是快捷高效。在线协商能够为多数交易额小、争议不大的知

---

〔1〕 联合国国际贸易法委员会：《跨境电子商务交易网上争议解决：程序规则草案》（A/CN.9/WG.Ⅲ/WP.127）。

识产权争议提供很好的纠纷解决方式。争议的最终处理结果往往都是双方当事人协商的产物，他们无须第三方参与争议的解决。这种在线协商方式被称为"自行协商"，协商的通道及过程都是由双方当事人自行建立。实践中，在线协商并未得到交易双方当事人的重视，主要是因为交易双方缺乏正常的协商渠道，尤其是缺乏解决纠纷的协商通道。

（二）在线调解与仲裁

在线调解是指交易双方当事人通过在线调解员的协助处理相应争议的过程。在线调解往往是通过调解员说服当事人接受自己提出的解决方案来处理纠纷，它的主要优点是快速、高效、灵活、简便。[1]当事人可选择专门性在线调解平台解决纠纷，也可选择电商平台附设的调解平台解决纠纷。在线仲裁是指仲裁协议的订立、仲裁程序的运行，以及仲裁裁决的作出均通过互联网进行。在仲裁过程中，当事人可以选择仲裁员和准据法。在线仲裁的主要难题是仲裁协议的有效性及仲裁裁决的执行问题。与在线调解类似，当事人可以选择专门性在线仲裁平台解决纠纷，也可以选择电商平台附设的在线仲裁平台解决纠纷。一般而言，独立于电商平台的在线调解及在线仲裁等程序被统称为"独立型ODR"，例如中国在线争议解决中心（China ODR）及中国国际经济贸易仲裁委员会（CIETAC）的网上争议解决平台。相反，依附于电商平台的在线调解及在线仲裁等纠纷解决程序被称为"依附型ODR"，例如天猫国际及京东国际的附设纠纷解决机制。

（三）在线法庭

在线法庭也称网上法庭，是指主要在网上进行的法院程序。争议当事人可以通过电子通信技术完全实现诉讼目的。其中，在线法庭既包括在线诉讼程序，也包括法院附设的在线ADR程序。[2]在线法庭利用信息技术使得当事人可以完全通过在线方式进行交流，无须面对面进行接触。在线法庭的优势在于既保留了传统法庭的权威性又吸收了现代在线非诉讼程序平台（ODR）的效益性。这对于当事人处理数量众多但争议额较小且证据不多的知识产权纠纷具有很强的吸引力。相比于其他在线非诉讼程序平台（ODR），在线法庭

---

[1] 郭雪慧：《欧盟视角下的电子商务在线纠纷解决》，载《河北经贸大学学报》2013年第6期。

[2] 丁颖：《网上法庭：电子商务小额纠纷解决的新思路——国外主要实践及中国相关制度构建》，载《暨南学报（哲学社会科学版）》2015年第10期。

更容易获得公众及当事人的信赖。在线法庭中，当事人可以获得一份强有力的判决书。在线法官比一般在线调解员更加具有威望，其甚至更具有专业优势进行在线诉前调解，因为当事人更加信赖具有充分权威性（中立性与独立性）的法院及法官。

二、当前在线非诉讼程序平台（ODR）解决跨境知识产权纠纷的局限及原因

在线纠纷解决方式在处理国内知识产权纠纷过程中扮演着越来越重要的角色。但是，一国境内的在线纠纷解决机制并不能完全满足跨境知识产权纠纷解决的实际需求。因为在线非诉讼程序平台（ODR）在解决跨境知识产权纠纷的过程中仍面临着诸多困境，如管辖权存在不确定性、实体法律适用困难、处理结果不易执行、缺少跨境在线非诉讼程序平台（ODR）等问题。我们调研发现缺少必要的跨境在线非诉讼程序平台（ODR）是影响在线纠纷解决方式有效处理跨境知识产权纠纷的最重要因素。

（一）在线法庭处理跨境知识产权纠纷的局限

通过诉讼来解决跨境知识产权纠纷的局限主要体现在管辖权、实体法律适用及执行等问题上。国际民事诉讼主要是根据属地性连结点来确定管辖权。跨境电子商务中知识产权纠纷的虚拟性与"无国界"性导致其涉及的行为地及财产所在地很难确定。这造成跨境知识产权诉讼管辖权存在不确定性。因此，当事人很可能通过"选择法院"来规避或转嫁诉讼风险。跨境知识产权纠纷涉及卖方住所地、买方住所地、交易平台网站注册地、供应商所在地、交易平台服务器所在地等多个地点，依据哪个国家的法律审理跨境知识产权纠纷同样难以确定。这造成在线诉讼过程中实体法律适用困难。也正是因为跨境知识产权诉讼的管辖权及实体法律适用存在不确定性和争议，诉讼判决通常很难在其他国家得到承认与执行。另外，诉讼程序及其判决执行的高昂成本也影响着当事人选择通过诉讼解决此类纠纷。不仅如此，各国及各地区的在线法庭建设水平参差不齐，很多规范仍在逐步探索之中。这也会影响当事人通过在线法庭方式处理跨境知识产权纠纷。

（二）在线协商处理跨境知识产权纠纷的局限

在线协商解决跨境知识产权纠纷的局限主要表现为适用范围较窄以及专业沟通渠道匮乏。在线协商在解决当事人之间争议不大、标的额较少的跨境

知识产权纠纷中具有较大优势。跨境知识产权交易纠纷存在较大争议时,当事人通过在线协商解决纠纷的可能性较小,他们更倾向于通过第三方协助解决纠纷。在 B2C 模式中,跨境电子商务中知识产权纠纷标的额通常较小,主体呈现出消费者化。与商家相比,消费者在协商过程中往往处于劣势。商家可能利用自身的经济优势在协商谈判中限制消费者的诉求。现有的在线协商机制缺乏对消费者的必要保护。

我们调研发现,当事人往往因缺乏必要的沟通渠道而放弃通过在线协商解决纠纷。大多数跨境电子商务企业或平台都设有客服沟通渠道。其中,大型的跨境电子商务企业或平台还设立了专门的辅助软件帮助交易双方当事人进行沟通:天猫国际的阿里旺旺等。客服沟通渠道主要是向消费者提供产品型号、性能等内容的售前信息,对支付争议、质量争议等内容的售后信息则缺乏有效供给。但是,跨境电子商务企业都缺乏纠纷处理的专门沟通渠道。大型电子商务企业往往因对在线协商处理跨境知识产权纠纷的功效认识不足而未设立独立的纠纷处理沟通渠道。中小型电子商务企业则因经费等因素未设立专门的纠纷处理沟通渠道。此外,部分大型电子商务企业设立的纠纷处理沟通渠道因缺少必要的透明性和独立性而影响其处理纠纷的效果。

(三) 在线调解与仲裁处理跨境知识产权纠纷的局限

通过在线调解与仲裁解决跨境知识产权纠纷同样面临管辖权、实体法律适用及执行等问题。[1]同传统调解与仲裁程序一样,在线调解与仲裁的管辖权源于当事人的同意。但是,跨境知识产权纠纷启动调解协议与仲裁协议往往表现为卖方通过"用户协议"或类似点击许可协议格式化地形成纠纷解决条款,买方必须同意上述格式化纠纷解决协议才能完成交易。这违反了当事人自主协商达成启动调解协议及仲裁协议的基本原则。正因为如此,在线调解与仲裁解决跨境知识产权纠纷可能会面临管辖权危机。与在线诉讼一样,在线仲裁在处理跨境知识产权纠纷的过程中也会面临实体法律适用及执行困难。在线仲裁程序适用的实体法同样需要根据连结点来判断,而连结点因跨境知识产权纠纷的国际性、虚拟性等客观因素而变得十分难以确定,这造成在线仲裁的实体法适用困难。在线仲裁的裁决结果很可能因仲裁庭的管辖权及准据法存在争议而被撤销。相比较而言,在线调解处理跨境知识产权纠纷

---

[1] 肖永平、谢新胜:《ODR:解决电子商务争议的新模式》,载《中国法学》2003 年第 6 期。

在实体法律适用问题上遇到的障碍较少，因为在线调解主要是根据当事人的自主协商及合意决定来处理相关纠纷。但是，在线调解可能面临更为严峻的处理结果执行问题。调解处理结果缺乏相应的执行效力，当事人不服相关处理结果仍可以寻求司法救济途径，最终调解协议及调解书不具有终局性。这对在线调解处理结果的执行非常不利。

除此之外，我们发现天猫国际及京东全球购等大型跨境电子商务企业设立的"附设型ODR"在解决部分跨境知识产权纠纷过程中面临独立性与中立性不足的困境。这是影响在线调解及仲裁解决跨境知识产权纠纷效果的一个重要因素。大型跨境电子商务平台可能因其平台责任而被境外公司起诉。平台型跨境电子商务企业最可能因监管责任而遭到起诉；平台与自营混合型跨境电子商务企业则可能因为产品责任遭到起诉。其中，此类纠纷集中体现在由小部分电商企业或个人销售假冒伪劣产品引发的产品侵权责任上。通过"附设型ODR"解决处理此类争议，它与在线调解与仲裁等程序的最基本原则相违背。也正因为如此，境外企业基本上会选择通过诉讼来解决相关争议。相反，因缺乏相关合作平台，国内成立最早且成熟的独立在线争议解决机构［如中国在线争议解决中心（China ODR）及中国国际经济贸易仲裁委员会网上争议解决中心］未能在解决跨境知识产权纠纷中扮演应有的角色。[1]一方面，当事人因在线纠纷解决中心"缺乏"独立性而选择通过诉讼解决跨境知识产权纠纷；另一方面，现有的在线争议解决中心因缺乏推广平台及渠道而缺少跨境知识产权纠纷的案源。

三、域外跨境在线非诉讼程序平台（ODR）建设探索

（一）欧盟跨境在线非诉讼程序平台（ODR）的建设

2013年5月21日，欧洲议会和欧盟理事会颁布了《关于在线解决消费者争议并修正第2006/2004号（欧共体）条例及第2009/22号指令的第524/2013号（欧盟）条例》（以下简称《欧盟消费者ODR条例》）。《欧盟消费者ODR条例》主要是为处理欧盟范围内的B2C电子商务纠纷创设了一个在线非诉讼程序平台（ODR）。该平台为消费者解决跨境电子商务纠纷创造了便利

---

［1］薛源：《跨境电子商务交易全球性网上争议解决体系的构建》，载《国际商务（对外经济贸易大学学报）》2014年第4期。

的技术条件，也为相关 ADR 机构提供了处理跨境电子商务纠纷的基本规则。欧盟在线非诉讼程序平台（ODR）的定位是信息服务平台及标准制定平台而不是纠纷处理平台。它是一个交互式的网站，通过唯一的"ADR 中心"连接欧盟范围内所有符合相应条件的 ADR 机构。当事人可以通过"ADR 中心"平台的入口选择具体负责处理相应跨境电子商务纠纷的 ADR 机构。欧盟在线非诉讼程序平台（ODR）并不直接负责处理相关争议，它采用了由管理机构向争议方推荐，争议方基于协议选择网上争议解决服务机构的方式。概言之，欧盟在线非诉讼程序平台（ODR）采用的是"集中'受理'、分散处理"的服务模式。

根据《欧盟消费者 ODR 条例》第 5 条的规定，欧盟在线非诉讼程序平台（ODR）主要具备以下五种功能：①遴选 ADR 机构。首先，欧盟在线非诉讼程序平台（ODR）为链接的 ADR 平台设定了最低标准。其次，只有符合上述标准的 ADR 机构才能通过电子注册与欧盟在线非诉讼程序平台（ODR）连接。②传递信息。欧盟在线非诉讼程序平台（ODR）最主要的功能是在当事人与合适的 ADR 机构之间建立起一座信息桥梁，引导当事人通过 ADR 方式解决纠纷。在线非诉讼程序平台（ODR）借助信息技术优势让消费者可以直接填写电子投诉表，并转送给选定的 ADR 机构。双方当事人之间的信息也可以通过平台得到即时传递。③告知权责。平台明确告知双方当事人各自的权利义务以及各种纠纷处理方式的法律风险。当事人可根据上述信息决定是否通过 ADR 机构处理相应争议。④电子翻译。由于跨境电子商务的国际性，欧盟在线非诉讼程序平台（ODR）提供 24 种官方语言服务。这样便于当事人通过在线非诉讼程序平台（ODR）交换信息，必要时平台还提供人工翻译支持服务。⑤案件管理。欧盟在线非诉讼程序平台（ODR）还提供电子化案件管理工具，该工具可以帮助 ADR 机构与当事人参加争议解决程序。为保障该平台的顺利运转，欧盟委员会通过财政全额拨款支持欧盟在线非诉讼程序平台（ODR）的研发、运行和维护。[1]

---

〔1〕 邹国勇、李俊夫：《欧盟消费者在线争议解决机制的新发展——2013 年〈欧盟消费者在线争议解决条例〉述评》，载《国际法研究》2015 年第 3 期。

（二）联合国国际贸易法委员会（UNCITRAL）的在线非诉讼程序平台（ODR）规则

2010 年 6 月，联合国国际贸易法委员会（UNCITRAL）第 43 届会议决定设立了专门工作小组（第三工作组）负责跨境电子商务交易（B2B 及 B2C 交易）网上纠纷解决的国际立法工作。2011 年，联合国国际贸易法委员会（UNCITRAL）第三工作组拟定了《跨境电子商务交易网上争议解决：程序规则》（以下简称《程序规则》）。随后，不同国家及组织在联合国国际贸易法委员会（UNCITRAL）第三工作组历次大会中都提出了自己对《程序规则（草案）》的建议和看法。目前，该《程序规则（草案）》仍在进一步讨论当中。虽然《程序规则（草案）》仍在讨论当中，但是它为解决在线非诉讼程序平台（ODR）管辖权、实体法律适用、结果执行等关键性问题提供了基本思路，并为各国建设在线非诉讼程序平台（ODR）提供了程序规范的参考。概言之，《程序规则（草案）》已为跨境电子商务纠纷的在线解决提供了初步的法律框架。

网上争议程序的设计、适用法律以及争议解决结果的跨境执行是跨境电子商务纠纷解决机制需要应对的主要法律问题。第一，《程序规则（草案）》为解决启动在线纠纷解决协议（或称"争议前纠纷解决协议"）的效力问题提供了"双轨制"方案，成员国可以根据自身的实际情况选择参与"一轨道"或"二轨道"。"一轨道"的程序包括谈判、调解和仲裁，它适用于认可争议前仲裁协议有效性的国家，经该程序规则作出的裁决结果具有约束力和终局性，并排除当事人通过诉讼等途径解决纠纷。"二轨道"的程序则仅包括谈判和调解，不包括仲裁，它并不排除当事人通过其他强制性纠纷处理方式解决纠纷。第二，《程序规则（草案）》为解决跨境电子商务纠纷的实体法律适用问题提供了解决思路。目前，《程序规则（草案）》未对实体法律适用给出最终答案。但是，它基本上弃用了传统冲突法规则，认为在线纠纷解决机制应当被限定在特定类型的争议中，并需要一套独立的实体法规则。第三，《程序规则（草案）》还为跨境电子商务纠纷在线非诉讼程序平台（ODR）解决结果的执行问题提供了解决思路。除通过《纽约公约》等正式途径执行在线非诉讼程序平台（ODR）处理结果之外，联合国国际贸易法委员会（UNCITRAL）还提出综合运用退款、评分和信誉标记等制度来解决在线非诉讼程序平台（ODR）处理结果的非强制性问题。

四、"一带一路"地区知识产权纠纷调解中心的制度建设

（一）"一带一路"地区跨境知识产权纠纷调解中心的机构设置

"一带一路"地区跨境知识产权纠纷调解中心的机构设置，不仅要符合"一带一路"建设的核心理念（即丝绸之路精神），而且要符合调解中心的功能定位。因此，调解中心的机构设置主要是从两个方面进行：第一，努力发展各项服务平台；第二，建立完善的专家咨询库。

就平台建设而言，它主要包括以下几个方面的平台：①知识产权调解平台；②跨境知识产权纠纷解决援助平台；③区域知识产权保护预警平台；④区域性知识产权保护综合信息平台。调解中心应当以知识产权纠纷调解平台为核心，以调解员的培训认证交流为基础，利用互联网、大数据技术搭建预警平台、信息服务平台和援助平台。另外，关于平台建设我们还需要注意以下三个方面的内容：平台建设的主导者、主体和参与者。作为"一带一路"建设的首倡者，我们应当肩负起平台建设的主导责任。"丝绸精神"提倡开放、包容、互利共赢，因此调解中心的建设应当建立在与"一带一路"沿线国家和地区广泛交流的基础上并吸纳各国及地区深度参与。就平台建设的主体而言，调解中心平台建设应当以政府为主体，并吸纳参与"一带一路"建设企业进行深入合作。因为它既可以保障调解中心的中立性和独立性，也可以最大限度地发挥企业的信息资源和流量资源。就参与者而言，我们倡议的"一带一路"地区跨境知识产权纠纷调解中心的核心任务是提供信息和技术服务，它的主要职能是承担当事人与纠纷解决机构之间的桥梁作用。这要求调解中心与区域内专业的知识产权纠纷解决机构合作。因为这既可以最大限度地发挥调解中心的综合信息服务功能并形成规模效应，也可以最大限度地发挥"一带一路"沿线国家和地区专业化的知识产权纠纷解决机构的作用。

就专家信息库建设而言，调解中心的专家应当吸收各个专业领域的专家，他们包括但不限于法律专家、技术专家、经济专家等。因为区域内跨境知识产权纠纷不仅可以从法律角度及专业技术角度解决，还可以从经济合作角度解决，甚至还可以从国际关系角度解决。当然，调解中心的专家库建设还要广泛吸收"一带一路"沿线所有国家以及地区的专家。

（二）"一带一路"地区跨境知识产权纠纷调解中心的制度规范

"一带一路"地区跨境知识产权纠纷调解中心的制度规范同样需要践行"丝绸之路精神"。不仅如此，制度规范的认定要体现区域内沿线国家对知识产权价值目标的认识，尊重发展中国家的国情，注重知识产权保护中的利益平衡。规则制定还应当立足于目前"一带一路"沿线经贸合作的重要领域，例如对工程承包业务及基建业务过程中的专利、商标及商业秘密等知识产权的保护。规则制定还应当符合科技创新及经济发展趋势，致力于推动区域内知识产权密集企业和行业的发展，并提升区域整体创新能力。调解中心制度规范主要包括以下几个方面的内容，即调解程序规范、调解员职业规范、调解员资质认证及培训规范、知识产权案件争议处理援助规范、综合信息规范，以及知识产权预警保护规范。其中，调解程序规范最为核心，它主要包括调解程序的适用范围，调解机构的职责、调解案件的受理、调解员的选任、调解最终协议的执行力等问题。就调解程序的适用范围而言，除涉及知识产权权属纠纷之外，知识产权财产性纠纷以及部分非财产性纠纷都可以申请调解。与此同时，各国相关机构还应当宣传和鼓励当事人通过调解程序来解决该地跨境知识产权纠纷，例如减免调解费用、减免相关诉讼费用等。就调解机构的职责而言，调解组织及调解员都须履行一定义务：中立、保密等。具体而言，调解机构及调解员都须就其在调解过程中了解到的任何商业秘密、国家机密及个人隐私等内容承担保密义务，除非得到双方当事人的认可。如果调解机构或调解员有违上述义务，那么他们则须承担相应的法律责任。就调解案件的受理问题，调解中心应当与区域内其他专业化知识产权调解机构建立转介调解机制，以便于当事人申请调解，进而通过调解程序化解知识产权纠纷。就调解员的选任问题，我们认为调解中心的调解员应当首先具备一定的任职资质，同时调解中心应当注重调解员的专业化培养。

参考文献

（一）英文文献

［1］ Thomas Legler,"A Look to the Future of International IP Arbitration", in John Pierce & Pierre-Yves Gunther（ed.）, *The Guide to IP Arbitration*, Law Business Research Ltd, 2022.

［2］ James H. Carter, *International Arbitration Review*, Law Business Research Ltd, 2019.

［3］ David Rosenthal, "IP & IT Arbitration in Switzerland", in Manuel Arroyo（ed.）, *Arbitration in Switzerland：The Practitioner's Guide*, Kluwer Law International, 2018.

［4］ S Klaus J. Hopt & Felix teffek（ed.）, *Mediation：Principles and Regulation in Comparative Perspective*, Oxford University Press, 2012.

［5］ Ojciech Dajczak, Andrzej J. Szwarc & Paweł Wiliński（ed.）, *Handbook of Polish Law*, Wydawnictwo Szkolne PWN. Park Prawo, 2011.

［6］ Hafiz Usman Ghani & B alqees Amja, "An Analytical Study of Intellectual Property-Related Alternative Disputes Resolution Laws and Their Implications", Implementation in United States of America and Pakistan, *Russian Law Journal*, Volume 12, Issue1, 2024.

［7］ S. Thendralarasu, "A Shift from State's Exclusivity to Respecting Party Autonomy：Conceptualising IP Arbitration in India", *Journal of Intellectual Property Rights*, Volume 28, 2023.

［8］ Gary B. Born & Sonya Ebermann, "A New Patent Mediation and Arbitration Centre for Europe, Journal of International Arbitration", *Journal of International Arbitration*, Volume 40, Issue 3, 2023.

［9］ Pierfrancesco C. Fasano, "The Patent Mediation and Arbitration Centre（PMAC）of the Unified Patent Court（UPC）：A Game Changer for European Patent Disputes", *Dispute Resolution Journal*, Volume 76, Issue 3, 2023.

［10］ S. Saeed, "Arbitration and Intellectual Property Law：A Review of International Trends and Implications for Pakistan", *Journal of Business Law and Practice*, Volume 6, Issue 2, 2022.

［11］ Pakistan Intellectual Property Organization（PIPRO）, *IP ADR in Pakistan：A Guide to Mediation and Arbitration*, 2022.

［12］ Ramsha Iftekhar, Dua Wajid Khan & Fatima Wattoo, "Critical Analysis of Mediation Law of Islamabad", *Islamabad Law Review*, Volume 6, Issue 1, 2022.

［13］Arie C. Eernisse & C. K. Kwong, "The Path Forward for IP Arbitration in Korea", *Korean Arbitration Review*, Issue 13, 2022.

［14］Daniel S. Hofileña, "The Next Frontier: The Arbitrability of Intellectual Property Disputes", *Asia Pacific Journal of IP Management and Innovation*, Volume 1, 2022.

［15］Sabela Gayo, "The Use of Mediation as an Dispute Resolution in the Resolution of Intellectual Property Rights Disputes", *International Asia Of Law and Money Laundering*, Volume 1, No. 2, 2022.

［16］Cita Citrawinda Noerhadi, "Cybercrimes and Alternative Settlement of Intellectual Property (IPR) Disputes in Indonesia", *International Journal of Cyber Criminology*, Volume 16, Issue 1, 2022.

［17］Badrinath Srinivasan, "Arbitrability of Intellectual Property Disputes in India: A Critique", *NationalLaw School Business Law Review*, Volume 6, 2020.

［18］Muhammad Mumtaz Ali Khan, "Justice Delayed is Justice Denied: Access to Speedy Justice and Alternative Dispute Resolution System in Pakistan", *Journal of Law and Social Policy*, Volume 2, 2020.

［19］Dewi Sulistianingsih, Pujiono, "The Roles of The Indonesian National Arbitration Board (BANI) in Resolving Intellectual Property Disputes, Advances in Social Science", *Education and Humanities Research*, Volume 363, 2019.

［20］Omer Shapira, "Israeli Perspectives on Alternative Dispute Resolution and Justice", *Pepperdine Dispute Resolution Law Journal*, Volume 19, 2019.

［21］Dewi Sulistianingsih & Muhammad Shidqon Prabowo, "Out of Court Intellectual Property Right Dispute Resolution, Advances in Social Science, Education and Humanities Research", Volume 436, *1st Borobudur International Symposium on Humanities, Economics and Social Sciences* (BIS-HESS 2019).

［22］Petr Kalensk, "Arbitrability of Disputes Concerning Intellectual Property Rights", *Masaryk University Master Thesis*, 2019.

［23］Friederike Heckmann, "The Use of Mediation in Settling Patent Disputes", *International In-house Counsel Journal*, Volume11, No. 45, 2018.

［24］Friederike Heckmann, "The Use of Mediation in Settling Patent Disputes", *International In-house Counsel Journal*, Volume11, No. 45, 2018.

［25］John Rhie & Harold Noh, "Resolving IP Disputes through International Arbitration", *Korean Arbitration Review*, Issue 7, 2017.

［26］Choong Yeow Choy, Tie Fatt Hee & Christina Ooi Su Sian, "Court-Annexed Mediation Practice in Malaysia: What the Future Holds", *University of Bologna Law Review*, Volume

1，2016.

[27] Joyce Low & Dorcas Quek，"An Overview of Court Mediation in the State Courts of Singapore"，in *Mediation in Singapore：A Practical Guide*，Singapore：Sweet and Maxwell，2015.

[28] Pablo Cortés1，"A Comparative Review of Offers to Settle – Would an Emerging Settlement Culture Pave the Way for their Adoption in Continental Europe？"，*Civil Justice Quarterly*，Volume 32，No. 42，2013.

[29] T. Köse & N. Beriker，"Islamic Mediation in Turkey：The Role of Ulema"，*Negotiation & Conflict Management Research*，Volume 5，Number 2，2012.

[30] Joanna Wasik，"Court Delays in Poland：Mediation as a Way forward in Commercial Disputes"，*Georgetown Journal of International Law*，Volume 43，2012.

[31] Klaus J. Hopt & Felix Teffek（ed.），*Mediation：Principles and Regulation in Comparative Perspective*，Oxford University Press，2012.

[32] Bashar H. Malkawi，"Using Alternative Dispute Resolution Methods to Resolve Intellectual Dispute in Jordan"，*California Western International Law Journal*，Volume 43，No. 1，2012.

[33] Z. Delhi，"The Mediation and Conciliation Project Committee，Supreme Court of India"，*Mediation Training Manual of India*，2012.

[34] Wojciech Sadowski，"The Changing Face of Arbitration in Poland"，*The European and Middle Eastern Arbitration Review*，Volume 1，2011.

[35] Sylwester Pieckowski，"Using Mediation in Poland to Resolve Civil Disputes：A Short Assessment of Mediation Usage From 2005–2008"，*Disputes Resolution Journal*，Volume 61，No. 85，2009.

[36] Anil Xavier，"Mediation：Its Origin and Growth in India"，*Hamline Journal of Public Law and Policy*，Volume 27，2006.

（二）中文文献

1. 专著

[1] 管育鹰：《一带一路 沿线国家知识产权法律制度研究》，法律出版社 2017 年版。

[2] 林秀芹主编：《"一带一路"商标法律制度研究》，知识产权出版社 2018 年版。

[3] 林秀芹主编：《"一带一路"专利法律制度研究》，知识产权出版社 2018 年版。

[4] 林秀芹主编：《"一带一路"著作权法律制度研究》，知识产权出版社 2019 年版。

[5] 中国国际经济贸易仲裁委员会主编：《"一带一路"沿线国家国际仲裁制度研究》（1~6），法律出版社 2018 年版。

[6] 重庆知识产权保护协同创新中心：《"一带一路"知识产权法律译丛》（第 1~6 辑），西南政法大学知识产权研究中心译，法律出版社 2018 年版。

[7] 齐树杰主编：《域外调解制度研究》，厦门大学出版社 2022 年版。

［8］ 张斌生主编：《仲裁法新论》，厦门大学出版社 2008 年版。

［9］ 沈恒斌主编：《多元化纠纷解决机制原理与实务》，厦门大学出版社 2005 年版。

［10］ 范愉主编：《多元化纠纷解决机制》，厦门大学出版社 2005 年版。

［11］ 范愉：《非诉讼纠纷解决机制研究》，中国人民大学出版社 2000 年版。

［12］ 范愉：《非诉讼程序（ADR）教程》，中国人民大学出版社 2002 年版。

［13］ 程永顺：《专利纠纷与处理》，知识产权出版社 2006 年版。

［14］ 李明德：《美国知识产权法》，法律出版社 2003 年版。

［15］ 冯晓青：《知识产权法利益平衡理论》，中国政法大学出版社 2006 年版。

［16］ 冯晓青：《企业知识产权战略》，知识产权出版社 2005 年版。

［17］ 何兵：《和谐社会与纠纷解决机制》，北京大学出版社 2007 年版。

［18］ 强世功主编：《调解、法制与现代性：中国调解制度研究》，中国法制出版社 2001 年版。

［19］ 蒋志培：《入世后我国知识产权法律保护研究》，中国人民大学出版社 2002 年版。

［20］ 杨良宜、莫世杰、杨大明：《仲裁法——从 1996 年英国仲裁法到国际商务仲裁》，法律出版社 2006 年版。

［21］ 王先林：《知识产权与反垄断法——知识产权滥用的反垄断问题研究》，法律出版社 2001 年版。

［22］ 朱庆和主编：《知识产权司法保护理论与实务》，知识产权出版社 2008 年版。

［23］ 陶凯元主编：《冲突与平衡——广东法院知识产权审判十年巡礼》，法律出版社 2006 年版。

［24］ 吴汉东等：《知识产权基本问题研究》，中国人民大学出版社 2005 年版。

［25］ 吴汉东、胡开忠：《无形财产权制度研究》，法律出版社 2005 年版。

［26］ 吴汉东：《知识产权基本问题研究》，中国人民大学出版社 2005 年版。

［27］ 阳平：《论侵害知识产权的民事责任——从知识产权特征出发的研究》，中国人民大学出版社 2005 年版。

［28］ 郑成思主编：《知识产权——应用法学与基本理论》，人民出版社 2005 年版。

［29］ 郑成思：《知识产权论》，法律出版社 2003 年版。

［30］ 王生长：《仲裁与调解相结合的理论与实务》，法律出版社 2001 年版。

［31］ 李刚主编：《人民调解概论》，中国检察出版社 2004 年版。

［32］ 宋连斌：《国际商事仲裁管辖权研究》，法律出版社 2000 年版。

［33］ 宋航：《国际商事仲裁裁决的承认与执行》，法律出版社 2000 年版。

2. 期刊

［1］ 齐树洁：《越南调解制度》，载《人民调解》2021 年第 5 期。

［2］ 俞风雷：《"一带一路"沿线国家知识产权纠纷的解决机制》，载《天津法学》2020

年第 1 期。

[3] [德] 彼得·哥特瓦尔德:《德国调解制度的新发展》,曹志勋译,载《经贸法律评论》2020 年第 3 期。

[4] 陶建国、时阳:《泰国知识产权侵权纠纷解决制度及启示》,载《保定学院学报》2013 年第 3 期。

[5] 张海燕:《英国〈民事诉讼规则〉中的调解制度研究》,载《环球法律评论》2009 年第 2 期。

[6] 周翠:《调解在德国的兴起与发展》,载《北大法律评论》(第 13 卷第 1 辑),北京大学出版社 2012 年版。

[7] 陈洪杰、齐树洁:《欧盟关于民商事调解的 2008/52/EC 指令述评》,载《法学评论》2009 年第 2 期。

[8] 廖丽:《"一带一路"争端解决机制创新研究——国际法与比较法的视角》,载《法学评论》2018 年第 2 期。

[9] 李形、张久安:《试析中国特色软权力的理论基础——"一带一路"与国际规范供给的视角》,载《教学与研究》2017 年第 1 期。

[10] 刘敬东:《"一带一路"法治化体系构建研究》,载《政法论坛》2017 年第 5 期。

[11] 王贵国:《"一带一路"争端解决制度研究》,载《中国法学》2017 年第 6 期。

[12] 吴汉东:《"一带一路"战略构想与知识产权保护》,载《法治社会》2016 年第 5 期。

[13] 丁珮琪:《"一带一路"建设中知识产权风险防范分析》,载《现代营销》2016 年第 9 期。

[14] 王文俊、李军:《"丝绸之路经济带"建设中的风险考量与管控》,载《理论导刊》2016 年第 12 期。

[15] 明浩:《"一带一路"与"人类命运共同体"》,载《中央民族大学学报(哲学社会科学版)》2015 年第 6 期。

[16] 计宏亮:《"一带一路"国际话语权的建构刍论》,载《理论导刊》2015 年第 7 期。

[17] 丁颖.网上法庭:电子商务小额纠纷解决的新思路——国外主要实践及中国相关制度构建》,载《暨南大学学报(哲学社会科学版)》2015 年第 10 期。

[18] 邹国勇、李俊夫:《欧盟消费者在线争议解决机制的新发展——2013 年〈欧盟消费者在线争议解决条例〉述评》,载《国际法研究》2015 年第 3 期。

[19] 薛源:《跨境电子商务交易全球性网上争议解决体系的构建》,载《国际商务(对外经济贸易大学学报)》2014 年第 4 期。

[20] 杨安山:《新加坡法下仲裁协议的效力研究》,载《中国海商法研究》2014 年第 3 期。

[21] 卢海君、王飞:《"走出去"企业知识产权风险研究》,载《南京理工大学学报(社

会科学版）》2014 年第 2 期。

［22］朱伟东、马普所：《〈知识产权冲突法原则〉简述——欧洲跨境知识产权诉讼的最新发展》，载《国际经济法学刊》2013 年第 3 期。

［23］邹国勇、李俊夫：《欧盟消费者在线争议解决机制的新发展——2013 年《欧盟消费者在线争议解决条例，述评》，载《国际法研究》2015 年第 3 期。

［24］郭雪慧：《欧盟视角下的电子商务在线纠纷解决》，载《河北经贸大学学报》2013 年第 6 期。

［25］刘薇：《PPP 模式理论阐释及其现实例证》，载《改革》2015 年第 1 期。

［26］欧丹：《专业化与职业化：新加坡知识产权纠纷调解制度略考》，载《司法改革论评》（第 24 辑），厦门大学出版社 2018 年版。

［27］欧丹：《印度知识产权局商标异议及撤销案件的转介调解制度》，载《中华商标》2018 年第 1 期。

［28］欧丹：《跨境电子商务纠纷解决的现状与对策》，载《黑龙江省政法管理干部学院学报》2017 年第 1 期。

［29］欧丹：《关于知识产权案件审判情况的调研报告——以"东莞一院"近三年的数据为样本》，载《东南司法评论》（第 6 卷），厦门大学出版社 2013 年版。

［30］欧丹：《波兰调解制度的最新发展与启示》，载《司法改革论评》（第 17 辑），厦门大学出版社 2014 年版。

［31］倪静：《公共行政服务语境下版权纠纷调解机制的建设》，载《知识产权》2015 年第 4 期。

［32］倪静：《论专利权有效性争议之可仲裁性》，载《知识产权》2013 年第 3 期。

［33］倪静：《仲裁解决知识产权争议之利弊探析——从仲裁的基本特征出发》，载《知识产权》2012 年第 3 期。

［34］倪静：《论知识产权有效性争议的可仲裁性——对公共政策理由的反思》，载《江西社会科学》2012 年第 2 期。

［35］刘哲伟：《国家介入：我国 ODR 建设的新思路》，载《网络法律评论》（第 10 卷），北京大学出版社 2009 年版。

［36］肖永平、谢新胜：《ODR：解决电子商务争议的新模式》，载《中国法学》2003 年第 6 期。

［37］范愉：《当代中国非诉讼纠纷解决机制的完善与发展》，载《学海》2003 年第 1 期。

3. 报纸

［1］王泠一：《"一带一路"倡议十周年：改变世界经贸格局的多赢蓝图》，载《第一财经》2023 年 9 月 7 日。

［2］刘佳奥：《韩国、俄罗斯知识产权法院的设置与运行模式》，载《人民法院报》2023

年 9 月 29 日。

[3] 唐震：《英国知识产权企业法院的基本职能和诉讼流程》，载《人民法院报》2022 年 4 月 22 日。

[4] 伯雨鸿：《德国联邦专利法院的组织架构与程序类型》，载《人民法院报》2023 年 5 月 19 日。

[5] 梅达顺：《新加坡法院"一站式"多元化纠纷解决服务框架》，载《人民法院报》2015 年 4 月 10 日。

[6] [美] 齐娜·祖米塔：《调解的模式：辅助型·评估型·转化型》，赵昕译，载《人民法院报》2010 年 8 月 6 日。

[7] 欧丹：《发展中的波兰调解制度》，载《人民法院报》2013 年 11 月 28 日。

WIPO 调解规则

缩略语

第一条

在本规则中：

"调解协议"指当事人同意将他们之间已经发生或可能发生的一切争议或某些争议交付调解的协议；调解协议的形式可以是合同中的调解条款，也可以是单独的合同；

"调解员"指一名独任调解员，指定多名调解员的，指全体调解员；

"WIPO"指世界知识产权组织；"中心"指 WIPO 仲裁与调解中心。

视上下文需要，以单数形式使用的词也可能包括复数，反之亦然。

规则的适用范围

第二条

凡调解协议约定按照《WIPO 调解规则》进行调解的，本规则即视为构成调解协议的一部分。除非当事人另有约定，调解应当适用在调解开始之日有效的本规则。

调解的开始

第三条

（一）调解协议的当事人希望开始调解的，应当向中心提交调解申请书，同时将调解申请书的副本发送给对方当事人。

（二）调解申请书应当包含或附具下列各项：

（1）争议各方当事人和提交调解申请书的当事人的代理人的名称、地址和电话、电子邮件或其他通讯方式；

（2）一份调解协议的副本；以及（3）对争议性质的简要说明。

第四条

（一）如果当事人之间没有调解协议，一方当事人希望开始调解的，应当向中心提交调解申请书，同时将调解申请书的副本发送给对方当事人。调解申请书应当包括上述第三条（二）款第（1）项和第（3）项规定的内容。中心可以协助当事人考虑调解申请书的内容。

（二）经一方当事人请求，中心可以指定一名外部中立人，协助当事人考虑调解申请书的内容。如所有当事人同意，外部中立人可以充当调解员。第十五条至第十八条的规定应当比照适用。

第五条

调解开始的日期是中心收到调解申请书之日。

第六条

中心收到调解申请书，应当立即书面通知各方当事人，说明调解开始的日期。

调解员的指定

第七条

（一）除非当事人已经另行约定调解员人选或指定调解员的其他程序，指定依照下列程序进行：

（1）中心向各方当事人发出一份相同的候选人名单。名单一般应当包含至少三名候选人的姓名，按字母顺序排列。名单应当包含或附有每名候选人资格的说明。当事人就任何特定资格有约定的，名单应当包含符合资格的候选人。

（2）当事人有权删除其反对指定的任何候选人的姓名，对任何剩余的候选人，应当用数字标明优先顺序。

（3）当事人应当在收到名单之日后七日内将标注完毕的名单送还中心。当事人未在该期间内送还标注完毕的名单，视为已认可名单上所列的所有候选人。

（4）在收到各方当事人送还的名单之后，或者未收齐名单，在前项规定的期间届满之后，中心应当尽快按照当事人提出的优先顺序和反对意见，从名单中指定一人担任调解员。

（5）如果送还的名单中没有双方当事人均可接受的调解员人选，则调解员由中心指定。人选不能或不愿接受中心的邀请担任调解员，或者存在其他事由使该人不能担任调解员，而名单上已无双方当事人均可接受的调解员人选时，调解员也由中心指定。

（二）尽管有（一）款规定的程序，中心如果依其裁量权认定案件不适合该款所述的程序，有权以其他方式指定调解员。

（三）可能出任的调解员接受指定，即视为已保证将安排充分时间，使调解可以迅速进行。

第八条

调解员应当中立、公正和独立。
当事人的代理人和会议的参加人

第九条

（一）当事人会见调解员，可以委托代理人，也可以邀请人员提供协助。

（二）调解员指定后，当事人应当立即将授权作为其代理人的人员的姓名和地址以及代表当事人参加当事人与调解员会议的人员的姓名和职务通知对方当事人、调解员和中心。
调解的进行

第十条

调解按当事人约定的方式进行。当事人无约定的，调解员应当依照本规则的规定决定调解应当采取的方式。

第十一条

当事人应当与调解员诚信合作，使调解可以尽可能迅速地进行。

第十二条

调解员可以与一方当事人进行单独会见和联络，但单独会见和联络中得到的信息不经提供信息的当事人明确授权，不得向另一方当事人披露。

第十三条

（一）调解员在被指定后，应当尽快与当事人协商制定时间表，让当事人按期向调解员和对方当事人提交意见书，简要说明争议的背景、当事人与争议有关的利益和主张以及争议的现状，并一并提交当事人认为进行调解所需的其他信息和资料，尤其是有助于找出争议问题的其他信息和资料。（二）调解员在调解过程中，可以随时建议当事人提供调解员认为有用的补充信息和资料。

（三）任何当事人均可随时向调解员提交其认为保密的书面信息和资料，声明仅供调解员查阅。调解员不经该当事人书面授权，不得向另一方当事人披露此种信息和资料。

调解员的作用

第十四条

（一）调解员可以按照其认为适当的任何方式协助解决当事人之间的争议问题，但无权将解决办法强加给当事人。

（二）调解员认为当事人之间的任何争议问题难以通过调解解决时，可以根据争议的情形和当事人之间的任何商业关系，提出其认为最有利于以最高的效率、最低的费用和最好的结果解决这些问题的程序或办法，供当事人考虑。调解员尤其可以提出：

（1）对具体问题进行专家鉴定；

（2）进行仲裁；

（3）由各方当事人提出最后的解决方案，并在无法通过调解解决时，以这些最后方案为基础进行仲裁，仲裁庭在仲裁程序中的任务限于决定采用哪一种最后方案。

保密

第十五条

当事人与调解员的会议不做任何记录。

第十六条

参加调解的任何人，尤其是调解员、当事人和当事人的代表与顾问、任何独立专家和参加当事人与调解员会议的其他任何人，应当为调解保密，除当事人和调解员另有约定外，不得使用或向外部披露与调解有关的或者在调解过程中取得的任何信息。上述人员在参加调解前应当签署适当的保密保证书。

第十七条

除非当事人另有约定，参加调解的任何人在调解终止时应当将一方当事人提供的任何意见书、文件或其他资料返还给该当事人，不得保留任何副本。有关当事人与调解员会议的任何笔记，在调解终止时应当销毁。

第十八条

除非当事人另有约定，调解员和当事人不得将下列各项在任何司法程序或仲裁程序中作为证据或以其他任何方式提出：

（1）当事人就争议的可能解决办法发表的任何意见或提出的任何建议；

（2）当事人在调解过程中所作的任何承认；

（3）调解员提出的任何建议或发表的任何意见；

（4）当事人表示或未表示愿意接受调解员或对方当事人提出的任何解决建议；

（5）当事人之间达成的任何和解协议，除非该提出对

执行和解协议是必要的，或法律另有规定。

调解的终止

第十九条

有下列情形之一的，应当终止调解：

（1）当事人就他们之间的任何或全部争议问题签署和解协议；

（2）调解员认为进一步努力调解不可能解决争议时决定终止；或者

（3）一方当事人书面声明终止。

第二十条

（一）调解终止后，调解员应当立即向中心发出调解终止的书面通知，说明调解终止的日期，通过调解是否已解决争议，已解决的，是部分解决还是全部解决。调解员应当将发给中心的调解终止通知抄送各方当事人。

（二）中心应当为调解员的调解终止通知保密，不经各方当事人书面授权，不得向任何人披露调解的存在或者调解的结果，除非该披露对执行和解协议是必要的，或法律另有规定。

（三）但是，中心可以在中心出版的有关其活动的任何综合统计数据中使用有关调解的信息，但使用的信息不得泄露当事人的身份或者使争议的具体案情可以被识别。

第二十一条

除非法院要求或各方当事人书面授权，调解员不得在正在进行或者以后进行的与争议标的有关的任何司法程序、仲裁程序或其他程序中以调解员以外的任何身份行事。

管理费

第二十二条

（一）申请人提交调解申请书，应当向中心缴纳管理费，数额为调解申请书日期当日适用的费用表中规定的数额。

（二）管理费不退。

（三）管理费缴纳前，中心不对调解申请书采取行动。

（四）提交调解申请书的当事人在中心书面催款通知后十五日内未缴纳管理费的，视为撤回调解申请书。

调解员费

第二十三条

（一）调解员费的数额和币种及其支付方式和时间由中心与调解员和当事

人协商后确定。

（二）除非当事人和调解员另有约定，调解员费的数额应当依照调解申请书日期当日适用的费用表中规定的参考性小时费率或日费率，结合争议金额、争议标的的复杂程度和任何其他相关案情计算。

预缴款

第二十四条

（一）中心可以在指定调解员时，要求每一方当事人交存相等数额的款项，作为调解费用尤其是估计的调解员费

和其他调解支出的预付金。预缴款数额由中心确定。（二）中心可以要求当事人追加预缴款。

（三）一方当事人在中心书面催款通知后十五日内未按要求缴纳预缴款的，调解视为终止。中心应当书面通知各方当事人和调解员，说明终止的日期。

（四）有预缴款的，调解终止后，中心应当为当事人开列预缴款的帐目，并向当事人返还未用余款，或者要求当事人补足欠款。

费用

第二十五条

除非当事人另有约定，管理费、调解员费和其他所有调解支出，尤其是调解员必要的差旅费和与取得专家咨询意见有关的任何支出，在当事人之间平等分摊。

免责

第二十六条

除恶意行为外，调解员、WIPO 和中心无须就与依照本规则进行的任何调解有关的任何作为或不作为对当事人负责。

放弃诽谤诉权

第二十七条

当事人和接受指定的调解员同意，各方当事人、调解员或他们的代理人

在为调解作准备时或在调解过程中发表或使用的任何陈述与意见，不论是书面的还是口头的，不得作为提起或支持任何诽谤之诉或其他相关告诉的依据，并同意本条可作为请求驳回任何此种起诉的依据。

诉讼时效的中止

第二十八条

当事人同意，在适用的法律允许的范围内，对于提交调解的争议，从调解开始之日起至调解终止之日止，法律规定的任何适用的诉讼时效。

WIPO 仲裁规则

第一章 总则

缩略语

第一条

在本规则中：

"仲裁协议"指当事人同意将他们之间已经发生或可能发生的一切争议或某些争议交付仲裁的协议；仲裁协议的形式可以是合同中的仲裁条款，也可以是单独的合同条款；

"申请人"指发起仲裁的当事人；

"被申请人"指仲裁申请书中写明的仲裁对方当事人；

"仲裁庭"指一名独任仲裁员，指定多名仲裁员的，指全体仲裁员；

"WIPO"指世界知识产权组织；"中心"指 WIPO 仲裁与调解中心。

视上下文需要，以单数形式使用的词也可能包括复数，反之亦然。

规则的适用范围

第二条

凡仲裁协议约定按照《WIPO 仲裁规则》进行仲裁的，本规则即视为构成仲裁协议的一部分，而且争议的解决应当按照在仲裁开始之日有效的本规则进行，但当事人另有约定的除外。

第三条

（一）仲裁应当适用本规则，但本规则任何条款与适用于仲裁的法律中当事人不能减损的规定相抵触时，优先适用法律的规定。

（二）适用于仲裁的法律依照第六十一条（二）款确定。

通知和期间

第四条

（一）本规则规定可以提交或必须提交的任何通知或其他通信，应当采取书面形式，并以邮政速递或快递服务、电子邮件或者能提供送达记录的其他通信手段送达。

（二）当事人未作出任何变更通知的，该当事人最后一个为人所知的住所或营业地是送达任何通知或其他通信的有效地址。向当事人递送通信在任何情形下均可采取约定的方式，无约定的，也可依照当事人交往中的惯例。

（三）确定期限的开始日期时，通知或其他通信视为在依照

本条（一）款和（二）款的规定送达之日收到。

（四）确定是否符合期限时，通知或其他通信在期限届满之

日以前或期限届满之日依照本条（一）款和（二）款的规定发递的，视为已发出、作出或发送。

（五）计算本规则规定的期间时，期间自收到通知或其他通信的次日起计算。如果期间的最后一日在收信人的住所或营业地是法定假日或非营业日，则期间延至其后的第一个营业日。期间内的法定假日或非营业日在计算期间时包括在内。

（六）当事人可以约定将第十一条、第十五条（二）款、第十六（二）款、第十七条（二）款、第十七条（三）款、第十八条、第十九条（二）款第（3）项、第四十一条（一）款和第四十二条（一）款所述的期间缩短或延长。

（七）中心可以应当事人的申请，将第十一条、第十五条（二）款、第十六条（二）款、第十七条（二）款、第十七条（三）款、第十八条、第十九条（二）款第（三）项、第六十九条（四）款、第七十条（五）款和第七十二条（五）款所述的期间延长，也可以自行延长。

要求提交给中心的文件

第五条

（一）中心通知仲裁庭成立之前，本规则规定必须提交或允许提交的任何

书面陈述、通知或其他通信，当事人应当向中心提交，并同时将一份副本发送给对方当事人。

（二）按前款规定发给中心的任何书面陈述、通知或其他通信，份数应当为拟指定的仲裁员每人一份加中心一份。

（三）中心通知仲裁庭成立之后，当事人应当直接向仲裁庭提交任何书面陈述、通知或其他通信，并同时将一份副本交给对方当事人。

（四）仲裁庭作出任何命令或其他决定，应当向中心发送一份副本。

第二章　仲裁的开始

仲裁申请书

第六条

申请人应当将仲裁申请书发送给中心和被申请人。

第七条

仲裁开始的日期是中心收到仲裁申请书之日。

第八条

中心收到仲裁申请书，应当通知申请人和被申请人，说明仲裁开始的日期。

第九条

仲裁申请书应当包含下列各项：

（1）按照《WIPO 仲裁规则》对争议进行仲裁的申请；

（2）各方当事人和申请人代理人的名称、地址和电话、电子邮件或其他通讯方式；

（3）一份仲裁协议的副本，另有法律选择条款的，一份法律选择条款的副本；

（4）争议性质和案情的要点，包括说明所涉的权利和财产以及所涉任何技术的性质；

（5）请求的救济，有请求金额的，尽可能说明金额；以及

（6）依照第十四条至第二十条要求作出的任何提名，或者申请人认为与第十四条至第二十条有关的意见。

第十条

仲裁申请书也可附具第四十一条所述的请求书。

答复书

第十一条

被申请人应当在收到申请人的仲裁申请书之日起三十日内，向中心和申请人发出答复书，答复书应当写明对仲裁申请书中任何项目的意见，有反请求或主张抵消的，可以一并提出。

第十二条

如果申请人在提交仲裁申请书时依照第十条的规定一并提交了请求书，答复书也可附具第四十二条所述的答辩书。

代理人

第十三条

（一）当事人可以委托代理人，代理人由当事人选择，国籍或职业资格等不限。代理人的姓名、地址和电话、电子邮件或其他通讯方式应当通知中心和对方当事人，并在仲裁庭成立后通知仲裁庭。

（二）当事人应当确保其代理人有充分时间可用，使仲裁可以迅速进行。

（三）当事人并可以由其选择的人提供协助。

第三章　仲裁庭的组成与成立

仲裁员的人数和指定

第十四条

（一）组成仲裁庭的仲裁员人数由当事人约定。

（二）当事人未约定仲裁员人数的，仲裁庭由一名独任仲裁员组成，除非中心依其裁量权认定，经全面考虑案情，仲裁庭应由三名成员组成。

（三）当事人依照第十六条、第十七条和第十八条的规定提名的任何仲裁员，应当由中心批准，但应符合第二十二条和第二十三条的要求。指定自中心通知当事人起生效。

按当事人约定的程序指定仲裁员

第十五条

（一）当事人约定了仲裁员指定程序的，从其约定。

（二）如果依照当事人约定的程序，仲裁庭未在当事人约定的期间内成立，或者无约定期间，未在仲裁开始后四十五日内成立，则应当依照第十九条的规定，视具体情况成立仲裁庭或补足仲裁庭人数。

指定独任仲裁员

第十六条

（一）指定独任仲裁员，当事人未约定指定程序的，独任仲裁员应当由各方当事人共同提名。

（二）如果独任仲裁员未在当事人约定的期间内提名，或者无约定期间，未在仲裁开始后三十日内提名，则独任仲裁员应当依照第十九条的规定指定。

指定三名仲裁员

第十七条

（一）指定三名仲裁员，当事人未约定指定程序的，仲裁员应当依照本条的规定指定。

（二）申请人应当在仲裁申请书中提名一名仲裁员。被申请人应当在收到仲裁申请书之日起三十日内提名一名仲裁员。按这种方式指定的两名仲裁员应当在第二名仲裁员指定后二十日内提名第三名仲裁员，第三名仲裁员是首席仲裁员。

（三）尽管有（二）款的规定，如果因中心行使第十四条（二）款规定的裁量权而指定三名仲裁员，则申请人应当在收到中心关于仲裁庭由三名仲裁庭组成的通知后十五日内提名一名仲裁员，并告知中心和被申请人。被申请人应当在收到上述通知后三十日内提名一名仲裁员。两名仲裁员应当在第二名仲裁员指定后二十日内提名第三名仲裁员，第三名仲裁员是首席仲裁员。

（四）任何仲裁员的提名在以上各款所述有关期间内未作出的，该仲裁员应当依照第十九条的规定指定。

申请人或被申请人有多人时指定三名仲裁员

第十八条

符合下列情形的：

（1）申请人和（或）被申请人有多人；并且（2）需指定三名仲裁员。

视具体情况，申请人有多人的，应当在仲裁申请书中共同提名一名仲裁员；被申请人有多人的，应当在收到仲裁申请书后三十日内共同提名一名仲裁员。在有关期间内未作出共同提名的，由中心指定一名或两名仲裁员。两名仲裁员应当在第二名仲裁员指定后二十日内提名第三名仲裁员，第三名仲裁员是首席仲裁员。

未指定

第十九条

（一）当事人未按照第十五条、第十七条或第十八条的要求提名仲裁员的，中心应当立即作出指定。

（二）独任仲裁员或首席仲裁员未按照第十五条、第十六条、第十七条或第十八条的要求指定的，指定依照下列程序进行：

（1）中心向各方当事人发出一份相同的候选人名单。名单一般应当包含至少三名候选人的姓名，按字母顺序排列。名单应当包括或附有每名候选人资格的说明。当事人就任何特定资格有约定的，名单应当包含符合资格的候选人。

（2）当事人有权删除其反对指定的任何候选人的姓名，对任何剩余的候选人，应当用数字标明优先顺序。

（3）当事人应当在收到名单之日后二十日内将标注完毕的名单送还中心。当事人未在该期间内送还标注完毕的名单，视为已认可名单上所列的所有候选人。

（4）在收到各方当事人送还的名单之后，或者未收齐名单，在前项规定的期间届满之后，中心应当尽快按照当事人提出的优先顺序和反对意见，从名单中指定一人担任独任仲裁员或首席仲裁员。

（5）如果送还的名单中没有双方当事人均可接受的仲裁员人选，则独任仲裁员或首席仲裁员由中心指定。人选不能或不愿接受中心的邀请担任独任仲裁员或首席仲裁员，或者存在其他事由使该人不能担任独任仲裁员或首席仲裁员，而名单上已无双方当事人均可接受的仲裁员人选时，独任仲裁员或首席仲裁员也由中心指定。

（三）尽管有（二）款规定的程序，中心如果依其裁量权认定案件不适合该款所述的程序，有权以其他方式指定独任仲裁员或首席仲裁员。

仲裁员的国籍

第二十条

（一）当事人对仲裁员的国籍有约定的，从其约定。

（二）当事人对独任仲裁员或首席仲裁员的国籍没有约定的，如果没有需要指定具有特定资格的人选等特殊情形，则独任仲裁员或首席仲裁员应当为当事人所属国以外国家的国民。

当事人与仲裁员候选人的联络

第二十一条

当事人或代表其行事的任何人均不得与任何仲裁员候选人进行任何单方联络，但为讨论候选人资格、候选人能否出任或候选人相对于当事人的独立性而进行的联络除外。

公正与独立

第二十二条

（一）仲裁员应当公正与独立。

（二）可能出任的仲裁员应当在接受指定前，向当事人、中心和其他已指定的仲裁员披露可能引起对其公正性或独立性产生合理怀疑的任何情况，或者书面确认不存在此种情况。

（三）如果在仲裁的任何阶段出现可能引起对仲裁员的公正性或独立性产生合理怀疑的新情况，仲裁员应当立即向当事人、中心和其他仲裁员披露。

时间保证、接受指定和通知

第二十三条

（一）仲裁员接受指定，即视为已保证将安排充分时间，使仲裁可以迅速进行和完成。

（二）可能出任的仲裁员接受指定，应当采取书面形式，并将接受函发送给中心。

（三）仲裁庭每名成员指定后以及仲裁庭成立后，中心应当通知当事人。

仲裁员的回避

第二十四条

（一）如果存在引起对仲裁员的公正性或独立性产生合理怀疑的情况，当事人可以要求仲裁员回避。

（二）当事人对其提名或同意提名的仲裁员，只能以提名后得知的事由要求其回避。

第二十五条

当事人要求仲裁员回避，应当在得知仲裁员的指定后十五日内，或者在得知其认为引起对仲裁员的公正性或独立性产生合理怀疑的情况后十五日内，向中心、仲裁庭和对方当事人发出通知，说明要求回避的理由。

第二十六条

一方当事人要求仲裁员回避，对方当事人有权对回避要求发表意见；对方当事人行使该权利，应当在收到第二十五条所述的通知后十五日内将其意见发给中心、提出回避要求的当事人和任何已指定的仲裁员。

第二十七条

仲裁庭可以依其裁量权决定在回避要求待决期间中止或继续进行仲裁程序。

第二十八条

对方当事人可以同意回避要求，仲裁员也可以自动退出。两种情况下均应替换仲裁员，但替换不表示回避理由成立。

第二十九条

对方当事人不同意回避要求，被要求回避的仲裁员也未退出的，由中心依照内部程序决定是否回避。此种决定属于管理性质，是终局决定。中心无须说明决定理由。

解任

第三十条

如果仲裁员本人提出，各方当事人或中心同意，可以将仲裁员解任。

第三十一条

不论仲裁员是否提出，当事人可以共同将仲裁员解任。当事人将仲裁员解任，应当立即通知中心。

第三十二条

仲裁员在法律上或事实上不能履行或未履行仲裁员的职责时，中心可以应当事人的申请或自行决定将其解任。在此情况下，应当给各方当事人对此发表意见的机会，第二十六条至第二十九条的规定也应当比照适用。

替换仲裁员

第三十三条

（一）凡必要时，应当按照在指定被替换的仲裁员时适用的第十五条至第十九条规定的程序，指定替代的仲裁员。

（二）如果一方当事人提名的仲裁员因提名时该方当事人知道或应当知道的事由而被决定回避，或者被依照第三十二条的规定解任，则中心有不许该方当事人重新作出提名的裁量权。中心决定行使此项裁量权，应当作出替代指定。

（三）作出替代指定前，仲裁程序应当中止，但当事人另有约定的除外。

第三十四条

替代的仲裁员一经指定，仲裁庭应当考虑当事人的任何意见，依其独立裁量权决定以前进行过的全部或部分审理是否重新进行。

仲裁庭人数不足

第三十五条

（一）如果三人仲裁庭中的一名仲裁员经正式通知无正当理由未参加仲裁庭的工作，则另外两名仲裁员有权依其独立裁量权决定在第三名仲裁员不参加的情况下继续进行仲裁和作出任何裁决、命令或其他决定，但一方当事人已依照第三十二条的规定提出申请的除外。另外两名仲裁员在决定是否在缺少一名仲裁员参加的情况下继续进行仲裁或作出任何裁决、命令或其他决定时，应当考虑仲裁的进度、第三名仲裁员对不参加提出的任何理由以及他们认为根据案情应予考虑的其他事项。

（二）另外两名仲裁员决定不在第三名仲裁员不参加的情况下继续进行仲裁时，中心如果认为第三名仲裁员未参加仲裁庭工作的证据充分，应当宣布其职位空缺，并行使第三十三条规定的裁量权指定一名替代的仲裁员，但当事人另有约定的除外。

关于仲裁庭管辖权的抗辩

第三十六条

（一）仲裁庭有权对关于仲裁庭管辖权的异议，包括依照第六十一条（三）款的规定提出的关于仲裁协议的形式、存在、效力或范围的任何异议，进行审理并作出决定。

（二）仲裁庭有权对仲裁协议所属的或与仲裁协议有关的任何合同的存在或效力作出决定。

（三）仲裁庭无管辖权的抗辩至迟应当在答辩书中提出，对反请求或抵消提出的仲裁庭无管辖权抗辩，至迟应当在对反请求或抵消的答辩书中提出；逾期不得在随后的仲裁程序中提出此种抗辩，也不得向任何法院提出。仲裁庭超越权限的抗辩应当在仲裁程序中被指超越权限的事项被提出后立即提出。

在这两种情况下，仲裁庭认为逾期有正当理由的，可以准许逾期提出抗辩。

（四）仲裁庭可以将（三）款所述的抗辩作为先决问题作出裁定，也可以依其独立裁量权决定在最终裁决中作出裁定。

（五）仲裁庭无管辖权的抗辩不影响中心对仲裁进行管理。

第四章　仲裁的进行

仲裁庭的一般权力

第三十七条

（一）在符合第三条规定的情况下，仲裁庭可以按照其认为适当的方式进行仲裁。

（二）在任何情形下，仲裁庭均应确保当事人得到平等对待，给予各方当事人陈述主张的公平机会。

（三）仲裁庭应当确保仲裁程序适当地快速进行。仲裁庭在特殊情况下，可以应当事人的申请，将本规则规定、仲裁庭确定或当事人约定的期间延长，也可以自行延长。情况紧急的，可以由首席仲裁员单独决定将期间延长。

仲裁地

第三十八条

（一）除非当事人另有约定，仲裁地由中心在考虑当事人的意见和仲裁的情形后决定。

（二）仲裁庭可以与当事人协商，在其认为适当的任何地点开庭。仲裁庭可以在其认为适当的任何地点进行评议。

（三）裁决应视为在仲裁地作出。

仲裁语言

第三十九条

（一）除非当事人另有约定，仲裁语言是仲裁协议的语言，但仲裁庭有权在考虑当事人的意见和仲裁的情形后作出其他决定。

（二）仲裁庭可以发布命令，要求以仲裁语言以外的其他语言提交的任何文件，应当附具仲裁语言的全文译本或节选译本。

预备会议

第四十条

仲裁庭应当与当事人举行适当形式的预备会议，按省时高效的原则组织和排定后续程序；预备会议一般应当在仲裁庭成立后三十日内举行。

请求书

第四十一条

（一）请求书未与仲裁申请书一并提交的，申请人应当在收到中心的仲裁庭成立通知后三十日内，将请求书发送给被申请人和仲裁庭。

（二）请求书应当全面说明仲裁请求所依据的事实和法律理由，包括说明请求的救济。

（三）请求书应当尽可能附具申请人所依据的证据，证据应开列目录。证据数量特别大的，申请人可以附注说明准备提交的其他证据。

答辩书

第四十二条

（一）被申请人应当在收到请求书后三十日内，或者在收到中心的仲裁庭成立通知后三十日内，将答辩书发送给申请人和仲裁庭，期限以较晚者为准。

（二）答辩书应当对第四十一条（二）款规定的请求书应当写明的各项内容作出答复。答辩书应当参照第四十一条（三）款的规定，附具被申请人所依据的证据。

（三）被申请人有反请求或主张抵消的，应当在答辩书中提出，在特殊情况下，经仲裁庭决定，也可以在随后的仲裁程序中提出。反请求或抵消应当包含第四十一条（二）款和（三）款规定的各项内容。

进一步书面陈述

第四十三条

（一）有反请求或抵消主张时，申请人应当对反请求或抵消主张的各项内容作出答复。答复应当比照适用第四十二条（一）款和（二）款的规定。

（二）仲裁庭可以依其裁量权决定是否接受或要求提供进一步书面陈述。

对请求或答辩的变更

第四十四条

除非当事人有相反约定，当事人可以在仲裁程序中对其请求、反请求、答辩或抵消主张进行变更或补充，但仲裁庭在考虑更改的性质或更改的迟延和第三十七条（二）款和（三）款的规定后，认为不应接受的除外。

当事人与仲裁庭的联络

第四十五条

除非本规则另有规定或仲裁庭允许，当事人或代表其行事的任何人不得与任何仲裁员进行有关任何仲裁实体事项的任何单方联络，但本条的规定不禁止有关开庭设施、地点、日期或时间等纯粹组织事项的单方联络。

追加当事人

第四十六条

仲裁庭经一方当事人申请，可以命令追加仲裁当事人，条件是所有当事人，包括被追加的当事人均同意。任何此种命令均应该考虑所有有关情形，包括仲裁所达到的阶段。视具体情况，申请应当与仲裁申请书或答复书一并提出；当事人在以后的阶段得知其认为与追加当事人有关的情形的，应当在得知后十五日内提出。

合并仲裁

第四十七条

已经开始的仲裁涉及的标的与正在依本规则进行的或者当事人相同的其他仲裁程序的争议标的有实质性关联的，中心在与所有相关当事人以及正在进行的程序中指定的仲裁庭协商后，在所有当事人以及任何指定的仲裁庭均同意的情况下，可以命令将新仲裁与正在进行的程序合并。此种合并应当考虑所有有关情形，包括正在进行的程序所达到的阶段。

临时保护措施和请求与费用的担保

第四十八条

（一）仲裁庭经一方当事人申请，可以发布任何临时命令或者采取其认为必要的其他临时措施，包括将货物交第三方保管或将易腐货物出售的命令等保全争议标的货物的命令和措施。仲裁庭可以要求提出申请的当事人提供适当担保，作为准许上述措施的条件。

（二）仲裁庭经一方当事人申请，可以命令另一方当事人按仲裁庭确定的形式，为请求或反请求以及第七十四条所述的费用提供担保。

（三）本条所述的措施和命令可以采取临时裁决的形式。

（四）当事人向司法当局提出申请，要求采取临时措施，或者要求为请求或反请求提供担保，或者要求执行仲裁庭准许的任何此种措施或发布的任何此种命令，不视为与仲裁协议不符，也不视为放弃仲裁协议。

紧急救济程序

第四十九条

（一）除非当事人另有约定，本条的规定应该适用于依二十十四年六月一日或之后达成的仲裁协议进行的仲裁。

（二）仲裁庭成立前，当事人需要紧急性临时救济的，可以向中心提交要求紧急救济申请书。紧急救济申请书应当包括第九条第（2）项至第（4）项规定的内容，还应陈述申请的临时措施以及需要此种救济的理由。中心收到紧急救济申请书，应当通知对方当事人。

（三）紧急救济程序的开始日期是中心收到（二）款所述的申请书之日。

（四）申请紧急救济，应当出示已依照紧急救济程序开始之日适用的费用表缴纳管理费和紧急仲裁员费首笔预缴款的证明。

（五）中心收到紧急救济申请书，应当立即指定一名独任紧急仲裁员，一般应在两日内指定。第二十二条至第二十九条应当比照适用，其中第二十五条和第二十六条所述的期间为三日。

（六）紧急仲裁员享有第三十六条（一）款和（二）款赋予仲裁庭的权力，包括对其自身管辖权作出决定的权力。第三十六条（五）款应当比照适用。

（七）紧急仲裁员可以按照其认为适当的方式进行程序，但应适当考虑申请的紧迫性。紧急仲裁员应当确保给予各方当事人陈述主张的公平机会。紧急仲裁员可以决定通过电话会议或者书面文件进行程序，不开庭审理。

（八）当事人约定了仲裁地的，仲裁地为紧急救济程序所在地。无约定的，紧急救济程序所在地由中心在考虑当事人的意见和紧急救济程序的情形后决定。

（九）紧急仲裁员可以命令采取其认为必要的任何临时措施。紧急仲裁员可以要求提出申请的当事人提供适当担保，作为发布上述命令的条件。

第四十八条（三）款和（四）款应当比照适用。紧急仲裁员可以应请求修改或终止命令。

（十）紧急救济程序开始之日起三十日内，仲裁未开始的，紧急仲裁员应当终止紧急救济程序。

（十一）紧急救济程序的费用应当首先由紧急仲裁员与中心协商，依照紧急救济程序开始之日适用的费用表予以确定和分摊，但仲裁庭有权依照第七十三条（三）款的规定对费用的分摊作出最终决定。

（十二）除非当事人另有约定，紧急仲裁员不得在与争议有关的任何仲裁中担任仲裁员。

（十三）仲裁庭一旦成立，紧急仲裁员即无行事的进一步权力。应一方当事人请求，仲裁庭可以修改或终止紧急仲裁员命令采取的任何措施。

证据

第五十条

（一）证据的可采性、关联性、实质性和重要性，由仲裁庭决定。

（二）仲裁庭在仲裁过程中的任何时间，可以应当事人的申请或自行决定，命令当事人出示仲裁庭认为必要或适当的文件或其他证据，并可以命令当事人向仲裁庭或仲裁庭指定的专家或另一方当事人公开其占有或控制的任何财产供检查或检验。

实验

第五十一条

（一）当事人可以在开庭前的任何合理时间通知仲裁庭和对方当事人，已经进行通知中写明的实验并准备将这些实验作为依据。通知应当写明实验目的、实验概要、使用的方法、结果和结论。对方当事人可以通知仲裁庭，要求在其在场的情况下重复其中部分实验或全部实验。仲裁庭认为该要求有正当理由的，应当确定重复实验的时间表。

（二）本条所称的"实验"包括试验和其他验证程序。

现场调查

第五十二条

仲裁庭可以应当事人的申请或自行决定，对其认为适当的任何场所、财产、机械、设施、生产线、模型、影片、材料、产品或工艺进行检查或要求进行检查。当事人可以在开庭前的任何合理时间提出检查申请，仲裁庭准许的，应当确定检查的时间和安排。

约定的基础读物和模型

第五十三条

经当事人同意，仲裁庭可以决定，当事人应当共同提供：

（1）关于为充分理解争议事项所需的科学、技术或其他专业信息的基础性技术背景读物；和

（2）仲裁庭或当事人需要在开庭时参考的模型、图纸或其他资料。

商业秘密和其他机密信息的披露

第五十四条

（一）本条所称的机密信息是指符合下列情形的任何信息，载体不限：

（1）为当事人占有；（2）公众不能获取；

（3）具有商业、财务或工业意义；并且（4）占有该信息的当事人将其作为机密。

（二）当事人在仲裁中希望提交或被要求提交的任何信息，包括提交给仲裁庭指定的专家的信息，当事人提出保密的，应当通知仲裁庭，申请将该信息列为机密，通知副本应当抄送对方当事人。当事人应当在通知中说明其认为该信息属于机密的理由，但无须披露信息的实质内容。

（三）该信息是否应列为机密，程序中缺少特别保护措施是否可能对提出

保密的当事人造成严重损害，由仲裁庭认定。仲裁庭认定应予保密的，应当决定可以将该机密信息作部分或全部披露的条件与对象，并要求该机密信息的任何披露对象签署适当的保密保证书。

（四）该信息是否应列为机密，程序中缺少特别保护措施是否可能对提出保密的当事人造成严重损害，仲裁庭在特殊情况下可以不自行认定，而是应当事人的申请或自行决定，与各方当事人协商后指定一名保密顾问，由保密顾问认定该信息是否应列为机密，并在认定应予保密时，决定可以将该信息作部分或全部披露的条件和对象。指定的保密顾问应当签署适当的保密保证书。

（五）仲裁庭并可以应当事人的申请或自行决定，依照第五十七条的规定将该保密顾问指定为专家，由其在机密信息的基础上，在不向提供机密信息的当事人以外的当事人和仲裁庭披露机密信息的情况下，就仲裁庭指定的具体问题向仲裁庭提出报告。

开庭

第五十五条

（一）一方当事人申请开庭的，仲裁庭应当开庭，根据当事人的申请让证人作证，包括让专家证人作证，或者进行辩论，或者既进行证人作证也进行辩论。当事人未申请的，是否开庭，由仲裁庭决定。不开庭的，程序应当只依据文件和其他资料进行。

（二）开庭时，仲裁庭应当将开庭的日期、时间和地点适当提前通知各方当事人。

（三）开庭不公开进行，但当事人另有约定的除外。

（四）开庭是否制作记录，如果制作，记录应采取何种形式，由仲裁庭决定。

证人

第五十六条

（一）仲裁庭可以在开庭前要求任何一方当事人报告其希望传唤的证人的身份，不论是事实证人还是专家证人，以及证人证言的主题以及证人证言与各项问题的关联性。

（二）对任何证人，仲裁庭认为多余或无关的，有限制或拒绝其出庭的裁量权。

（三）各方当事人可以在仲裁庭的主持下向出庭作证的证人发问。仲裁庭可以在询问证人的任何阶段提问。

（四）证人证言可以按当事人的决定或者仲裁庭的指令以书面提交，可以采取签名陈述、宣誓证言和其他形式，仲裁庭可以将证人出庭作证作为采纳书面证人证言的条件。

（五）当事人应当对其所传唤证人的实际安排、费用和能否出庭负责。

（六）审理期间证人是否退庭，特别是在其他证人作证期间是否退庭，由仲裁庭决定。

仲裁庭指定的专家

第五十七条

（一）仲裁庭经与当事人协商，可以在预备会议上或以后的阶段指定一名或多名独立专家，就仲裁庭指定的具体问题向仲裁庭提出报告。仲裁庭应当在考虑当事人的意见后制定专家的职责范围书，并将副本发送给当事人。指定的专家应当签署适当的保密保证书。

（二）在符合第五十四条规定的情况下，仲裁庭收到专家的报告后，应当将报告的副本发给各方当事人，给当事人对报告提出书面意见的机会。在符合第五十四条规定的情况下，当事人可以查阅专家在其报告中作为依据的任何文件。

（三）一方当事人提出申请的，应当开庭，给当事人向专家发问的机会。开庭时，当事人可以提出专家证人就争议要点作证。

（四）任何专家就向其提交的问题提出的意见，不影响仲裁庭根据所有案情对这些问题进行评估的权力，但当事人已约定专家对具体问题的鉴定具有结论性的除外。

不履行责任

第五十八条

（一）申请人无正当理由未依照第四十一条的规定提交请求书的，仲裁庭应当终止程序。

（二）被申请人无正当理由未依照第四十二条的规定提交答辩书的，仲裁庭仍可以继续进行仲裁并作出裁决。

（三）当事人无正当理由未在仲裁庭规定的期间内利用机会陈述主张的，仲裁庭也可以继续进行仲裁并作出裁决。

（四）当事人无正当理由不遵守本规则的规定或要求或者仲裁庭发出的指令的，仲裁庭可以据此作出其认为适当的推断。

程序结束

第五十九条

（一）仲裁庭认为当事人已有充分机会提出意见和证据时，应当宣布程序结束。

（二）仲裁庭认为情况特殊、确有必要的，可以在裁决作出前的任何时间，自行或应一方当事人的申请，决定恢复进行仲裁庭已宣布结束的程序。

放弃异议

第六十条

当事人知道本规则的任何规定、仲裁协议的任何要求或者仲裁庭发出的任何指令未被遵守，但仍参加仲裁程序而且不对不遵守情况立即提出异议的，视为放弃其提出异议的权利。

第五章　裁决和其他决定

适用于争议实体、仲裁和仲裁协议的法律

第六十一条

（一）仲裁庭对争议实体进行裁决，应当依照当事人选择的法律或法律规则。除非另有说明，指定某一国的法律应当解释为直接指该国的实体法而不是指该国的法律冲突规则。当事人未选择的，仲裁庭应当适用其认为适当的法律或法律规则。在任何情形下，仲裁庭的裁决应当适当考虑任何有关合同的条款并考虑可适用的交易习惯。只有在当事人明确授权的情况下，仲裁庭才可以作为友好调解人或根据公正和善良的原则作出裁决。

（二）适用于仲裁的法律是仲裁地的仲裁法，但当事人明确约定适用其他仲裁法而且仲裁地的法律允许作此种约定的除外。

（三）仲裁协议符合（一）款规定可适用的法律或法律规则或者（二）款规定可适用的法律中有关形式、存在、效力和范围的要求的，视为有效。

货币和利息

第六十二条

（一）裁决书中的金额可以用任何货币为单位。

（二）仲裁庭可以裁定当事人为其被裁定支付的金额支付单利或复利。仲裁庭在确定利息时，可以采用其认为适当的利率，不受法定利率的约束，并可以确定应计利息的期间。

作决定的方式

第六十三条

除非当事人另有约定，仲裁员有一名以上的，仲裁庭的任何裁决、命令或其他决定应当由多数作出。未形成多数的，裁决、命令或其他决定由首席仲裁员按照只有独任仲裁员的情况作出。

裁决的形式和通知

第六十四条

（一）仲裁庭可以在不同时间就不同问题分别作出裁决。

（二）裁决应当以书面作出，写明作出裁决的日期以及依照第三十八条（一）款确定的仲裁地。

（三）裁决应当写明所依据的理由，但当事人约定不写明理由而且适用于仲裁的法律不要求写明理由的除外。

（四）裁决应当由仲裁员署名。裁决由多数仲裁员署名即可，有第六十三条第二句所述情形的，由首席仲裁员署名即可。仲裁员未署名的，裁决应当说明未署名的理由。

（五）仲裁庭可以为确保裁决可执行等目的，就形式事项征求中心的意见。

（六）仲裁庭应当将裁决书正本发送给中心，份数应当足以发给当事人每方一份、仲裁员每人一份和中心一份。中心应当向每方当事人和每名仲裁员正式发出一份裁决书正本。

（七）经当事人申请并付费，中心应当向其出具一份经中心证明的裁决书副本。经中心证明的副本，视为符合一九五八年六月十日订于纽约的《承认及执行外国仲裁裁决公约》第四条第一款（一）项的要求。

作出最终裁决的期限

第六十五条

（一）仲裁的审理和宣布程序结束，应当尽可能在递交答辩书或仲裁庭成立后最长九个月内完成，以较晚者为准。最终裁决应当尽可能在其后三个月内作出。

（二）未在（一）款规定的期间内宣布程序结束的，仲裁庭应当向中心发出仲裁情况报告，并将副本抄送各方当事人。此后在程序未宣布结束的期间，仲裁庭应当每经过三个月再向中心发出一份情况报告，并将副本抄送各方当事人。

（三）最终裁决未在程序结束后三个月内作出的，仲裁庭应当向中心提出书面逾期说明，并将副本抄送各方当事人。此后在最终裁决作出前，仲裁庭应当每经过一个月再发出一份说明，并将副本抄送各方当事人。

裁决的效力

第六十六条

（一）当事人约定按照本规则进行仲裁，即保证将毫不迟延地履行裁决，并在根据适用的法律可合法作出的范围内，放弃向法院或其他司法当局提出任何形式的上诉或起诉的权利。

（二）裁决自中心依照第六十四条（六）款第二句发出之日起生效，对当事人具有约束力。

和解或终止仲裁的其他理由

第六十七条

（一）仲裁庭可以在其认为适当时提议当事人进行和解，包括启动调解程序以达成和解。

（二）当事人在裁决作出前就争议达成和解的，仲裁庭应当终止仲裁，并在当事人共同提出申请时，将和解以和解裁决的形式作成记录。仲裁庭无须对和解裁决说明理由。

（三）如果在裁决作出前，由于（二）款所述以外任何理由，无需或不能继续进行仲裁，仲裁庭应当通知当事人准备终止仲裁。仲裁庭有权发出终止仲裁的命令，除非当事人在仲裁庭规定的期间内提出合理的反对理由。

（四）和解裁决或终止仲裁的命令应当依照第六十四条（四）款的规定由仲裁员署名，并由仲裁庭将正本发给中心，份数应当足以发给当事人每方一份、仲裁员每人一份和中心一份。中心应当向每方当事人和每名仲裁员正式发出一份和解裁决书或终止仲裁的命令的正本。

裁决书的更正和补充裁决

第六十八条

（一）当事人可以在收到裁决书后三十日内，就裁决书中的书写、打印或计算错误通知仲裁庭，申请仲裁庭作出更正，通知副本应抄送中心和对方当事人。仲裁庭认为申请有正当理由的，应当在收到申请后三十日内作出更正。更正构成裁决书的一部分，应当采取另行出具备忘录的形式，并由仲裁庭依照第六十四条（四）款的规定署名。

（二）仲裁庭可以在裁决日期后三十日内自行更正（一）款所述类型的任何错误。

（三）当事人可以在收到裁决书后三十内，就仲裁程序中提出而裁决书中漏裁的仲裁请求通知仲裁庭，申请仲裁庭作出补充裁决，通知副本应抄送中心和对方当事人。仲裁庭在对申请作出决定前，应当给各方当事人发表意见的机会。仲裁庭认为申请有正当理由的，应当尽可能在收到申请六十日内作出补充裁决。

第六章 费用

中心的收费

第六十九条

（一）申请人提交仲裁申请书，应当向中心缴纳立案费，立案费不退。立案费的数额为中心收到仲裁申请书之日适用的费用表中规定的数额。

（二）被申请人提出反请求，应当向中心缴纳立案费，立案费不退。立案费的数额为中心收到仲裁申请书之日适用的费用表中规定的数额。

（三）立案费缴纳前，中心不对仲裁申请书或反请求采取行动。

（四）申请人或被申请人在中心书面催款通知后十五日内未缴纳立案费的，视为撤回仲裁申请书或反请求。

第七十条

（一）申请人应当在收到中心的付款数额通知后三十日内向中心缴纳管理费。

（二）被申请人提出反请求的，也应当在收到中心的付款数额通知后三十日内向中心缴纳管理费。

（三）管理费的数额依照仲裁开始之日适用的费用表计算。

（四）增加请求或反请求的，管理费的数额可以依照（三）款规定适用的费用表增加，增加的数额视具体情况由申请人或被申请人缴纳。

（五）当事人在中心书面催款通知后十五日内未缴纳应付的管理费的，视具体情况，视为撤回请求或反请求，或者撤回增加的请求或反请求。

（六）仲裁庭应当及时将请求和反请求的金额以及请求和反请求的增加金额通知中心。

仲裁员费

第七十一条

仲裁员费的数额和币种及其支付方式和时间由中心与仲裁员和当事人协商后，依照中心收到仲裁申请书之日适用的费用表确定。

预缴款

第七十二条

（一）申请人和被申请人应当在收到中心的仲裁庭成立通知后，交存相等数额的款项，作为第七十三条所述的仲裁费用的预付金。预缴款数额由中心确定。

（二）在仲裁过程中，中心可以要求当事人追加预缴款。

（三）如果要求支付的预缴款在收到相应通知后三十日内未足额缴纳，中心应当通知各方当事人，以便一方当事人可以缴纳要求支付的款项。

（四）如果反请求的金额远高于请求的金额，或者需审查的事项存在重大不同，或者在表面看来适当的其他情形下，中心可以依其裁量权为请求和反请求分设两项预缴款。分设预缴款时，与请求有关的预缴款由申请人全额缴纳，与反请求有关的预缴款由被申请人全额缴纳。

（五）当事人在中心书面催款通知后十五日内未按要求缴纳预缴款的，视为撤回有关的请求或反请求。

（六）裁决作出后，中心应当依照裁决书，为当事人开列收到的预缴款账目，并向当事人返还未用余款，或者要求当事人补足欠款。

仲裁费用的承担

第七十三条

（一）仲裁庭应当在裁决书中核定仲裁费用，仲裁费用由下列各项构成：

（1）仲裁员费；

（2）合理发生的仲裁员差旅费、通讯费和其他支出；

（3）专家咨询费和仲裁庭根据本规则要求的其他此种协助的费用；以及

（4）进行仲裁程序所需的其他支出，包括会议和开庭设施的费用。

（二）上述费用应当尽可能从第七十二条规定的预缴款中支出。

（三）仲裁庭应当根据所有情形和仲裁结果，在当事人之间分摊仲裁费用和中心的立案费与管理费，但当事人有约定的除外。

当事人费用的承担

第七十四条

仲裁庭可以根据所有情形和仲裁结果，在裁决书中命令一方当事人支付另一方当事人因陈述主张而发生的全部或部分合理支出，其中包括为法律代理人和证人发生的支出，但当事人有相反约定的除外。

第七章　保密

仲裁存在的保密

第七十五条

（一）除在针对仲裁提起的法院诉讼或执行裁决的诉讼所需的限度内，当事人不得单方面向任何第三方披露关于仲裁存在的任何信息，但法律或主管机构要求披露而且只以下列方式披露的除外：

（1）披露的内容不超过法律上的要求；并且

（2）披露在仲裁期间发生的，向仲裁庭和对方当事人提供所作披露的具体情况和披露的理由说明，披露在仲裁终止后发生的，只向对方当事人提供。

（二）尽管有（一）款的规定，当事人为向第三方尽诚信或说明义务，可以向其披露仲裁当事人的名称和请求的救济。

仲裁期间所作披露的保密

第七十六条

（一）除第五十四条规定可用的具体措施外，当事人或证人在仲裁中出示的任何书面证据或其他证据应当视为机密；如果此种证据所说明的信息不属于公有领域，则仅因参加仲裁才获取该信息的当事人，不经各方当事人同意或有管辖权的法院下令，不得为任何目的对此种证据进行使用或向任何第三方披露。

（二）当事人传唤的证人不视为本条所称的第三方。为准备证人证言而让证人获取在仲裁中取得的证据或其他信息的，传唤证人的当事人负责让证人保密，证人的保密义务与其相同。

裁决的保密

第七十七条

当事人应当将裁决视为机密，只有在符合下列情形时才可以向第三方披露，而且披露不得超过下列各项的限度：

（1）各方当事人同意；或者

（2）由于在法院或其他主管机构进行的程序，裁决进入公有领域；或者

（3）为了遵守当事人承担的法律要求，或为了针对第三方确立或保护当事人的法律权利，裁决必须披露。

中心和仲裁员的保密

第七十八条

（一）除非当事人另有约定，中心和仲裁员应当为仲裁和裁决保密，仲裁

期间披露的书面证据或其他证据所说明的信息不属于公有领域的，还应当为任何此种证据保密，但在与裁决有关的法院诉讼所需的限度内披露或法律要求的其他披露除外。

（二）尽管有（一）款的规定，中心可以在中心出版的有关其活动的任何综合统计数据中使用有关仲裁的信息，但使用的信息不得使争议的当事人或具体案情可以被识别。

第八章 杂项规定

免责

第七十九条

除恶意行为外，仲裁员、WIPO 和中心无须就与仲裁有关的任何作为或不作为对当事人负责。

放弃诽谤诉权

第八十条

当事人和接受指定的仲裁员同意，各方当事人、仲裁员或他们的代理人在为仲裁作准备时或在仲裁过程中发表或使用的任何陈述与意见，不论是书面的还是口头的，不得作为提起或支持任何诽谤之诉或其他相关告诉的依据，并同意本条可作为请求驳回任何此种起诉的依据。

后　记

　　2013 年秋，习近平总书记在哈萨克斯坦和印度尼西亚提出"一带一路"倡议。之后，"一带一路"倡议得到沿线国家广泛关注、支持和参与。"一带一路"沿线国家地跨亚、欧、非三大洲，各国政治、经济、文化差异较大。区域内各国知识产权发展状况参差不齐，跨境知识产权的保护措施及纠纷解决方式也存在较大差异，沿线国家知识产权诉讼制度复杂多样。随着调解和仲裁程序的发展，各国越来越重视知识产权纠纷调解和仲裁制度的构建。研究沿线国家知识产权调解与仲裁非诉讼程序成为"一带一路"沿线国家法律制度研究的一个重要内容。

　　本书是在 2016 年国家知识产权局软科学项目"设立'一带一路'地区跨境知识产权纠纷调解中心的探索与实践"（编号：SS16-C-24）研究成果的基础之上修订和补充而成。其中，互联网+思维下的"一带一路"知识产权纠纷解决机制创新、新加坡知识产权纠纷调解制度、印度知识产权局商标异议及撤销案件的转介调解制度、波兰调解制度、波兰与捷克仲裁制度以及沙特仲裁制度等在《理论导刊》、《司法改革论评》、《中华商标》、《人民法院报》、《政法学刊》、《东南司法评论》等刊物发表。本书是对自己过去在知识产权纠纷以及调解制度和仲裁制度方面研究的一次总结。为保证资料的时效性，本书修订和补充超过 70% 的新内容。

　　本书撰写过程中，自己得到诸多师友的帮助和指导。我的博士生导师厦门大学法学院齐树洁教授是自己从 ADR 研究的领路人，齐老师治学严谨，对学生要求严格，至今自己还清楚地记得撰写波兰调解制度过程中齐老师高达二十几次的退修，每每想起自己仍受益良多。英国伦敦大学亚非学院 Michael Palmer（彭文浩）教授对自从事 ADR 研究提供了重要帮助，翻译 Michael Palmer（彭文浩）教授论文为自己在 ADR 研究道路打下了坚实基础。中国社会科学院法学研究所李明德研究员等在 2016 年国家知识产权局软科学项目结项会上提供了诸多宝贵的修改意见。在成书过程中，师姐倪静教授、柯小玲庭长、吴学知法官等多位师友大力支持。在此表示感谢。

本书的出版，得益于广东财经大学法学院出版项目的支持。法学院领导对本书的出版提供了诸多支持。中国政法大学出版社丁春晖老师对书稿进行了非常仔细地审校，并给予我诸多指导。在此表示感谢。

本书的撰写得到广东省法学会2024年度涉外法治研究课题的子课题"广东企业在印度面临的知识产权风险与应对"（编号：GDLS（2024）C21-5）提供的平台支持。

感谢家人对自己的无私支持。

欧　丹

2025年6月27日于广州